VOTES FOR WOMEN

W.S.P.U.

EX-LIBRIS

My Own STORY

Emmeline Pankhurst

争权之路

妇女参政论者
埃米琳·潘克赫斯特自传

[英] 埃米琳·潘克赫斯特 / 著　　孙 洁 / 译

上海社会科学院出版社
SHANGHAI ACADEMY OF SOCIAL SCIENCES PRESS

本书根据赫斯特尔国际图书馆公司

1914 年版本译出

埃米琳·潘克赫斯特(1913 年)

青年时代的埃米琳·潘克赫斯特

目　录

序

　　本书的最后几段写于1914年夏末，当时欧洲各大国的军队都被动员起来进行野蛮无情的残酷战争——彼此之间的战争，对没有侵略性的小国的战争，对无助的妇女和儿童的战争，对文明本身的战争。与每日报纸上的报道相比，这部欧洲一隅女性与政治、与社会不公斗争的编年史显得多么温和。尽管，依其所述，以所谓的和平、文明以及有序的治理作为英雄主义的背景，这是世所罕见的。几个世纪以来，男人的好战行为使世界血流成河，人们用纪念碑、伟大的歌曲和史诗来回馈这些恐怖和破坏的行为。而女性的战斗精神没有伤害任何人——除了那些为正义而战之人的生命。只有时间才能告诉我们，女性将得到什么样的回馈。

　　我们知道，在欧洲刚刚到来的黑暗时刻，男人们开始向女人求助，呼吁她们承担起维持文明的职责。在所有丰收的田地里，在果园和葡萄园里，女人们正在为战斗中的男人和因战争而失去父亲的孩子们采集食物。在城市里，女人们开着商店营业，驾驶卡车和有轨电车，总之，要处理各种各样的事务。

　　当军队残部归来时，当男人重新开始操持商业时，他们会忘记女性所发挥的如此崇高的作用吗？他们会忘记在英国，各个阶层的女性是如何把自己的利益搁置一边、组织起来的吗？这么做可不仅是为了护理伤员、照顾贫民、安慰病孤，更是为了维持国家的存在。我们必须承认，到目前为止，几乎没什么迹象表明英国政府注意到了女性所表现出的无私奉献精神。到目前为止，政府所有解决失业问题的计划所针对的都是男性失业者。女性的工作，如制衣等，在一些情况下已经被剥夺了。

战争警报一响，激进分子就宣布休战，对此，他们半推半就地宣布，政府将释放所有承诺"不再犯下罪行或暴行"的选举权囚犯。由于已经宣布休战，没有一个选举权囚犯愿意回应内政大臣的规定。几天后，麦肯纳先生在下议院宣布，政府打算在几天内无条件释放所有选举权囚犯，这无疑是受到了持各种政治信仰的男男女女向政府进行抗议的影响——他们中的许多人从未支持过革命性的策略。目前，女性针对男性的战争就此结束。一如既往，女性成了养育男人的母亲、他们的姐妹以及毫无怨言的伴侣。未来任重道远，不过在这篇序言和本卷的结尾，我们还是要保证，争取妇女充分选举权的斗争并未被废弃，只是暂时被搁置了。当武力冲突停止时，当正常、和平、理性的社会恢复其功能时，人们又会提出这种要求。如果要求不能迅速得到满足，那么女性将再次拿起她们今日慷慨放下的武器。除非女性，人类家庭的母亲，在世界议会中被赋予自由，否则世界上就不会有真正的和平。

第一卷

激进分子的造就

第一章

那些降生在争取人类自由的伟大斗争时代的男男女女，无疑是幸运的。如果父母亲身参与了他们那个时代的伟大运动，那更是一种额外的幸运了。我很高兴，也很感激，我就是这种情况。

我最早的回忆中就有在我的家乡曼彻斯特举行的一次大型义卖，义卖的目的是筹集资金，以纾解美国刚获解放的黑人奴隶的贫困。我的母亲积极参与了这项工作，而我作为一个小孩子，被委以重任，负责拿着福袋来收钱。

虽然当时我还年幼——肯定不超过 5 岁——但我非常清楚奴隶制和解放这两个词的含义。从婴儿时期起，我就习惯于听到对奴隶制和美国内战或赞成或反对的讨论。尽管英国政府最终决定不承认南方邦联，但英国的公众舆论在奴隶制和脱离联邦的问题上存在严重分歧。一般来说，有产阶级是支持奴隶制的，但也有许多例外。我们家族朋友圈子里的大部分人都反对奴隶制，我父亲罗伯特·古尔登就一直都是最热心的废奴主义者。他在运动中表现突出，被任命为委员会成员，当亨利·沃德·比彻抵达英国进行巡回演讲时，父亲负责会见和欢迎他。斯托夫人的小说《汤姆叔叔的小屋》是我母亲的最爱，她经常用它作为睡前故事，我们都听得入迷。那些大约五十年前讲的故事，如今在我脑海中还像晨报上详细报道的事件一样清晰。实际上，比那还要生动，因为它们在我的意识中留下了更深刻的印象。我仍然清楚地记得，每当母亲讲述伊莉莎在俄亥俄河破冰上争取自由、她那痛苦的追寻以及最终被坚定的老贵格会教徒拯救的故事时，我所感受到的震颤。还有一个惊心动魄的故事是一个黑人男孩逃离他残忍的主人和种植园。男孩从未见过火车，当他摇摇晃晃地走在陌生的铁轨上时，他听到了火车驶来的轰鸣声，在他牵强附会的想象中，咔嗒咔嗒的车轮声似乎在一遍又一遍地重复着那句可怕的话："抓住黑鬼——抓住黑鬼——抓住黑鬼——"这是个可怕的故事，在我整个童年时期，每当我坐上火车，就会想到那个从追捕的恶棍手中逃脱的可怜奴隶。

我确信，这些故事，以及义卖、救济基金和我听到很多人谈论的捐款，在我的大脑和性格中留下了永久的印记。它们唤醒了我人生中最自然而然的两种感觉：首先，对战斗精神和英勇牺牲的钦佩，正是这种精神拯救了文明的灵魂；其次，对温和精神的赞赏，它可以弥补和修复战争所带来的破坏。

记忆里，我无时无刻不在阅读，阅读也总是一种乐趣和慰藉。从我记事起，我就喜欢讲故事，尤其是那些关于浪漫主义和理想主义人物的故事。《天路历程》是我早年的最爱，我也十分喜爱班扬的另一部充满幻想的浪漫小说《圣战》，但它似乎没有前者那么有名。9岁时，我发现了《奥德赛》，之后不久又发现了另一部经典作品，一部成为我一生灵感源泉的作品。它便是卡莱尔的《法国大革命》，我领受到它时的心情就和济慈读到查普曼的荷马译本时的心情差不多——"……正如某些人观测天空时，一颗新行星游入他的视野。"

我从未忘记这些最初的印象，它强烈影响了我对童年前后发生的事情的态度。曼彻斯特这座城市见证了许多激动人心的事件，这尤其体现在政治方面。总体来说，它的公民一直是持自由主义观点的，是言论自由和意见自由的捍卫者。但在（19世纪）60年代末，曼彻斯特发生了一件可怕的事，表明这些惯常做法还有例外。这件事与爱尔兰的芬尼亚起义有关。芬尼亚人发起了一次暴动，警察逮捕了领导者。这些人被一辆囚车送往监狱。在路上，囚车被拦下，有人尝试营救囚犯。有人开了一枪，试图撬开囚车的门锁。一名警察受了致命伤倒下了，几人被捕并被控谋杀。我清楚地记得那场暴动，虽然并非我亲眼所见，但我听到哥哥生动地描述了它。那天下午，我和一个年幼的玩伴在一起，喝完茶后，哥哥来带我回家。当我们漫步在11月渐浓的暮色中时，他兴奋地谈论着那场暴动，致命的枪击和被杀的警察。我几乎能够看到那个人倒在地上血流不止，而人群在他周围摇晃着、呻吟着。

这个故事剩下的部分揭示了司法经常犯的一个可怕错误。尽管这一枪并没有任何杀人的意图，但这些人还是按谋杀罪来接受审判，其中三人被判有罪并处以绞刑。他们的处决让曼彻斯特市民大为兴奋，这几乎是这座城市允许进行的最后一次公开处决。当时我是曼彻斯特附近一所学校的寄宿生，周末都待在家里。在我记忆中，有一个周六的下午格外突出，因为在放学回家的路上，我经过了监狱，我知道那些人被关押在这里。我看到监狱的墙被撕掉了一部分，残留的巨大缺口中有最近被拆除的绞架的痕迹。我被吓得目瞪口呆，猛地坚信那场绞刑是个错误，往更糟里说，是一种犯罪。这使我意识到生活中一个最可怕的事实——弘扬正义和下达判决往往有着天壤之别。

我讲述我性格形成时期的这件事是为了说明这样一个事实：童

年印象往往比遗传或教育对性格和未来行为的影响更大。讲这个故事也是为了表明，我成为一名激进主义者的历程，在很大程度上是建立起同情心的过程。我个人并没有遭受过许多男人和女人所意识到的社会不公的被剥夺感、痛苦和悲伤。我的童年受到了爱和舒适的家庭的保护。然而，当我还是一个很小的孩子时，就开始本能地感觉到，即使在我自己的家里，也存在一些有缺陷的地方，一些错误的家庭关系观念，一些不完善的理念。

这种说不清的感觉在我和兄弟们被送去上学开始形成了信念。对英国男孩的教育，在当时和现在一样，被视为比对其姐妹的教育要严肃得多。我的父母，尤其是我的父亲，把兄弟们的教育问题当作一件非常重要的事情来讨论。而我和姐妹们的教育几乎不会被提及。当然，我们去了一所精心挑选的女校，但除了校长是位女绅士，所有学生都是我这个阶层的女孩，似乎没人在意其他。当时，女孩受教育的首要目标似乎是"让家庭变得有吸引力"——大概是对移居国外的男性亲属的吸引力。我曾经很困惑，为什么我有让家对我的兄弟有吸引力这样特别的义务。我们之间无比融洽，但从来没有人建议他们有义务让家对我有吸引力。为什么没有呢？似乎没人知道。

一天晚上，当我躺在小床上等待睡意袭来，这些令人困惑的问题的答案出乎意料地出现了。我父母有个习惯，每晚睡前都要到我们的卧室里转一圈。那天晚上，当他们进入我的房间时，我还醒着，但不知为何，我假装睡着了。父亲俯下身来，用他的大手挡住蜡烛的火焰。我无法确切地知道他低头看我时心里在想什么，但我听见他有些悲伤地说："真遗憾，她不是个小伙子。"

我当时巴不得从床上坐起来，抗议说我不想当男孩，但我还是静静地躺着,听到父母朝着下一个孩子的床走去。在那之后的许多天里,我一直在思考父亲的这句话,但我想我从未因自己的性别感到遗憾。然而,有一点很明显,男人认为自己比女人更强,而女人显然默认了这种看法。

我发现这种看法很难与我父母都是平等选举权的倡导者这一事实相调和。1866年的改革法案通过时,我还很小,但我清楚地记得当时由某些情况引起的骚动。这项改革法案被称为《家庭选举权议案》,它标志着自1832年以来英格兰第一次广泛扩大投票范围。根据这项法案的规定,每年支付10英镑以上租金的住户就可以获得议会投票权。当下议院还在讨论它时,约翰·斯图尔特·密尔就提出了一项修正案,将女性业主和男性业主都包括在内。这项修正案被否决了,但在通过的法案中,使用了"人"(man)一词,而不是通常的"男性"(male person)。现在,根据议会的另一项法案,"人"一词必须包括"女人",除非有特别说明。例如,在某些包含缴费条款的法案中,男性名词和代词贯穿始终,但这些规定既适用于缴费的男性,也适用于缴费的女性。因此,当含有"人"一词的改革议案成为法律时,许多女性认为她们实际上获得了选举权。随之而来的是大量的讨论,最终大量女性检验了这个问题,她们要求把自己的名字登记在选民名册上。在我居住的城市曼彻斯特,共有4 215名潜在的女选民,其中有3 925名女性要求投票,她们的要求在法院得到了知名律师的辩护,这些律师中就包括我未来的丈夫潘克赫斯特博士。当然,妇女的要求在法庭上没得到什么正面的反馈,但这场骚动推动了全国各地妇女选举权运动的高涨。

我当时太小了,无法理解这件事的确切性质,但我和大家一样兴奋。通过大声给父亲朗读报纸,我对政治产生了真正的兴趣,依我年轻的头脑看来，《改革议案》是一项会对国家产生极大好处的东西。这项议案成为法律后进行的首次选举自然是一个难忘的时刻。对我来说，它之所以难忘，是因为这是我亲历的第一次选举。我和妹妹刚收到了新的冬款连衣裙，裙子是绿色的，按照合乎体统的英国家庭的习惯，它们做得差不多。那时候每个女孩都穿红色法兰绒衬裙，当我们第一次穿上新衣服时，衣服是红色和绿色的这件事让我印象深刻——这是自由党的颜色。既然我们的父亲是自由党人，自由党当然应该在选举中获胜，我想出了一个帮助自由党取得进展的绝妙计划。小妹妹跟在我后面小跑着，我们走了将近一英里路，来到最近的投票站。它碰巧在一个相当简陋的工厂区，但我们没有注意到这一点。到了那里，我们两个孩子提起绿色的裙子，露出鲜红的衬裙，神气十足地在聚集的人群中走来走去，鼓动他们投自由党的票。就在这闪耀的时刻，我们被愤怒的管理者不耐烦地一把抓起——像幼儿保姆那样。我记着我们还被送去睡觉了，但对此我不是很清楚。

我第一次参加选举权大会时才 14 岁。那天，我放学回家，遇到了正要去开会的母亲，我央求她让我一起去。她同意了，我都没停下来放书，就跟在母亲后面跑起来了。这些演讲让我很感兴趣且兴奋不已，尤其是伟大的莉迪亚·贝克尔①女士的演讲，她是英国运动中的苏珊·B.安东尼②，是一个杰出人物，一个真正善于雄辩的演说

---

① 莉迪亚·贝克尔，英国著名女权主义者，擅长演讲和创作随笔，在曼彻斯特创立了第一个妇女选举权委员会，多年来为争取女性各方面的权利呼吁呐喊。（本书未特别说明的均为译者注）

② 苏珊·B.安东尼，美国民权运动和女权运动著名领袖，创立了第一个妇女禁酒运动组织，周游美国和欧洲，发表了大量演说，在女性权利得到美国政府承认和合法化过程中发挥了重要作用。

家。她是曼彻斯特委员会的秘书,在她作为《妇女选举权杂志》编辑每周给我母亲寄杂志时,我就开始钦佩她了。在开完会后,我就意识到自己已是一个坚定的妇女参政论者了。

我想,我在潜意识中一直是个妇女参政论者。以我的性情和所处的环境,几乎不可能成为其他样子。这场运动在(19世纪)70年代初非常活跃,在曼彻斯特尤为活跃,这里有一群非凡的男人女人组织运动。这些人中就包括雅各布·布莱特先生和夫人,他们总是随时准备支持斗争事业。雅各布·布莱特先生是约翰·布莱特的弟弟,多年来他一直是曼彻斯特的议员,直到去世他都是妇女选举权的积极支持者。除了贝克尔女士外,委员会成员中还有两位才华出众的女士。她们是爱丽丝·克里夫·斯卡查德夫人和沃尔斯坦霍尔姆女士(现在是可敬的沃尔斯坦霍尔姆·艾尔米夫人)。委员会的主要创始人中有理查德·马斯登·潘克赫斯特博士,在后来的岁月中,我注定要成为他的妻子。

15岁时,我去巴黎读书,在那里我成了一名学生,进入了欧洲最早的女子高等教育机构中的一所。这所学校的创办者之一是埃德蒙·亚当夫人,无论过去还是现在,她都是一位杰出的文学人物。学校坐落在纳伊大街的一所漂亮的老房子里。这里是在马奇·吉拉德女士的指导下运营的,她是一位在教育方面造诣颇深的女性,后来被任命为法国政府的学校督学。马奇·吉拉德女士认为,对女孩的教育应该和当时男孩接受的教育一样全面,甚至要更务实。她将化学和其他科学纳入她的课程,除了刺绣,她还教女孩们记账。在这所学校里还盛行着许多其他先进的思想,在我看来,学生们接受的道德规训和智识训练一样有价值。马奇·吉拉德女士认为,应该赋予女性最高的荣誉理想。她的学生都遵守最严格的诚实和坦率的原则。她对我的理解和信任使我受益匪浅，我相信，即便我对她的感情不那么真挚，我也不会背叛这份信任。

在这所令人愉快的学校里，我的室友是和我年龄相仿的有趣年轻女孩诺埃米·罗什福尔，她就是那位伟大的共和派、共产主义者、记者和剑客亨利·罗什福尔的女儿。那是在普法战争后不久，巴黎人对帝国的衰落和血腥而灾难性的公社的记忆历历在目。实际上，我室友声名显赫的父亲和许多人当时正因为参加公社而被流放到新喀里多尼亚。我的朋友诺埃米为她的父亲感到焦虑不已。她经常谈起他，于是我听到了许多关于他的无畏和爱国的让人血脉偾张的叙述。亨利·罗什福尔实际上是法国共和运动的推动者之一，在他乘坐敞篷船从新喀里多尼亚逃出后，他经历了多年生动精彩的政治冒险。我和他的女儿在学生时代结束后很长一段时间里仍是亲切的朋友，和她的交往使我先前领悟的各种自由主义思想更加根深蒂固。

当我终于从巴黎学成归来时，我已经十八九岁了，在我父亲家族里算是一位完成任务的年轻女士了。我同情妇女选举权运动并致力于这项运动，从而认识了潘克赫斯特博士，他为妇女争取选举权所做的工作从未停止。正是潘克赫斯特博士起草了第一份选举权议案，即《消除妇女权利缺陷的议案》，并于 1870 年由雅各布·布莱特先生提交给下议院。这项议案以 33 票的多数票进入二读①，但因格莱斯顿先生的强制令而在委员会中被否决。正如我已说过的，潘克赫斯特博士和另一位杰出的大律师柯勒律治勋爵共同担任曼彻斯特妇女

---

① 二读，将议案第二次提交立法会议，是英国立法的一项程序，旨在批准议案的总原则。

的律师,他们在 1868 年试图把妇女登记为选民。他还起草了一项议案,赋予已婚妇女对自己财产和收入的绝对控制权,这项议案在 1882 年成为法律。

1879 年,我和潘克赫斯特博士喜结连理。

我认为,我们对像潘克赫斯特博士一样的这群男士女士再怎么感激都不过分,他们在此前的岁月中,在困难重重的运动初期的考验中,贡献了自己的鼎鼎大名。这些男士没有等到运动被普遍接受后才站出来,即使妇女还没有到反抗意识明显觉醒的程度,男士们在挺身而出时也毫未犹豫。他们一生都在与那些为终有一天会到来的反抗组织、教育和做准备的人一起工作。毋庸置疑,这些先驱因其女权主义观点而受到欢迎。但他们中的一些人在经济上受损,一些人在政治上蒙难,可他们从未动摇过。

婚后我度过了 19 年幸福的时光。我经常听到有人嘲讽说,妇女参政论者是无法为自己的情感找到正常发泄口的女性,因此是些痛苦而失望的家伙。可能不是所有妇女参政论者都是这样的,我就不是这样。在这个不完美的世界上,我的家庭生活和人际关系已经尽可能地接近理想状态了。婚后大约一年,我的大女儿克丽斯特贝尔出生了,又过了 18 个月,我的二女儿西尔维亚出生了。后来我又有了两个孩子,有好几年我都专心料理家事。

然而,我从来没有因为专注于家庭和孩子而对社区事务失去兴趣。潘克赫斯特博士并不希望我把自己变成一台家务机器。他坚信,社会和家庭都需要女性效劳。因此,当我的孩子们还在摇篮里的时候,我就在妇女选举权协会的执行委员会中任职了,同时我也是致力于确保《已婚妇女财产法案》施行的委员会执行理事会的成员。在

1882年这项议案通过后，我又精力充沛地投入到争取选举权的工作中。当时一项被称为《郡选举权议案》的改革议案正在讨论中，这项议案将选举权扩大到农业劳动者中，我们相信，我们多年的教育宣传工作已经使国家准备好支持我们对这项议案进行妇女选举权修正的要求。几年来，我们一直在全国各地的城市举行盛大的集会。人群、热情、对支持呼吁的慷慨回应，所有这些似乎都证明了我们的信念，即实现妇女选举权指日可待。实际上，在1884年，当《郡选举权议案》提交全国时，我们在下议院获得了支持选举权的实际多数。

不过下议院中的多数支持绝不能确保所有议案的成功。当我谈到我们对那些宣称自己是妇女参政论者的对立候选人的工作时，我将详细阐述这一点，这一做法让我们的美国朋友大为困惑。1884年，自由党执政，有人向首相威廉·E.格莱斯顿阁下递交了一份伟大的请愿书，要求将《郡选举权议案》的妇女选举权修正案提交给下议院进行自由和公正的审议。格莱斯顿先生断然拒绝了，并宣称，如果妇女选举权修正案获得通过，政府将放弃对这项议案负责。尽管如此，修正案还是提交了，但格莱斯顿不允许自由讨论它，他命令自由党成员投反对票。他们发出我们称为"鞭令"①的东西反对修正案，这张纸条实际上是命令党员在特定时刻到场投票反对妇女的修正案。女性们并不气馁，她们试图提出一项独立的选举权议案，但格莱斯顿对议会事务做了如此多安排，以至于这项议案甚至从未被讨论过。

我不打算写1903年之前英国妇女选举权运动的历史，当时妇女

---

① 鞭令，党鞭（英国议会内的代表政党领袖）发给议员的书面指示。

社会政治联盟已经组织起来。那段历史满是我上述这类故事的重复。格莱斯顿是妇女选举权的顽固反对者。他认为妇女的工作和政治活动是为男人的政党服务的。格莱斯顿先生职业生涯中最精明的行为之一便是他破坏了英格兰的选举权组织。他用"同样好的东西"来代替，这个东西就是妇女自由协会。自 1881 年布里斯托开始，这些协会迅速蔓延至全国，并于 1887 年成为全国妇女自由联合会。这个联合会的承诺是，通过在政党政治中与男性结盟，妇女将很快获得投票权。妇女们欣然接受了这个承诺，不再为自己工作，全身心地投入男人的工作中去，这种热情令人惊讶。

妇女自由联合会是一个由信奉自由党信条的妇女组成的组织。（历史稍长的樱草联盟则是一个由坚守保守党信条的妇女组成的类似组织。）这两个组织都没有把妇女选举权作为自己的目标。它们的存在是为了维护政党的理念，并为政党候选人的选举效力。

有人告诉我，美国妇女最近与政党结盟，她们和我们一样，相信这样的行动可以向男性表明，女人拥有政治上的能力，政治对女人和男人来说都是工作，从而打破其对妇女选举权的反对。让她们别上当受骗。我可以向美国妇女保证，我们与各大政党的长期联盟，我们对党纲的忠诚，我们在选举中的忠实工作，从来没有使选举权事业向前推进一步。男人们接受了女人们的服务，但他们从未提供过任何形式的报酬。

就我而言，我未在这个问题上抱任何虚假的希望来自欺。妇女自由联合会成立时我在场。格莱斯顿夫人主持了会议，她为"我们伟大的领袖"格莱斯顿先生的缺席说了好多安慰人的话，格莱斯顿先生当然没有时间浪费在女人的聚会上。在雅各布·布莱特夫人的要求下，我加入了联合会。在我成长的这个阶段，我是费边社的一员，我对它温和的社会主义的渗透力有相当的信心。但我已经无比确信，信任政党是徒劳无益的。甚至在我还是个孩子的时候，党员们对其领导人所作承诺的天真信仰就已经让我感到奇怪。我清楚地记得，父亲参加完政治集会回家时，脸上热情洋溢。我就会问："发生了什么事，爸爸？"他会得意扬扬地回答："啊，我们通过了这项决议！"

"那么下次开会就可以讨论你的议案了。"我预测道。

通常的回答会是："我不敢说，事情并不总是进展得那么快。但我们通过了决议。"

好吧，当妇女参政论者获得允许加入妇女自由联合会时，一定觉着她们已经通过了自己的决议。她们安下心来为政党工作，并证明她们和最近获得选举权的农业劳动者一样有投票的能力。当然，也有少数女性仍对选举权矢志不渝。她们又开始按照原来的教育路线为这项事业效力。没有一个女人想过农业工人是怎样，以及为什么赢得了选举权。实际上，他们是通过焚烧干草堆、发动骚乱，并用英国政客们能够理解的唯一方式展示自己的实力赢得了胜利。除非议案通过，否则将有 10 万人前往下议院这一威胁也在农业工人获得政治自由方面发挥了作用。但没有妇女参政论者注意到这一点。至于我自己，那时我在政治上还太稚嫩，没有吸取教训。我得在做了多年公共工作后，才获得了迫使英国政府让步的经验和智慧。我不得不担任公职。我不得不深入公立学校、济贫院和其他慈善机构的幕后；我不得不近距离地观察这个人类造就的世界的悲惨和不幸，然后才能达到成功反抗它的阶段。几乎就在 1884 年妇女选举权运动失败后，我进入了我职业生涯的这个新阶段。

第二章

　　1885 年，也就是第三项妇女选举权议案流产一年后，我丈夫潘克赫斯特博士作为自由党候选人参加了伦敦的河滨选区罗瑟林的议会选举。我和他一起参加了竞选，尽我所能地演讲和拉票。潘克赫斯特博士是一位受欢迎的候选人，要不是自治运动领导人的反对，他无疑会被选上。巴涅尔①当政，他的既定政策是反对所有政府候选人。因此，尽管潘克赫斯特博士是地方自治的坚定支持者，但巴涅尔的势力却坚决反对他，他落败了。我记得我当时义愤填膺，但我丈夫向我指出，巴涅尔的政策是完全正确的。凭借他的小党派，他永远不可能指望从敌对的多数人手中赢得地方自治，但通过不断的阻挠，他最终可以使政府精疲力竭，被迫让步。这是一项宝贵的政治经验，多年后我注定要将它付诸实践。

　　随后一年，我们住在伦敦，像往常一样，劳工问题和其他社会运动令我们充满兴趣。这一年，在布莱恩特和梅火柴厂工作的妇女的大罢工让人难忘。我满怀热忱地投入到这次罢工中，与姑娘们以及一些有名望的妇女一起工作，其中包括著名的安妮·贝桑特夫人。

---

　　① 巴涅尔，即查尔斯·斯图尔特·巴涅尔，19 世纪后期爱尔兰民族主义领袖、自治运动领导人，英国议员。

这次罢工成功了，姑娘们的工作条件得到了很大的改善。

这是一个极度动荡不安的时代，劳工骚乱、罢工和闭厂接连不断。在这个时代，一种无比愚蠢的反动精神似乎控制了政府和当局。救世军、社会党、工会——实际上，所有举行户外集会的团体——都成了备受攻击的对象。为了抗议这一政策，伦敦成立了一个法律与自由联盟，并在特拉法尔加广场举行了一场大规模自由言论集会，约翰·伯恩斯和坎宁安·格雷厄姆是主要发言人。我出席了这场集会，集会导致了警察和民众之间的血腥暴乱。特拉法尔加广场骚乱是有重大历史意义的，约翰·伯恩斯后来在政治上的显赫地位在很大程度上要归功于它。约翰·伯恩斯和坎宁安·格雷厄姆都因在骚乱中发挥的作用而锒铛入狱，但他们也因此名声大噪，为英国男人言论自由权的巩固做出了很大贡献。而英国女人仍在争取这项权利。

1890 年，我的最后一个孩子在伦敦出生。我有了一个由五个年幼孩子组成的家庭，于是有一段时间我在公共工作中不那么活跃了。安妮·贝桑特夫人从伦敦学校董事会退休后，有人请我作为空缺职位的人选，尽管我本来是喜欢这份工作的，但还是决定谢绝这一邀请。不过就在第二年，一个新的选举权协会——妇女选举权联盟成立了，我觉得我有责任加入它。联盟正在筹备一项新的选举权议案，其中的条款我不可能赞同，于是我和老朋友们联合起来，这些人包括雅各布·布莱特夫人、伦敦学校董事会成员沃尔斯坦霍尔姆·艾尔米夫人以及当时住在英国的斯坦顿·布拉奇夫人，努力取代潘克赫斯特博士起草的原始议案。事实上，这两项议案当年都没有提交议会。负责这项议案的霍尔丹先生（现在是勋爵）将他自己起草的一项议案提交了讨论。这确实是一项令人震惊的议案，其条款极度包容。

它不仅赋予家庭中所有已婚和未婚的妇女选举权，而且使她们有资格担任英王统治下的所有职务。政府从未认真看待过这项议案，实际上，正如我们后来了解到的那样，它也从未打算这样做。我记得我和斯坦顿·布拉奇夫人一起去法院见霍尔丹先生，抗议他提出这么一项根本不可能通过的议案。

"这项议案，"霍尔丹说，"从头到尾都是为了未来。"

他们所有的妇女选举权议案都是为了未来，一个遥远到无法感知的未来。我们在1891年就开始明白这一点了。然而，只要有议案，我们就坚决支持。因此，我们向会员拉票，分发了大量的宣传资料，组织了集会并发表了演讲。我们不仅自己发表演讲，而且还说服友善的议员登上我们的讲台。其中一次集会在伦敦东区的一个激进俱乐部举行，霍尔丹先生和陪同他的一位年轻人发表了讲话。这位年轻人就是当时处于事业起步阶段的爱德华·格雷爵士，他为妇女选举权进行了有说服力的呼吁。这位爱德华·格雷爵士在后来的人生中竟然成为妇女选举权的激烈反对者，不必对这一点感到惊讶。我认识很多英国年轻人，他们是作为争取妇女选举权的演说者开始政治生涯的，后来却成为反对妇女选举权的人，或者成为背叛这项事业的"朋友"。这些年轻而有抱负的政治家必须以某种方式吸引人们的注意，而支持劳工或妇女选举权之类先进的事业似乎是实现这一目标的捷径。

好吧，我们的演说和鼓动对霍尔丹先生那不可能通过的议案毫无帮助。它在一读之后就不再有进展了。

我们在伦敦住到1893年。这一年，我们回到了曼彻斯特的家，我又开始了选举权协会的工作。在我的建议下，会员们开始组织他们的第一次户外集会，我们一直在做这方面工作，最终我们成功地举办了一次盛大的集会，人群挤满了自由贸易大厅，挤不进去的人则挤到了附近一个较小的厅堂。这标志着在劳动人民中进行宣传运动的开始，这是我长期以来一直渴望实现的目标。

现在一个新的阶段开始了，当我回想起来时，这当属我职业生涯中一个十分有趣的阶段。我曾说过，我们自由党的领导人曾建议女性通过在市政部门中任职，尤其是那些无薪的职务，来证明她们适合担任议员。许多女性接受了这一建议，在监护人委员会、学校董事会和其他职位任职。我的孩子们现在已经足够大了，我可以把他们交给有能力的保姆照顾，我可以自由地加入前面提到的这些行列了。回到曼彻斯特一年后，我成为《济贫法》监护人委员会的候选人。几个星期前，我曾竞选学校董事会的一个席位，但没有成功。然而，这一次，我当选了，在投票中以极大优势领先。

为了方便美国读者理解，我来解释一下我们英国济贫法的运作情况。这项法律的职责是执行伊丽莎白女王的一项法令，这是这位英明而富有人道精神的君主所实施的最伟大的改革之一。伊丽莎白登基时，她发现英格兰，这个当代诗人笔下的"快活英格兰"，正处于令人震惊的贫困状态。饿殍遍野，在简陋的茅舍里，在大街上，在王宫门口。造成这一切苦难的原因是亨利八世统治时的宗教改革，以及英国教会脱离罗马。众所周知，亨利国王控制了教会的所有土地和修道院，并把它们奖励给那些支持他政策的贵族和宠臣。但是，新教贵族在接管教会财产的同时，并没有承担教会古老的责任，即安置过路人、提供施舍、护理病患、教育青年、照顾长幼。当修道士和修女被赶出修道院时，这些职责就没有人承担了。结果就是，在爱德华六世的短暂在位和玛丽女王的血腥统治之后，伊丽莎白接手了社会的无政府状态。

这位伟大的女王和伟大的女性意识到，社区理应对穷人和无助者负起责任，于是她促成了一项议案的通过，在教区设立公共机构来处理当地的贫困状况。《济贫法》监护人委员会会为穷人发放来自贫民救济税的钱，以及地方政府委员会批准的一些额外资金，其负责人是一位内阁大臣。约翰·伯恩斯先生是现任负责人。监护人委员会掌控着我们称为济贫院的机构。我相信，你们也有济贫院，但它们不像我们的济贫院这么无所不包，我们的济贫院集各种机构于一身。在我负责的这所济贫院里，我们有一所拥有900张床位的医院，一所有几百个孩子的学校，一个农场，以及许多作坊。

当我上任时，我发现我们乔尔顿区的法律执行得非常严苛。旧的委员会是由那些被称为"节税者"的人组成的。他们不是穷人的监护人，而是税收的监护人，而且，我很快就发现，他们连精明的税收监护人也算不上。比如说，尽管院中收容的人的伙食很差，但食物的浪费也显而易见。被收容者每天都得到一定分量的食物，面包占了很大的比重，几乎没有人吃完自己的那份。在农业部门，养猪是为了消耗这些多余的面包，由于猪吃不新鲜的面包长得不肥，所以在市场上卖的价格要比正常喂养的农场猪低得多。我建议，与其分发一整块面包，不如把面包切成片，涂上人造黄油，让每个人想吃多少就吃多少。委员会的其余成员反对这个办法，说我们的穷人把自己的权利看得比什么都重，会怀疑这样的创新是企图剥夺他们的部分口粮。这个问题很好解决，我们建议在做出改变之前先征求被收容者的意见。穷人们当然同意了，我们用省下来的面包加上牛奶和醋栗做了布丁，给济贫院里的老人吃。我发现这些老人坐在没有靠背的凳子或长椅上。他们没有隐私，没有财产，甚至连储物柜都没有。老妇人的长袍上没有口袋，所以她们不得不把所有可怜的小玩意揣在怀里。我上任后不久，我们就给老人们提供了舒适的温莎椅，并设法用各种方法让他们的生活还能过得去。

这些终究只是小恩小惠。但当我回想起我们为曼彻斯特济贫院的孩子们所做的一切时，我确实感到欣慰。我第一次去那里时，看到七八岁的小女孩跪在长长的走廊上擦洗着冰冷的石头，我十分震惊。无论是夏天还是冬天，这些小女孩都穿着薄薄的棉质连衣裙，领低袖短。到了晚上，她们什么也不穿，因为她们认为睡衣对靠救济度日的穷人来说太讲究了。支气管炎在她们中间流行，但这一现况并没有让监护人想到去改变改变她们衣服的样式。这里有一所儿童学校，但教学质量很差。我第一次见到这些可怜又无辜的孩子时，他们已经够凄苦的了。在五年的时间里，我们为他们改变了这里的面貌。我们在乡下买了一块地，为孩子们建造了一个村舍式的家，我们还为他们建立了一所现代化的学校，配备了训练有素的教师。我们甚至为他们争取到了一座体育馆和一个泳池。可以说，我是这个委员会的建筑委员会中唯一的女性成员。

无论人们如何反对英国《济贫法》制度，我仍坚持认为，在这种制度下，济贫院的儿童不应被扣上贫困的污名。如果他们被当作贫民对待，他们当然会成为贫民，他们长大后也会是贫民，成为社会永久的负担；但如果他们仅仅被看作国家监护下的儿童，他们就会具有完全不同的性格。有钱人家的孩子不会因为被送进英国特有的免费公立学校而变成穷光蛋。然而，现在专门用来为中上层阶级男孩提供教育的学校,有许多是用为教育贫困男孩女孩而留下的遗产建立的。英国《济贫法》如果执行得当,就应该把上层阶级从穷人的孩子那里拿走的东西,即在自尊的基础上接受良好的教育,还给他们。

问题在于,正如我上任后很快意识到的那样,在现有的情况下,法律无法完成它原本打算做的所有事情,甚至儿童方面的工作都无法实现。我们必须制定新的法律,而且我很快意识到,在妇女获得选举权之前,我们永远不要指望实现这一点。我在委员会任职期间,以及此后的几年里,全国各地的女性监护人一直在徒劳地争取法律改革,以改善那些令妇女心碎的状况,但这显然对男性影响甚微。我曾谈到我看到的那些在济贫院擦洗地板的小女孩。还有其他人做这些可憎的劳动,引发了我最强烈的怜悯。我发现那所济贫院里有一些孕妇也在擦地板,做着最辛苦的工作,几乎一直做到她们的孩子降生。其中许多是未婚女性,非常年轻,只能算是女孩。这些可怜的母亲在分娩后获得允许,可在医院待上短短两周。然后她们必须作出选择:是留在济贫院靠擦洗和其他工作谋生——在这种情况下,她们要与孩子分开;还是离开济贫院。她们可以留下来做贫民,也可以离开——怀里抱着一两周大的婴儿离开,没有希望,没有家,没有钱,也没有地方可去。这些女孩后来怎么样了?她们那不幸的孩子后来怎么样了?这个问题是女性监护人要求改革《济贫法》一部分内容的基础。

这一部分讲的是被寄养在外的小孩,不是被济贫院寄养,而是被父母寄养,而这里说的父母几乎都是母亲。她们是来自济贫院的母亲这个阶层——大多数是年轻的女仆——轻率之人认为所有工作的女孩都是这种情况;这个阶层中出现的非婚生子女比其他阶层更多。

那些可怜的小女仆，也许只能在晚上外出，她们的心智没有得到很好的陶冶，把生活的全部情感寄托在廉价小说中，很容易成为那些对她们别有企图之人的猎物。那些被送出去的婴儿主要就是由这些人来喂养的，而母亲们则要为她们的养育而买单。当然，这些婴儿没有得到很好的保护。《济贫法》监护人应该通过任命检查员拜访婴儿寄宿的家庭来保护他们。但是，根据法律，如果一个糟蹋了女孩的男人一次性付清 20 英镑（不到 100 美元），寄宿家庭就可以免受检查。只要抚养婴儿的人一次只带一个孩子，20 英镑已经付清，检查员就不能检查房子。当然，这些婴儿的死亡速度简直快得可怕，往往 20 英镑还没花完，那些抚养婴儿的人就可以随心所欲地招揽下一个受害者了。正如我所说的，多年来，妇女们一直试图对《济贫法》进行小小的改革，以覆盖和保护所有非婚生子女，并使任何有钱的恶棍无法因为一次性支付一笔钱就逃避将来对他的孩子的责任。人们一次又一次地尝试着，但总是失败，因为真正关心这件事的只有女人。

在成为《济贫法》监护人之前，我曾认为自己是一名妇女参政论者，但现在我开始认为，妇女手中的投票权不仅是一种权利，也是一种迫切的需求。我确信，这些可怜而受不到保护的母亲和她们的孩子是我接受训练成为一名激进分子的强劲因素。实际上，我在济贫院接触到的所有女性都对这种训练做出了贡献。在我进入委员会不久，就发现进济贫院的那批老妇人在许多方面都比进济贫院的老男人更优秀。没人能忽视这一点。首先，她们更加勤奋。事实上，看到她们的勤奋和耐心，我很感动。这个地方的大部分工作，大部分的针线活，大部分保持房屋整洁和给被收容者提供衣物的事情，都是六七十岁的老妇人干的。我发现老头儿就不一样了。不要指望他们能干多少活。他们喜欢在挑麻絮的屋子里停下来，在那里他们可以抽烟；至于真正的工作，则没做多少。

我开始打听这些老妇人的情况。我发现她们中大多数并不是风流放荡的女人，也不是犯罪成性的女人，而是曾过着非常体面生活的女人，她们或是妻子和母亲，或是自食其力的单身女性。许多人都属于家庭佣工阶层，她们没有结婚，失去了工作，到了不可能再找到工作的年纪。这并不是她们自己的错，只是因为她们从来没有赚到足够的钱存起来。在英国，劳动妇女的平均工资每周不到两美元。靠这点微薄的收入维持生活已经很困难了，当然也就不可能攒下钱。凡是对我国劳动妇女生活条件有所了解的人都知道，她们中很少有人能指望存下足够的钱维持晚年生活。此外，一般的劳动妇女要养活的是别人而不是自己。她们怎么能存下钱呢？

我们的有些老妇人是已婚的。我发现，她们中许多人都是熟练工匠的遗孀，这些工匠本会从他们的工会获得津贴，但这些津贴已经随着男人一起灰飞烟灭了。这些妇女放弃了为自己工作的权利，全身心地为丈夫和孩子劳作，最终却身无分文。除了进济贫院，她们别无他法。她们中的许多人是曾在陆军或海军中服役之人的遗孀。男人们从政府那里领津贴，但这些津贴随着他们一起化为乌有了，所以这些女人也进了济贫院。

我希望将来我们不会在英国的济贫院里看到这么多体面的老妇人。我们现在有一部养老金法，允许老年妇女和老年男子每周领取5先令，这虽然不足以维持生计，但足以让穷人把他们年迈的妇女留在济贫院外，而不至于让自己和孩子挨饿。但当我还是《济贫法》监护人的时候，一个女人停止劳碌的生活后，除了让她变成靠救济度日者,根本没有别的办法。

我希望有篇幅告诉你们我在委员会期间目睹的其他女性的悲剧。在我们主要为身体健康的穷人和受抚养者服务的院外救济部门,我接触到一些拼命挣扎着保住自己家庭和家人的寡妇。法律允许这些女人获得某种非常不充分的救济,但对于她本人和一个孩子来说,除了济贫院,法律没有提供任何救济。根据这项法律,即便女人还有嗷嗷待哺的婴儿要养育,她也被看作与一个身体健全的男人别无二致。有人告诉我们,女人应该待在家里照顾孩子。我曾经对我的男同事们说了让他们大吃一惊的话:"当妇女拥有投票权时,她们就会发现母亲可以留在家里照顾孩子。是你们男人让这些母亲无法做到这一点。"

我确信,获得选举权的妇女至少会找到许多方法来缓解贫困的诅咒。与男性相比,女性在救济问题上,尤其是在预防极度贫困方面,有更务实的想法。每当我参加地区会议和济贫法联盟年度会议时,我都对这一点印象深刻。在我们的讨论中,女性表现得比男性更有能力,更有智慧。我记得我写过两篇文章,引发了大量的讨论。其中一篇是关于大失业时代监护人的职责的,我在文中指出,政府为男性保留了随时可用的就业机会。在我们的西北海岸,前滨受到不断冲刷。每隔一段时间,就有人提出填海造陆的讨论,但我从未听说过有人建议把填海造陆作为救济失业者的一种手段。

1898 年,我丈夫去世,我遭受了无法弥补的损失。他去世得很突然,给我留下了照顾一大家子孩子的沉重责任,其中最大的孩子只有 17 岁。我辞去了监护人委员会的职务,又几乎立即被任命为带薪的曼彻斯特出生和死亡登记员。在英格兰,我们有出生、死亡和婚姻登记员,但由于确定姓氏的法案中包含了"男性"字样,所以女性不能被任命为婚姻登记员。政府中这一部门的负责人是总登记官,办公室设在伦敦的萨默塞特宫,所有重要的统计数据都从这里产生,所有的记录都在这里存档。

作为出生和死亡登记员,我的职责是充当我所在地区的主要人口普查官员;我必须接受所有出生和死亡申报表,进行记录,并每季度将我的簿册送到总登记官办公室。我所在的地区是工人阶级聚居区,因此我设立了每周两次的晚间办公时间。看到这些女性对能够去找一个女登记员登记这件事感到如此高兴,真是令人感动。她们常常给我讲她们的故事,其中有些是可怕的故事,但所有故事都带着对贫困的耐心和毫无怨言的悲情。即使我先前曾在监护人委员会工作过,也还是感到震惊,因为我一次又一次地被提醒,世上对妇女和儿童就没有什么尊重。曾有 13 岁的小女孩来我的办公室为自己的宝宝做出生登记,这当然是私生子。在许多这样的案例中,我发现女孩的父亲或一些近亲要对她的状态负责。但在大多数情况下,这让人无能为力。英国的性同意年龄是 16 岁,但男人每次都会声称他认为女孩已经超过 16 岁了。在我任职期间,一位非常年轻的母亲抛弃了她的私生子,结果那孩子死了。这个女孩因谋杀罪而受审,并被判处死刑。的确,后来她得到了减刑,但这个不幸的孩子却经历了可怕的审判,并被判"绞死"。从正义的角度来看,那个坏蛋——杀害婴儿的真正凶手压根没有受到任何惩罚。

在此之后,我只需要再经历一次,只需要再接触一次我那个时代的生活和妇女的地位,就能让我确信,如果文明在未来要取得进步,就必须通过妇女的帮助，而这些妇女是摆脱政治桎梏的，是在社会上充分行使自己意志的。1900年，我受邀作为候选人参选曼彻斯特学校董事会。当时的学校都依照旧的法律管理，而学校董事会是非常活跃的机构。他们执行《初等教育法》，购买学校场地，建造校舍，雇用教师并支付工资。学校规范和课程是由隶属于中央政府的教育委员会制定的。当然，这很荒唐。一个伦敦的机构不可能满足英格兰偏远地区男孩和女孩的所有需求。但事实就是如此。

作为学校董事会的一员，我很快就发现，在教师方面，高年级别的工作人员和低年级别的工作人员处于完全相同的地位。也就是说，男性占据了全部优势。教师在学校董事会中有一名代表。当然，这位代表是一名男教师；当然，他也优先考虑男教师的利益。男教师的工资比女教师高得多，尽管许多女教师除了正常的课堂工作之外，还不得不教缝纫和家政学。她们没有因为额外的工作而得到额外的报酬。尽管有这种额外的负担，尽管获得的薪水较低，但我发现女性比男性更关心她们的工作，更关心孩子。那是一个冬天，曼彻斯特有很多贫困和失业的人。我发现女教师们用她们微薄的工资为贫困儿童提供定期的晚餐，并交出自己的时间来照顾他们，确保他们的营养跟上。她们只是对我说："你看，这些小东西的情况太糟糕了，都没法学习功课了。我们必须喂饱他们，然后才能教他们。"

好吧，议会并没有看到女性比男性更关心学校和学生因而在教育方面应该拥有更多的权力，而是在1900年通过了一项法律，将英国的教育完全从女性手中夺走。这项法律完全废止了学校董事会，将学校的管理权交给了市政当局。某些团体曾为技术教育提供了一定的资助——曼彻斯特曾建立了一所宏伟的技术学院——现在这些团体完全控制了初等和中等教育。

　　这项法律确实规定，各团体应在教育委员会中至少选派一名女性。曼彻斯特增选了四名女性，在工党的强烈推荐下，我成为被选中的女性之一。在他们的迫切请求下，我被任命为技术指导委员会的成员，是这个委员会接纳的唯一女性。我了解到，被称为欧洲第二好的曼彻斯特技术学院，每年在技术培训上花费数千英镑，实际上却没有培训女性的经费。即使在她们很容易被录取的课程，比如烘焙和甜品制作班，女孩子也被拒之门外，因为男性工会反对让她们接受这种技术工作的教育。我很快就清晰地认识到，男性把女性视为社会中的仆从阶层，除非女性把自己从这个阶层中解脱出来，否则她们将一直处于这个阶层。在那些日子里，我多次问自己该怎么办。我加入了工党，以为通过它的议会可能会发生一些重要的事情，一些政治家不可能忽视的妇女选举权的要求。但什么也没有发生。

　　这些年来，我的女儿们一直在成长。她们终生都对妇女选举权感兴趣。在克丽斯特贝尔和西尔维亚还是小女孩的时候，就曾哭着求人带她们去参加会议。我们在客厅开会时，她们以孩子的方式力所能及地帮助我们。随着她们长大，我们常常在一起谈论选举权，有时我甚至会被她们对运动成功前景那天真的信心吓到，她们认为这种前景是确信无疑的。有一天，克丽斯特贝尔的话吓了我一跳："你们女人争取选举权有多久了？让我说，我一定要得到它。"

　　我反思了一下，争取选举权和得到选举权之间有什么区别吗？法国有句古老的谚语："少时不明事理，老来力不从心。"①我突然想

---

　　①　英文原文为"If youth could know; if age could do."

到，如果年长的选举权工作者能以某种方式与年轻、不知疲倦、足智多谋的妇女参政论者携手，这场运动可能会重焕新生，出现新的发展。从那以后，我和我的女儿们开始共同寻求一种方式，使年轻人和年长者能够找到新的方法，开辟新的道路。最终，我们以为我们找到了一个办法。

第三章

在 1902 年夏天，我想应该是 1902 年，苏珊·B.安东尼访问了曼彻斯特，这次访问是促成我们激进的选举权组织——妇女社会政治联盟成立的一个原因。在安东尼女士来访期间，我的女儿克丽斯特贝尔对她印象深刻，还为曼彻斯特的报纸写了一篇文章，介绍这位可敬的改革家的生平和著作。她离开后，克丽斯特贝尔经常提起她，而且总是带着悲伤和愤慨，因为这样一位为人类做出杰出贡献的人在有生之年注定看不到她终生的梦想实现。我女儿说："想到又一代女性为了争取投票权而耗费生命，真是让人无法忍受。我们决不能再浪费时间了。我们必须行动起来。"

到这个时候，工党（我仍是其中的一员）已让基尔·哈迪①先生回到了议会，我们决定，行动的第一步是让工党负责制定一项新的选举权议案。在工党最近的一次年度会议上，我提出了一项决议，呼吁党员们指示他们自己的议员提出一项赋予妇女选举权的议案。决议

---

① 基尔·哈迪，英国政治家，工党的主要缔造者。1892 年，哈迪成为下院议员。1893 年，独立工党成立，他是第一任主席；1900 年，他协助创建了劳工代表委员会，即工党前身。1895 年，哈迪失去了下议院席位，但又于 1900 年在威尔士的梅瑟蒂德菲尔市被选为下院议员。

通过了，我们决定组织一个妇女协会，要求立即获得选举权，不是通过任何过时的传教士般的方法，而是通过政治行动。

1903年10月，为了组织活动，我邀请一些妇女到我曼彻斯特纳尔逊街的家里。我们投票决定，新协会称为妇女社会政治联盟，这一方面是为了强调它的民主性，另一方面是为了把它的目标定义为政治性的而非宣传性的。我们决心将我们的成员限定为女性，并确保我们绝对不属于任何党派，只满足于在我们的问题上采取行动。行动，而非空谈，将是我们永远的座右铭。

在我国，妇女选举权事业已经到了这样的地步，过去做过如此出色的教育工作的老领导们现在似乎只满足于虚伪的政客们所表达的同情和遗憾。几乎就在妇女社会政治联盟成立之时发生了一件事，使我重新认识了这一事实。在我们的议会中，任何议案都没有机会成为法律，除非它被确定为政府议案。非官方议员可以自由地提出自己的议案，但这些议案很少进入二读或讨论阶段。有如此多的时间被用于讨论政府议案，以至于很少有时间可以讨论私人议案。每周大约有一天时间用于审议私人议案，正如我们所说，政府为这些议案提供了便利；由于一届会议的时间有限，议员们在议会开幕的那几天开会抽签决定谁有资格参与讨论。只有这些中签的人才有机会对他们的议案说上几句，而且只有这些及早把握机会的人才有希望就他们的议案进行大量的讨论。

现在，那些老派的妇女参政论者早已放弃了达成政府选举权议案的希望，但她们仍然抱着有朝一日非官方议员的议案得到审议的希望。每年议会开幕当天，这个联盟都会派出一个妇女代表团前往下议院，与所谓的友好的议员会面，并探讨妇女选举权事业的立场。

这个仪式是非常传统的，甚至可以说是滑稽的。女士们发言，议员们也发言。女士们感谢友好的议员的同情，而议员们则再次保证他们认为妇女应获得选举权，一旦有机会就会投赞成票。然后，代表团带着些许悲伤但完全平静地离开了，议员们的生活恢复常态，即支持他们政党的政策。

在妇女社会政治联盟成立后不久，我参加了一次这样的仪式，查尔斯·麦克拉伦爵士是主持这次聚会的友好议员，他在从形式上尽职尽责地支持妇女选举权事业。对于如此聪颖、如此忠诚的女性仍未获得选举权，他向代表团表达了深深的遗憾之情，他的许多同僚也是如此。仪式接近尾声了，而我，一个没有被要求发言的人，决定为这个场合补充一些东西。

我突然开口道："查尔斯·麦克拉伦爵士告诉我们，他的许多同僚都希望妇女选举权事业获得成功。现在，我们每个人都知道，此时此刻，下议院的议员们正在为进行讨论的一个席位投票。查尔斯·麦克拉伦爵士能否告诉我们，是否有议员准备提出妇女选举权的议案？他能否告诉我们，他和其他议员会承诺为他们如此热烈支持的改革做些什么吗？"

当然，尴尬的查尔斯爵士并不准备告诉我们诸如此类的任何事情，代表团在混乱和愤怒中离开了。他们说我是一个不速之客，一个无礼的入侵者。谁让我说话的？我有什么权利插手破坏他们留下的好印象？没有人能讲清我的那些得罪人的言论疏远了多少友好的议员。

我回到曼彻斯特，重新振作精神，继续为妇女社会政治联盟开展组织工作。

1904 年春天，我参加了独立工党的年度会议，决心尽可能地劝说工党成员准备一份选举权议案，以便在即将召开的议会上提交。虽然我是全国行政委员会的成员，而且大概算是在党内有一定影响力的人，但我知道我的计划会遭到势力强大的少数人的激烈反对，这些人认为工党应该把所有的努力都放在确保男女都拥有的成人普选权上。当然，从理论上讲，工党不会满足于任何达不到成人普选权的条件，但很明显，在当时这样全面的改革是不可能实现的，除非政府真的把它作为他们的一项议案。此外，虽然下议院绝大多数议员承诺支持一项赋予女性与男性拥有平等选举权的议案，但能否指望大多数人支持一项赋予成人选举权的议案，即便这里的选举权是赋予男性的，都是值得怀疑的。这样一项议案，即便是政府的议案，也很可能难以通过。

经过长时间的讨论，全国行政委员会决定接受由潘克赫斯特博士起草的最初的《妇女选举权议案》，并于 1870 年在下议院进行二读。委员会的决定得到了会议压倒性多数的赞成。

人们如此热切期盼的新一届议会于 1905 年 2 月 13 日召开。我和女儿西尔维亚一起从曼彻斯特出发，她当时是南肯辛顿皇家艺术学院的学生，我们在下议院的"陌生人接待厅"里待了八天，为选举权议案工作。我们与每一位曾承诺在选举权议案提出时予以支持的议员进行了面谈，但没有一位议员同意如果自己在投票中得到这样的机会，会用于提出这项议案。每个人都有一些急于推进的议案。基尔·哈迪先生曾向我们作出承诺，但正如我们所担心的那样，他的名字没有在投票中被抽中。接下来我们着手与所有被抽中的人面谈，最后我们说服了排在第十四位的班福德·斯莱克先生提出我们的议案。第十四位不是一个好位置，但也算有了效果，我们的议案被定在5月12日星期五进行二读，是当天的第二项议程。

这是八年来提出的第一项选举权议案，不仅我们的队伍感到激动，所有过去的选举权团体也感到振奋。人们开了会，散发了大量请愿书。当我们的议案接受审议的日子到来时，"陌生人接待厅"却装不下来自各个阶层、贫富各异的女性，她们蜂拥到下议院。看到这些女性中许多人脸上闪耀着希望和喜悦的神情，我感到无限怜悯。我们知道，我们那可怜的不起眼的议案通过的希望极其渺茫。当天提出的第一项议案规定，夜间在公共道路上行驶的马车前后都应带灯。我们曾试图劝说这项无关紧要的议案的发起人为了我们的议案而撤回它，但他们拒绝了。我们还试图说服保守党政府为我们的议案提供充分讨论的便利，但他们也拒绝了。因此，正如我们充分预料的那样，《道路照明议案》的发起人获得允许"大声讨论"我们的议案。他们用愚蠢的故事和笨拙的笑话把辩论搞得一团糟。议员们在笑声和掌声中听着这种侮辱性的表演。

当发生的这些事情传到在陌生人接待厅等候的女性耳朵里时，一种狂热的激动和愤慨的情绪占据了人群。看到她们涌动的情绪，我觉得现在是时候进行示威了，这是老派的妇女参政论者从未尝试过的。我号召女人们跟我到外面参加声讨政府的集会。我们一拥而上，来到空旷的地方，英国最老派的争取选举权人员之一沃尔斯坦霍尔姆·艾尔米夫人开始讲话。警察立即冲进聚集的妇女中，把她们推来推去，命令她们散开。我们继续前进，一直走到守卫上议院入口的狮心王理查宏伟雕塑前，但警察又来阻挠了。最后，警察同意让我们在靠近威斯敏斯特教堂大门的布罗德圣殿举行集会。我们在这里发表了演讲，并通过了一项决议，谴责政府允许少数人"大声讨论"我们的议案的行为。这是妇女社会政治联盟第一次采取激进行动。这引发了议论，甚至让一些人慌了神，但警察只满足于记下我们的名字。

接下来的夏天是在户外工作中度过的。此时，妇女社会政治联盟已经获得了一些有价值的成员，我们也开始收到捐款。在我们的新成员中，有一个人注定要在这场逐渐展开的激进运动中扮演重要角色。在我们奥尔德姆的一次会议结束时，一个年轻女孩向我们毛遂自荐，说自己名叫安妮·肯尼，是一名工厂工人，也是强烈同情和支持选举权的人。她想更多地了解我们的团体和它的宗旨，于是我邀请她和她在寄宿学校当老师的姐妹珍妮第二天一起喝茶。她们来了，并且加入了我们的联盟，这一举动无疑改变了肯尼女士的整个人生轨迹，并为我们带来了一位杰出的领导者和组织者。在她的帮助下，我们开始将我们的宣传延伸到公众中全新的一拨人。

在兰开夏郡，有一种被称为"唤醒节"的习俗，这是一种巡回市集，那里有旋转木马、投掷游戏和其他节日游戏，还有各种各样的助兴表演，以及出售各种东西的摊位。在夏秋两季，每个小村庄都有自己的唤醒周，在唤醒节开始前的那个星期天，村民们习惯在摊位间散步，期待着第二天的欢乐。在这些场合，救世军、禁酒演说家、假药贩子、流动小贩等人利用现成的受众来推进他们的宣传。根据安妮·肯尼的建议，我们从一个村庄走到另一个村庄，跟随唤醒节的脚步，发表争取选举权的演讲。我们的受欢迎程度很快就赶上了救世军，甚至与牙医和药贩子不相上下。

妇女社会政治联盟成立两年之后才有机会在全国范围内开展工

作。1905年秋天出现了一种政治局面，在我们看来，这似乎为妇女获得选举权带来了光明的希望。由保守党把持了近20年的旧议会即将寿终正寝，全国正处于大选的前夕，自由党希望在大选中重新掌权。自然而然，自由党候选人向整个国家作出了在各个可能的方向进行改革的热情承诺。他们呼吁选民把他们作为真正的民主的倡导者和维护者，他们承诺会有一个支持人民权利、反对特权贵族权力的团结政府。

现在，经验告诉我们，实现妇女选举权的唯一途径是让政府对此作出承诺。换言之，候选人所作的支持的承诺显然是无用的。他们的承诺不值得费尽力气去争取。唯一值得努力争取的目标是来自负责任的领导人的承诺，即关于新政府将把妇女选举权作为官方计划的一部分的承诺。我们决定向那些可能进入自由党内阁的人求助，要求了解他们的改革是否会包括对妇女的公道。

我们制订了在曼彻斯特自由贸易大厅举行的一次重要会议上启动这项工作的计划，爱德华·格雷爵士将作为主要发言人。我们打算坐在正对讲台的观众席上，并为此次会议制作了一面大横幅，上面写着："自由党会给妇女投票吗？"当我们的发言人站起来向爱德华·格雷爵士提问时，我们就打算把这条横幅挂在观众席的栏杆上。然而，在最后一刻，我们不得不改变计划，因为我们不可能在观众席上得到我们想要的座位。我们没法使用我们的大横幅，因此，在会议当天下午晚些时候，我们剪出了一个小横幅，上面写着几个字："给妇女投票权。"就这样，在十分偶然的情况下，如今全世界选举权运动所采用的口号就这样诞生了。

安妮·肯尼和克丽斯特贝尔·潘克赫斯特

安妮·肯尼和我的女儿克丽斯特贝尔承担了向爱德华·格雷爵士提问的任务。整场会议她们都安静地坐着，会议结束时就到了提问环节。男人们提出了几个问题，并得到了礼貌的回答。然后安妮·肯尼站起来问道："如果自由党重新掌权，他们会采取措施赋予妇女投票权吗？"与此同时，克丽斯特贝尔把一面小横幅高高举起，好让大厅里每个人都能明白这个问题的本质。爱德华·格雷爵士没有回答安妮的问题，而坐在她附近的人粗鲁地把她按到自己的座位上，会议的一位负责人则把帽子压在她脸上。大厅里到处是喊声、哭声和嘘声。

秩序一恢复，克丽斯特贝尔就站了起来，重复了这个问题："如果自由党重新当选，会给妇女投票权吗？"爱德华·格雷爵士又一次对这个问题置之不理，于是大喊和怒吼的混乱场面又一次出现。曼彻斯特地区警察局长威廉·皮科克先生离开讲台，走到女士们跟前，要求她们写下她们的问题，并答应将问题交给演讲者。她们写道："自由党政府会给劳动妇女投票权吗？"落款是"奥尔德姆纺织梳棉与清棉车间操作工委员会成员安妮·肯尼，代表妇女社会政治联盟"。她们还加了一句话，说作为 96 000 名有组织的纺织女工中的一员，安妮·肯尼迫切希望得到这个问题的答案。

皮科克先生信守承诺，把问题递给了爱德华·格雷爵士。格雷爵士读完后笑了笑，把问题递给了讲台上的其他人。他们都笑着读了问题，但没有人回答。只有一位坐在讲台上的女士想说点什么，但主席打断了她，并让达勒姆勋爵向这位发言人表示感谢。温斯顿·丘吉尔先生表示支持，爱德华·格雷爵士简短地回应了一下，于是会议开始散场。安妮·肯尼从椅子上站了起来，在脚步声和窃窃私语中大声喊道："自由党政府会给妇女投票权吗？"

随即，观众变成了失控的暴徒。他们号叫着、呼喊着、咆哮着，对这个胆敢在男人的会议上插嘴提问的女人猛烈地挥舞着拳头。有人举起手来要把她从椅子上拖下来，但克丽斯特贝尔在安妮·肯尼站立时伸出一只胳膊搂住她，用另一只胳膊挡住暴徒，那些暴徒对她拳打脚踢，直到她的袖子被鲜血染红。女孩们仍然团结在一起，一遍又一遍地呼喊着："问题！问题！回答这个问题！"

六个男人，也就是六名会议负责人，抓住克丽斯特贝尔，拖着她走过过道，经过讲台，其他男人抓着安妮·肯尼跟在后面，两个女孩仍在要求对她们的问题作出回答。当这可耻的一幕发生时，讲台上的自由党领导人们静静地坐在那里，无动于衷，而台下的暴徒们则在大喊大叫。

两个女孩被扔到了街上，她们跟跟跄跄地站起来，开始对人群讲话，告诉他们在自由党会议上发生的事情。不到五分钟，她们就被逮捕了，罪名是妨碍公务，而在克丽斯特贝尔的案子中，罪名是袭警。第二天早上，两人都被传唤到治安法庭，经过纯粹是闹剧的审判后，安妮·肯尼被判处罚款五先令或监禁三天，克丽斯特贝尔·潘克赫斯特则被判处罚款十先令或监禁一周。

两个女孩都立即选择了坐牢。她们一离开法庭，我就匆匆赶到她们等候的房间，对我女儿说："在这件事上，你已经做了你应该做的一切。我想你应该让我把你的罚款付掉，然后带你回家。"还没等安妮·肯尼开口，我女儿就惊呼道："妈妈，你要是给我交罚款，我就永远都不回家了。"在去开会之前，她曾说："要么我们的问题得到答案，要么今晚就睡在监狱里。"我才意识到她的勇气依然坚不可摧。

当然，这件事引起了巨大的轰动，不仅在曼彻斯特这个我丈夫赫赫有名而我又长期担任公职的地方，而且在整个英格兰都引起了轰动。媒体的评论几乎是一边倒的尖酸刻薄。他们忽略了一个公认的事实，即每次政治集会上都有男人提问并要求发言人作答，而报纸却把这两个女孩的行为视为前所未有、骇人听闻的事情。他们普遍认为，对女孩的处理宽宏大量。罚款和监禁对这种僭越自己性别身份的家伙来说太善良了。"托儿所的训导"应该更适合她们。伯明翰的一份报纸宣称："如果需要任何反对给予女性政治地位和权力的论据，那么曼彻斯特已经提供了。"以前对整个问题视而不见的报纸现在暗示，虽然它们以前一直支持妇女获得选举权，但现在已经不能再支持了。据说,曼彻斯特事件使这项事业出现了倒退,或许是不可挽回的倒退。

它是如何让这项事业倒退的呢?许多人写信给报纸,对这些女性表示同情。爱德华·格雷爵士的妻子告诉她的朋友们,她认为她们采取的手段是完全合理的。据称,温斯顿·丘吉尔担心自己在曼彻斯特的候选人资格,他造访了关押这两名女孩的斯特兰韦斯监狱,恳求监狱长允许他支付她们的罚金,但白费功夫。10月20日,当这两名囚犯被释放时,她们在自由贸易大厅,这个一周前她们被赶出去的地方,举行了一场声势浩大的示威。妇女社会政治联盟吸纳了一大批新成员。最重要的是,妇女选举权问题一下子成为大不列颠各地热议的话题。

我们决定,从那时起,只要有自由党政府候选成员站起来发言的地方,就会出现"给妇女投票权"的小横幅,在妇女的问题得到答复之前,我们不会善罢甘休。我们清楚地认识到,自称为自由党的新政府在妇女问题上是反动的,他们强烈反对妇女选举权,必须与他们斗争,直到征服他们,否则就把他们赶下台。

然而,我们在给了新政府一切机会向我们作出想要的承诺后,才开始战斗。12月初,保守党政府解散,自由党党魁亨利·坎贝尔-班纳曼爵士组建了新内阁。12月21日,伦敦的皇家阿尔伯特音乐厅举行了一次盛大的会议,亨利爵士在他的内阁成员的簇拥下,发表了他作为首相的第一次讲话。在会前,我们写信给亨利爵士,以妇女社会政治联盟的名义问他,自由党政府是否会给妇女选举权。我们还说,我们的代表将出席会议,我们希望首相会公开回应这个问题。否则,我们将不得不公开抗议他的沉默。

亨利·坎贝尔-班纳曼爵士当然没有回应，他的演讲中也没有提到妇女选举权。于是，在会议结束时，我们乔装打扮混进大厅的安妮·肯尼挥舞起她的白色印花布小横幅，用她那清脆悦耳的声音喊道："自由党政府会给妇女选举权吗？"

与此同时，特蕾莎·比林顿从讲台正上方的座位上放下了一面巨大的横幅，上面写着："自由党政府会给劳动妇女伸张正义吗？"人们屏住呼吸，沉默了一会儿，等着看内阁大臣们会怎么做。他们什么也没做。然后，在一片喧哗与冲突的呼喊声中，这两个女人被抓住，扔出了大厅。

就这样，一场在英国乃至任何其他国家前所未有的战役开始了。如果我们有足够的力量，我们本会反对每一位自由党候选人的当选，但由于资金和成员的限制，我们将火力集中在一位政府成员身上，那就是温斯顿·丘吉尔先生。并不是说我们对丘吉尔先生有任何敌意。我们选择他只是因为他是代表我们总部附近选区的唯一重要候选人。我们参加了有丘吉尔先生演说的每一次会议。我们毫不留情地责问他；我们用如此明显的反驳打断了他最精辟的观点，引得众人哄堂大笑。我们在最不希望被打扰的时候，在大厅意想不到的角落里举起白色小横幅。有时，我们的横幅被人从手中扯下，践踏在脚下。有时，人群又和我们站在一边，我们实际上解散了会议。我们没能成功击败丘吉尔先生，不过他只是以极其微弱的优势当选，是曼彻斯特自由党候选人中票数优势最小的。

我们的努力并不局限于对丘吉尔先生的责问。在整个竞选过程中，我们继续在英格兰和苏格兰各地的会议上向内阁大臣提问。在利物浦的太阳大厅，首相发表讲话时，九名女性接连提出了那个重要的问题,然后被赶出了大厅;而这还发生在坎贝尔-班纳曼爵士是一位公开的妇女参政论者的事实下。但我们并不是在问他对选举权的私人意见;我们问他,他的政府愿意为选举权做些什么。我们在谢菲尔德问了阿斯奎斯先生,在柴郡奥尔特灵厄姆问了劳合-乔治先生,在格拉斯哥再次问了首相,我们还打断了许多其他会议。我们总是被粗暴地赶出去,受到侮辱。我们经常被弄得伤痕累累。

这有什么用? 我们经常被问到这个问题,甚至有些女人受到我们行为的激励而做了自己从未想过有能力做的事,也会问我们。一方面,我们的责问运动使妇女选举权成为新闻事件——这在以前是从未有过的。现在报纸上全是关于我们的报道。另一方面,我们唤醒了旧的选举权团体。在大选期间,各种非激进的妇女参政论者团体重新活跃起来,筹划了一份声势浩大的宣言,支持自由党政府采取行动。签署宣言的有:拥有近 21 000 名成员的妇女合作同业公会,拥有 76 000 名成员的妇女自由联合会,拥有 15 000 名成员的苏格兰妇女自由联合会,拥有 100 000 名成员的北英格兰织工协会,拥有近 110 000 名成员的英国妇女禁酒协会,拥有 20 000 名成员的独立工党。能激发所有这些活动当然是了不起的事情。

我们下决心下一步一定要把抗争带到伦敦去,安妮·肯尼被选为那里的组织者。这个无畏的女孩口袋里只揣着两英镑,也就是不到十美元,就开始履行她的使命。大约两个星期后,我把我登记员的正式工作交给了一位副手,然后就到伦敦去看看事情进展到什么程度了。令我惊讶的是,我发现安妮和我的女儿西尔维亚已经组织了一支妇女队伍,并打算在议会开幕当天举行示威。这两个自信的年轻人实际上已经订下了威斯敏斯特的卡克斯顿大厅,她们印制了大量宣告这次集会的传单，正忙着筹备这次示威。德拉蒙德夫人是在安妮·肯尼和克丽斯特贝尔被监禁后不久加入联盟的，她从曼彻斯特捎来口信，说她要来帮助我们。她不得不借钱买火车票，但她还是来了。而且，一如既往，她的帮助是无比宝贵的。

我们是怎样工作的呢？分发传单，在人行道上用粉笔写下集会通知，拜访我们认识的每一个人以及许多先前只闻其名的人，挨家挨户地拉票！

终于，议会的开幕日到来了。1906 年 2 月 19 日，伦敦发生了第一次争取选举权的游行。我想那支队伍里有三四百名女性，她们中大部分是来自伦敦东区的贫苦女工，带头走在前面，后面跟着无数不同阶级的女性。当我看到她们站成一排，拿着我女儿西尔维亚装饰过的朴素横幅，等待命令时，我的眼中充满了泪水。我们的游行队伍自然吸引了一大群饶有兴趣的旁观者。然而，警察并没有试图驱散我们的队伍，只是命令我们收起横幅。我们没有理由不打出横幅，但事实是，我们是女性，所以可以被欺负。于是，没有打横幅的游行队伍进入了卡克斯顿大厅。令我惊诧的是，那里挤满了女性，其中大多数人是我以前从未在任何选举集会上见过的。

我们的集会热情洋溢，当安妮·肯尼在频频响起的掌声中发言时，我听到消息说，国王的讲话（其实根本不是国王的讲话，而是正式宣布的政府会议议程）已经宣读了，其中没有提到妇女选举权的问题。安妮一坐下，我就起身宣布了这个消息，并提出一项决议，即集会立即转移到下议院举行，敦促议员们提出关于选举权的议案。我们执行了决议，一窝蜂地冲了出去，匆匆向下议院的陌生人入口奔去。天上正下着倾盆大雨，天气寒冷刺骨，但没有人回头，甚至当我们在入口处得知下议院大门在记忆中首次禁止女性进入时，也没有人回头。我们把卡片递交给有私交的议员朋友，他们中有人出来劝人放我们进去。然而，警察态度坚决。他们接到了命令。主张人民权利的自由党政府已经下达命令，禁止女性再踏入他们的地盘。

事实证明，来自议员的压力太大了，政府让步了，每次允许 20 名女性进入大厅。数百名女性冒着大雨和严寒，排队等了几个小时才轮到自己进去。有些人干脆没能进去，而对于我们这些进去的人来说，也没什么满足感。我们没能说服一个议员来参与我们的事业。

从这次经历的失望和沮丧中，我却收获了前所未有的幸福。那些女性跟着我去了下议院。她们不顾警察的阻拦。她们终于觉醒了。她们准备做一件女性从未做过的事——为自己而战。女人过去一直在为男人和孩子而战。现在，她们准备为自己的人权而战。我们的激进运动生根发芽了。

第四章

为了解释妇女社会政治联盟在伦敦站稳脚跟后的惊人发展，为了解释它为何能如此迅速地对迄今无动于衷的女性产生吸引力，我必须指出我们的团体与其他选举权团体的确切区别。首先，我们的成员绝对是一心一意的，她们把所有的力量都集中在一个目标上，即在政治上与男人平等。妇女社会政治联盟的成员没有把用在选举权上的心思分散到其他社会改革上。我们认为，理性和正义都要求女性参与改革困扰社会的弊病，特别是那些直接影响到妇女自身的弊端。因此，我们要求，在任何其他立法之前，首先应给予妇女投票权这一基本的公义。

毫无疑问，如果所有的妇女参政论者都接受这一简单的原则，大不列颠妇女应该多年前就获得选举权了。她们从未这样做过，即使在今天，还有许多英国妇女拒绝接受这一原则。她们首先是党员，然后才是妇女参政论者；或者说她们部分时间是妇女参政论者，其余时间是社会理论家。我们与其他选举权团体，或者说与1906年存在的这类团体的不同之处在于，我们清楚地认识到我们和我们的选举权之间横亘着难以打破的政治形势。

七年来，我们在下议院的大多数议员都承诺给选举权议案投赞成票。前一年，他们曾给其中一项议案投赞成票，但这项议案未成为法律。为什么呢？因为在面对一个由 11 名内阁大臣组成的敌对政府时，即使有绝大多数私人议员赞成也无力制定法律。议会的私人议员曾拥有个人的权力和职责，但议会的惯例和政治家观念的变化逐渐削弱了议员的职能。目前，就所有实际目的而言，他们的权力仅限于推动颁布政府提出的议案，或在极少的情况下，推动颁布政府批准的私人议案。诚然，下议院可以造反，可以通过对政府的不信任投票迫使他们辞职。但这种情况几乎从未发生过，而且现在发生的可能性比以前更小。傀儡是不会造反的。

这就是我们的处境：政府大权在握，始终充满敌意；普通立法者无能为力；国家麻木不仁；妇女们在各自的利益上有分歧。妇女社会政治联盟的成立就是为了应对这种情况，解决问题。此外，我们还有一项政策，如果坚持足够长的时间，就一定能解决这些问题。你想知道我们为什么每次开会都有新成员加入吗？

加入联盟几乎不用什么手续。任何女性只要付一先令就可以成为会员，但同时她必须签署一份声明，表示忠于我们的政策，并保证在赢得妇女投票权前不为任何政党工作。这仍是我们不容变更的习惯。此外，无论在什么时刻，如果有一个成员或一群成员对我们的政策失去信心，如果有人开始建议应该用其他政策来替代现有政策，或者她试图通过加入其他政策来混淆问题，她的会员资格立即会被停掉。这是独断专行吗？算是吧。而你可能会提出反对，一个选举权组织应该是民主的。好吧，妇女社会政治联盟的成员不会同意你的观点。我们不相信普通选举权组织的效力。妇女社会政治联盟没有受到复杂规则的阻碍。我们没有章程和细则，没有什么可以在年度会议上修修补补或争执不休的。实际上，我们没有年度会议，没有业务例会，没有官员选举。妇女社会政治联盟只不过是一支在战场上争取选举权的军队。这是一支纯粹的志愿军，没有人被迫留在其中。事实上，我们不希望任何不坚信军队政策的人留在其中。

我们政策的基础是对拒绝给予妇女投票权的政府的反对。以言语或行动支持一个敌视妇女选举权的政府，无异于怂恿他们继续敌视下去。我们反对自由党，因为它是执政党。如果统一派①政府掌权并且反对妇女选举权，我们也会反对它。我们对妇女说，只要她们继续留在自由党的行列中，就等于默许了政府的反对妇女选举权政策。我们对议员说，只要他们支持政府的政策，就等于默许了反对妇女选举权的政策。我们呼吁所有真诚的妇女参政论者离开自由党，直到女性获得与男性平等的选举权。我们呼吁所有选民投票反对自由党候选人，直到自由党政府为女性伸张正义。

并不是我们首创了这项政策。超过 35 年前，巴涅尔先生在他的地方自治斗争中十分成功地推行了这项策略。任何一个有一定年纪的人都会记得巴涅尔那段激动人心的岁月，1885 年，地方自治人士通过在下议院坚持投票反对政府，迫使格莱斯顿先生和他的内阁辞职。在随后的大选中，自由党再次掌权，但仅以 84 票的微弱多数获胜，地方自治人士与每一位自由党候选人，甚至包括那些像我丈夫一样热衷于地方自治的人，进行了斗争。为了控制下议院并保持其领导地位，格莱斯顿先生不得不提出一项政府地方自治议案。巴涅尔因私人阴谋下台，随后身亡，这项议案未能成为法律。在此后的许多年里，爱尔兰民族主义者一直没有足够强大的领导人来执行巴涅尔

---

① 统一派，主张爱尔兰继续作为英国一部分的派别。

的反政府政策。但在最近几年里,詹姆斯·雷德蒙德先生恢复了这一政策,结果是下议院通过了一项地方自治议案。

老派的妇女参政论者和政治家们的论点一直是,接受引导的公众舆论最终会给妇女选举权,而不需要以改革的名义施加任何巨大的力量。我们赞同必须引导公众舆论,但我们认为,即便是接受引导的舆论,如果不积极利用,也是无用的。最锋利的武器如果得不到勇敢地使用也是无力的。在 1906 年,支持妇女选举权的公众舆论铺天盖地。但这对这项事业有什么好处呢? 我们向公众呼吁的不仅仅是同情。我们呼吁公众要求政府顺应民意,给予妇女选举权。我们宣布,我们不仅要向所有反对选举权的势力开战,还要向所有中立和不积极的势力开战。每个有投票权的男性都被视为女性选举权的敌人,除非他准备积极成为女性的盟友。

不是说我们认为应该放弃引导教育运动。恰恰相反,我们知道引导教育必须继续下去,而且要比以往任何时候都更加有力。我们首先要做的是开展一场轰轰烈烈的运动,让公众认识到妇女选举权的重要性,并使他们对我们迫使政府采取行动的计划感兴趣。我想我们可以说在这方面的成功是立竿见影的,而且事实证明这种成功是永久性的。从一开始,在伦敦早期的日子里,当我们人数不多、钱也不多的时候,我们就让公众了解了妇女选举权运动,这是前所未有的。我们采用了救世军的方法,去到公路和偏僻小路上寻找皈依者。我们抛弃了所有关于什么是“淑女”和“表现良好”的传统观念,我们把一个测试问题,即“它有用吗?”应用到我们的方法中。就像卜维廉[①]一家

---

① 卜维廉,英国人,基督教新教救世军创始人和第一任救世军大将。

和他们的追随者把宗教带到街头人群中，使教会中的人感到恐慌一样，我们把选举权带到普通大众中，使其他妇女参政论者感到惊讶和丢脸。

我们印制了许多关于选举权的文献，我们的成员每天都出去举行街头集会。选择一个适宜的地点，用一把椅子作为讲台，我们中的一个人会摇铃，直到人们开始停下来看看会发生什么。当然，接下来会有一场气氛热烈的选举权演讲，并有人分发宣传材料。我们的活动开始后不久，铃声就是一个信号，预示着人群会像变魔术一样涌来。在整个街区，你都能听到这样的呼喊："妇女参政论者来了！来吧！"我们就是这样占领伦敦的；我们从不缺少观众，而且最重要的是，妇女选举权的信条对于这些观众来说是新鲜事物。我们正在扩大支持我们的公众的队伍，同时也在唤醒他们。除了这些街头集会，我们还在大厅和会客厅中开了许多会，我们获得了大量的媒体曝光，这是旧的选举权运动方法所不具备的。

我们的计划包括尽早提出一项政府选举权议案，1906 年春天，我们派出了一个由大约 30 名成员组成的代表团去会见首相亨利·坎贝尔-班纳曼爵士。据称，首相不在家；于是几天后我们又派出了一个代表团。这一次，佣人同意把我们的请求转达给首相。女人们在唐宁街 10 号官邸的门口耐心地等了近一个小时。然后门开了，出来了两个人。其中一个与代表团的领头人交涉，粗暴地命令她和其他人离开。"我们已经给首相传了话，"她回应说，"我们正在等待答复。""不会有人答复的。"那人严厉地回答后关上了门。

"不，会有答复的。"领头人喊道，她抓住门环，猛烈地叩了叩。那两个人立即又出现了，其中一个对站在附近的警察喊道："把这个女人带走。"他们执行了命令,这个非暴力代表团眼见着自己的领头人被押到了卡农街车站。

女人们立即强烈抗议。安妮·肯尼开始向聚集的人群发表讲话,德拉蒙德夫人甚至强行越过门卫进入了大英帝国首相神圣的住所! 她被逮捕了,随后安妮也被捕了。三人在警察局被扣留了大约一个小时,首相大概以为,这段时间足够把她们彻底吓住,并教训她们不要再做这种可怕的事情了。然后,他给她们传话说,已经决定不起诉她们,相反,他要接待来自妇女社会政治联盟的代表团,如果她们愿意参加,也可以邀请来自其他选举权团体的代表团。

所有的选举权组织立即开始为这一重大事件做准备。与此同时,200 名议员向首相递交了一份请愿书,请求他接见他们的委员会,这样他们就可以向他强调政府制定妇女选举权议案的必要性。亨利爵士将 5 月 19 日定为接见议会和妇女选举权组织联合代表团的日子。

妇女社会政治联盟决定让这一场合尽可能地向大众公开,并开始准备游行示威。当这一天到来,我们在守卫威斯敏斯特桥入口的美丽勇士布狄卡女王纪念碑脚下集合,并从那里向外交部进发。在会议上,有八名女性就迫在眉睫的选举权议案发言,基尔·哈迪先生提出了议会对选举权组织成员的看法。我代表妇女社会政治联盟发言,我试图让首相明白,没有什么事情比我们的更紧迫。我告诉他,我们联盟中组织起来的妇女团体强烈地感受到赋予妇女选举权的必要性。如果有必要,她们准备为之牺牲自己所拥有的一切,她们的谋生手段,她们的生命。我恳求他,为了不让她们作出无谓的牺牲,现在就为我们主持公道。

你觉着亨利·坎贝尔-班纳曼爵士会给我们什么回复呢？他向我们保证，他对我们的事业感同身受，他相信我们所做之事是正义的，他确信我们有资格投票。然后他告诉我们要耐心等待；他不能为我们做什么，因为他的一些内阁成员反对我们。又说了几句话之后，按惯例公开致谢，代表团就被解散了。我本来也没有期待会有更好的结果，但当我看到在街上等着听领头人汇报代表团结果的联盟妇女们的痛苦失望时，我的心都碎了。那天下午，我们举行了一次大规模的抗议集会，并决定以更大的力度继续我们的宣传鼓动。

1906 年 5 月 19 日，妇女社会政治联盟在特拉法尔加广场的集会示威

既然政府下了决心不提出选举权议案这一点已经明了了，那么除了继续我们唤醒整个国家的政策外别无他法，这不仅需要公开演讲和示威，也需要不断诘问内阁大臣。自克丽斯特贝尔·潘克赫斯特和安妮·肯尼在爱德华·格雷爵士曼彻斯特的会议上被赶出会场、后又因谦恭地提问而被关进监狱这一难忘的场景发生以来,我们一直不失时机地向我们能遇到的每一位内阁大臣提出同样的问题。为此,我们遭到了不留情面的批评,在许多情况下受到了最粗暴的对待。

在我参加的几乎每一次美国人的会议上,我都会被问到这样一个问题:"你期望通过打断会议来达到什么目的呢?"难道英国人享有的由来已久、近乎神圣的打断发言的特权在美国不为人知吗?我无法想象一次完全没有"声音"的政治会议。在英国,这种惯例是一直存在的。人们认为,反对派有不可剥夺的权利来质问演讲者,并向他们抛出有意干扰其论点的问题。例如,当自由党人参加保守党人的集会时,他们就准备用俏皮话和尖锐的问题来打破保守党演讲者的各种最佳效果。第二天,你就会在自由党的报纸上看到这样的标题:"不赖的声音""对保守党的漠视""来自敌方讲台的尴尬回应"。在这篇文章的正文中,你会了解到"X 勋爵发现他会上的自由党人比他更胜一筹","某某爵士的演讲不断被打断","M 勋爵昨晚在与那个'声音'的交锋中表现得很糟",或者"Z 上尉在表达自己的意见时遭遇了极大的困难"。

按照这个惯例,我们会质问内阁大臣。例如,温斯顿·丘吉尔先生正在发言。他大声说:"还有一个大问题有待解决。"

"那就是妇女选举权。"旁听席上有人喊道。

丘吉尔先生艰难地继续他的演讲:"男人们一直在抱怨我——"

"女人们也一直在抱怨你,丘吉尔先生。"大厅后面迅速传来了声音。

"在这种情况下,我们能做的只有——"

"给妇女投票权。"

当然，我们的目标是使妇女选举权成为人们关注的焦点，并在一切可能的场合坚称，人们倡导的任何其他改革都不具有如此紧迫的重要性。

从一开始，女人的插嘴就引发了有些人无端的愤怒。我记得有一次听到劳合-乔治先生这样说一个打断他讲话的人：

"让他留下来吧。我喜欢被打断。这能让人看到，与我意见不同的人在场，给了我一个让他们改变想法的机会。"但是，当妇女参政论者打断劳合-乔治先生时，他却彬彬有礼地说了"不要理会那些猫叫声"之类的话。

有些大臣的表达方式更有教养，但所有人都是不屑一顾、心怀怨恨的。所有人都赞成自由党负责人粗暴地驱逐女性。

在一次会议上，劳合-乔治先生正在讲话，我们用一个问题打断了他，他以自己是妇女选举权的同盟者为由要求得到听众的同情。"那你为什么不做点什么来赋予妇女投票权呢？"这是显而易见的反驳。但劳合-乔治先生用反问回避了这个问题，他说："她们为什么不去找她们的敌人？她们为什么不去找她们最大的敌人？"顷刻之间，大厅里到处都有人在喊："阿斯奎斯！阿斯奎斯！"因为早在那个时候，人们就知道当时的财政大臣是女性独立的死敌。

1906 年夏天，我和妇女社会政治联盟的其他成员一起去了北安普顿，阿斯奎斯先生正在那里为政府的教育议案举行大型会议。我们组织了一些户外集会，当然也准备参加阿斯奎斯先生的会议。在与当地妇女自由协会主席的谈话中，我提到了我们预计会被赶出去的事实，她愤愤地宣称，这样的事情不可能在北安普顿发生，这里的女性为自由党做了这么多工作。我告诉她我希望她能来参加会议。

我本不打算亲自去的,我的计划是在门外开个自己的会。但在阿斯奎斯先生开始演讲前,我们的成员试图向他提问,结果被粗暴地赶了出来。于是,我让别人接着帮我开会,自己悄悄地溜进大厅,在为自由党领导人的妻子和女性朋友专设的座位前排坐下。我静静地坐在那里,听着男人们打断演讲者,让他回答他们的问题。演讲结束时,我站起来对主持人说:"我想问阿斯奎斯先生一个关于教育的问题。"负责人以探询的目光转向阿斯奎斯先生,后者皱着眉摇了摇头。但不等主持人开口,我就继续说:"阿斯奎斯先生说过,在孩子的教育问题上,特别是在孩子应该接受哪种宗教教导的问题上,孩子的父母有权被征求意见。父母也包括女人。阿斯奎斯先生难道不认为女性应该像男人一样有权通过投票来掌控子女的教育吗?"就在这时,负责人们抓住我的胳膊和肩膀,猛冲向我,或者更确切地说,是把我拖到门口,因为我很快就站不稳了,然后把我扔出了大楼。

对北安普顿妇女自由协会主席来说,这倒不算件坏事。她辞去了之前的职务,成为妇女社会政治联盟的一员。也许媒体对这个事件的报道进一步影响了她的行动。据报道,在我被赶出去后,阿斯奎斯先生说,他很难理解那些扰乱公众集会,自认为以此可以唤醒国家选民的理性,并想投身于此项事业之人的想法。显然,他可以理解那些干扰公众集会的男人的思想。

除了公开质问敌对政府负责任的成员的惯例外,我们还采取了向他们派出代表团的做法,以便有秩序地提出有利于我们事业的论据。在阿斯奎斯先生对妇女参政论者的目标表现出一无所知后,我们决定请他接待一个来自妇女社会政治联盟的代表团。阿斯奎斯先生在收到我们礼貌的来信后,冷淡地拒绝就任何与他的具体职务无关的问题接受采访。于是我们再次写信提醒阿斯奎斯先生，作为政府成员，所有可能由议会处理的问题都与他息息相关。我们说，我们迫切希望当面向他提出我们的问题，我们将派一个代表团到他的住所，希望他会觉得接待我们是他的责任。

我们派出的第一个代表团被告知，阿斯奎斯先生不在家。实际上，他已经从后门出去，坐上一辆开得飞快的汽车逃走了。两天后，我们派了一个约有 30 名女性的更大的代表团，前往他位于卡文迪什广场的家。准确地说，代表团走到了离房子很近的地方，那里就在卡文迪什广场的入口处。在那里，女人们遇到了一支强大的警力，警察警告她们，不许再往前走了。

许多女性举着"给妇女投票权"的小横幅，警察从她们手上扯下这些横幅，还殴打和辱骂了其中一些人。代表团领头人看到这样的情景，大声喊道："我们要继续前进。你们没有权利那样攻击女性。"她身边的一名警察用一记耳光回应了她。她痛苦而愤怒地尖叫起来，于是那个男人掐住她的喉咙，把她卡在公园的栏杆上，直到她脸色发青。这名年轻女子挣扎着反抗，她因此以袭警罪被捕。还有三名女性被捕，其中一人是因为不顾警察阻拦成功地按响了阿斯奎斯先生的门铃，一人是因为抗议从客厅窗口观看此事的女士发出的笑声。后者是一个贫困女工，在她看来，有钱有势的女人嘲笑一项对她来说极其严肃的事业是一件糟糕的事情。又有第四名女性被带走了，因为在她被推下人行道后她还胆敢退回原来的位置。这些女性被控扰乱社会治安，被判处在二等监狱中监禁六周。她们当然可以选择罚款，但支付罚款就等于承认自己有罪，所以不可能这么做。代表团领头人被判处两个月监禁，也可选择十英镑罚款。她也拒绝付罚款,于是被关进了监狱;但不知名的朋友偷偷交了罚款,她在刑期届满前就被释放了。

就在伦敦发生这些事情的时候,我们的女性在曼彻斯特也遭遇了类似的暴力事件,当时约翰·伯恩斯、劳合-乔治和温斯顿·丘吉尔三位内阁大臣正在自由党的一次大游行中发表讲话。像往常一样,女性们在那里要求政府支持我们的议案。在那里,她们也被赶出了会场,其中三人被送进了监狱。

在英格兰有很多人会告诉你,妇女参政论者因为破坏财物而被送进监狱。事实是,早在我们任何人想到要破坏财物之前,就有数以百计的女性因为我所描述的这种罪行被捕。我们在运动开始时就下定决心,要让人们听到我们的声音,我们要迫使政府接受我们的问题,并在议会中通过行动来回应它。或许你会看到,早期废奴主义者温德尔·菲利普斯和威廉·劳埃德·加里森在马萨诸塞州采取的立场与我们的情况有类似之处。他们也不得不进行激烈的斗争,不得不面对侮辱和逮捕,因为他们坚持要求获得倾听。他们的声音被听到了。后来,我们的也被听到了。

我认为,在我们第一次成功地反对自由党候选人之后,我们开始真正受到关注。那是 1906 年 8 月在科克茅斯举行的补选。我必须解释一下,补选是填补因死亡或辞职而造成的议会职位空缺的地方选举。补选的结果被视为对政府履行选举前承诺的方式的认可或谴责。因此,我们去了科克茅斯,告诉选民们自由党是如何实现其民主承诺、如何践行对所有人权利的公开信念的。我们告诉他们在伦敦和曼彻斯特发生的逮捕事件,妇女在自由党会议上受到了可耻的对待,我们要求他们谴责如此粗暴地回应我们投票诉求的政府。我们告诉他们，唯一会被政府注意到的谴责是失去议会席位，因此我们请求他们击败自由党候选人。

我们受到了多么大的嘲弄啊！报纸以多么轻蔑的口吻宣称，"那些野蛮的女人"绝不可能改变一张选票。然而，当选举结束时，人们发现自由党候选人失去了这个席位，而在一年前的大选中，自由党候选人以655票的多数赢得了这个席位。这一次，统一派候选人以609票的多数当选。我们欣喜若狂，并赶忙派人去参加另一场补选。

现在，嘲弄变成了劈头盖脸的谩骂。请注意，自由党政府仍然拒绝关注女性的问题；他们通过自由党的媒体宣称，科克茅斯的失败微不足道，而且无论如何都不是妇女参政论者造成的；然而，自由党领导人们还是对妇女社会政治联盟怒不可遏，我们的许多成员都是自由党人，男人们认为这些女人比叛徒好不了多少。自由党人说，她们是非常愚蠢和不明智的，因为如果要赢得投票权，肯定是从自由党那里获得；而这些女人怎么会认为自由党会把选票投给公开的敌人呢？女性自由党人和遵纪守法的妇女参政论者也采用了这种明智的论点。她们建议我们，正确的做法是为政党工作。我们反驳说，我们已经这样做了好多年了，但无济于事，才坚持用相反的劝导方法。

整个夏天和秋天，我们都致力于补选工作，有时确实击败了自由党候选人，有时减少了自由党的多数席位，并为联盟赢得了数百名新成员。在我们走访的几乎每一个街区，我们都留下了区域联盟的核心成员，所以在年底前，我们的分支机构遍布英格兰，在苏格兰和威尔士也有很多此类机构。让我记忆犹新的是在威尔士的一次补选中，接受了王室官职的塞缪尔·埃文斯先生不得不竞选连任。不幸的是，没有候选人站出来与他角逐。因此，我和我的同伴们除了尽可能活跃他的竞选活动气氛没什么可做的。塞缪尔·埃文斯先生，如今的塞缪尔·埃文斯爵士，就是那个"大声讨论"基尔·哈迪提交给下议院的选举权决议并激怒了女性的人。因此，我们参加了他的两次集会，并且确确实实地"大声讨论"了，在高兴的人群的笑声和欢呼声中打断了集会。

10月23日，议会召开秋季会议，我们率领一个代表团前往下议院，再次努力促使政府在妇女选举权上采取行动。根据警察的命令，只允许我们中的20人进入陌生人接待厅。我们派人找来了自由党首席党鞭，请他给首相捎个口信，口信的内容是在那次会上给予妇女投票权这种寻常的要求。我们还要问首相，他是否打算将有资格的妇女选民的登记纳入当时正在审议的多次投票议案的条款中。自由党党鞭回来后答复说，那次会议无法为妇女做任何事情。

向参与补选活动的人群发表讲话的潘克赫斯特夫人

我问道："在本届议会的任何一次会议上，或者在将来的任何时候，首相先生对妇女抱过什么希望吗？"你们应该还记得，首相自称是妇女参政论者。

自由党党鞭回答说："不，潘克赫斯特夫人，首相没抱什么希望。"

在这种情况下，那些没有选举权的男人，那些知道自己有资格行使选举权的男人，那些迫切需要选举权的保护的男人，那些大多数立法者都赞成给予他们选举权的男人，他们组成的代表团会做些什么呢？我希望他们至少像我们一样，在现场召开抗议集会。报纸将我们的行动描述为"在下议院大厅里制造了不光彩的场面"，但我认为历史会做出不同的描述。其中一个女人突然跳到一张长椅上，开始向人群讲话。不到一分钟，她就被拉了下来，但马上就有另一个女人取代了她的位置；在她被拽下来后，又有下一个女人跳到她的位置上，后来者一个接一个，直到接到清空大厅的命令，我们都被赶了出去。

在这场混战中，我摔倒在地，伤得很疼。女人们以为我受了重伤，簇拥着我，直到我恢复知觉才挪动。这激怒了警察，当他们发现示威活动在外面继续进行时，他们更愤怒了。11 名女性被捕，包括佩西克·劳伦斯夫人（我们的财务主管）、科布登·桑德森夫人、安妮·肯尼和另外三名组织者。她们都被送到霍洛威关了两个月。但是，立即挺身而出继续工作的志愿者的数量证明了我们运动的力量。现任妇女社会政治联盟名誉秘书的图克夫人就是此时加入联盟的。当局没有想到，他们的行动会产生这样的效果。他们本想一举击溃联盟，却给了它前所未有的强大动力。老派的选举权组织领导人这个时候也忘了他们曾反对我们的方法，她们加入了女作家、女医生、女演员、女艺术家和其他杰出女性的行列，一起谴责这件事是野蛮残暴的。

还有一件事当局没有考虑到。众所周知，英国监狱的条件非常恶劣，但当我们的两名女性在霍洛威病得很重以至于不得不在几天内获释时，政客们开始因她们的声望而感到惴惴不安。议会中有人提出问题，询问是否不该把妇女参政论者当作普通罪犯，而是当作有权被关押在一等监狱的政治犯。内政大臣赫伯特·格莱斯顿先生对这些问题的回答是，他无权干涉地方法官的决定，在妇女参政论者的惩罚问题上无能为力。我想请你们记住赫伯特·格莱斯顿先生的这番话，因为后来我们能证明这是故意编造的谎言——而在政府命令下这些女性只服了一半刑期就被释放后，谎言就露出了马脚。这件事的起因是，英格兰北部正在举行一场重要的补选，我们在各个选区分发传单，告诉选民，包括理查德·科布登①的女儿在内的9名女性被自由党政府当作普通罪犯关押，需要他们对此事进行投票。

我带着一群获释的囚犯去了哈德斯菲尔德，她们讲述了监狱里的故事，结果自由党的多数席位减少了540票。一如往常，自由党领导人否认我们的工作与该党勉强保住席位的微弱多数有任何关系，但在我们的纪念品中有一份传单，是从自由党总部发出的数千张中的一份：

---

① 理查德·科布登，19世纪英国政治家，被称为"自由贸易之使徒"，是英国自由贸易政策的主要推动者。

哈德斯菲尔德的男人们

不要

被社会党人、妇女参政论者

或保守党人

误导

给舍韦尔投票

与此同时，下议院也发生了其他示威活动，圣诞节期间，21 名妇女参政论者被关进了霍洛威监狱，但她们并没有犯罪。政府宣称自己不为所动，议员则对这些"自制的殉道者"嗤之以鼻。然而，相当多被妇女参政论者的激情和难以抑制的热情打动的议员，在这一年的最后一个星期开会，成立了一个委员会，其目的是向政府施压，要求在那届议会期间给予妇女选举权。委员会作出决议，其成员将努力在这个问题上引导更广泛的公众舆论，特别是在各自选区的会议上发言时倡导选举权，在一切可能的场合采取议会行动，并劝使尽可能多的议员投票赞成在下届会议上提出选举权议案或动议。

我们在伦敦的第一年收获颇丰。我们从仅有的几名女性——被报纸戏称为"家庭聚会"——发展成为一个分支机构遍布全国、总部常设在斯特兰德克莱门茨旅馆的强大组织；我们找到了合意的财政支持，最重要的是，我们在下议院建立了一个选举权委员会。

第二卷

四年的非暴力斗争

第一章

1907 年的运动始于 2 月 13 日在卡克斯顿大厅召集的妇女议会，此次会议旨在审议国王讲话中的条款，其已在 2 月 12 日会议开幕当天在全国议会上宣读。正如我已经解释过的，国王的讲话是政府对本届会议议程的正式宣告。当我们的妇女议会在 13 日下午 3 点召集时，我们已知晓政府在之后的会议期间不打算为妇女做任何事情。

我主持了这次妇女会议，会议展现出的热情和决心在当时是前所未有的。会上提出并通过了一项决议，对国王讲话中忽略了妇女选举权表示愤慨，并呼吁下议院立即为这一议案提供便利。将此决议从大厅传达给首相的动议也获得通过。"起来反抗吧，妇女"的口号从讲台上传出，一位女性大声回应道："就在此刻！"被选中的代表们手中拿着决议的复印件，匆匆地走进了这个 2 月的黄昏里，随着命运的安排，准备前往议会或监狱。

命运并没有让她们太久地处于怀疑之中。政府似乎已经决定，不能再让要求获得选举权的女人亵渎他们神圣的议会大厅，并且下令从此以后女性连下议院的外围选区都不得进入。因此，当我们的妇女代表团到达威斯敏斯特教堂附近时，她们发现自己被一排警察人墙堵得死死的，这些警察在他们的领头人的严厉命令下，开始大步穿插到游行队伍中,试图把女人们赶走。女人们勇敢地团结起来,硬挤着前进了一小段距离。突然,一队骑警快速骑马赶来,接下来,一场残酷得难以形容的斗争持续了五个多小时。

骑兵们直接冲进了队伍,把女人们冲散开来。但女人们仍然不肯回头。她们一次又一次地返回来,但一次又一次地被无情的马蹄踹走。有些女人离开大街,走到人行道上,但即使在那里,骑兵也追着她们,把她们逼到墙边和栏杆上,她们不得不暂时撤退,以免被压扁。其他善于谋略的女人躲到门口,但她们被步行的警察拖了出来,直接扔到了马前。尽管如此,女人们还是奋力将她们的决议提交到了下议院。她们一直战斗到衣服被撕破,身体被擦伤,最后一丝力气也耗尽了。其中有 15 人真的从成百上千或步行或骑马的警察中突围,一直挤到了下议院陌生人接待厅。她们试图在这里开会,结果被逮捕了。在外面,还有更多的女人被拘留。最后一批人被捕时已是晚上 10 点了,广场上的人群也被清干净了。在这之后,骑兵们继续守卫通往下议院的通道,直到午夜下议院休会。

第二天上午,57 名女性和 2 名男性在威斯敏斯特治安法庭被传讯。克丽斯特贝尔·潘克赫斯特是第一个被送上被告席的。她试图向治安法官解释,前一天的代表团是一次完全非暴力的尝试,目的是提出一项决议,一项迟早会被提出并执行的决议。她向他保证,这个代表团只是一场运动的开始,在政府顺应女性的要求前,这场运动是不会停止的。"我们已经没有回头路了,"她宣称,"如果我们得不到正义,将会发生更多的事情。"

治安法官柯蒂斯·班尼特先生(后来注定因为这"更多的事情"而审判女性)严厉地斥责了我女儿,告诉她,政府与前一天的骚乱毫无关系，女人们对所发生的一切负有全部责任，总之，街上这些不体面的事件必须停止——正如克努特大帝①对大海所说的，海浪不要滚过来，而要滚开去。这名囚犯回答说："唯有一种方法可以让这一幕停止。"而治安法官只是回应道："二十先令还是十四天。"克丽斯特贝尔选择了监禁的判决，其他囚犯也是这么选的。代表团的领头人德斯帕德夫人和与她同行的西尔维亚·潘克赫斯特被判处三周监禁。

当然，这次所谓的突袭给妇女社会政治联盟带来了大量的曝光机会，总体上说是有利的曝光机会。报纸几乎一致谴责政府派骑兵去对付手无寸铁的女人。议会中有人提出了愤怒的诘问。我们的队伍规模再次壮大，热情更加高涨。老派的妇女参政论者，无论男女，都叫嚷着说我们得罪了议会里所有的朋友，但事实证明并非如此。实际上，人们发现，自由党议员迪金森先生在投票中排名第一，并宣布打算利用这个机会提出一项妇女选举权议案。不仅如此，首相亨利·坎贝尔-班纳曼爵士还承诺支持这项议案。有那么一段时间，的确是很短的一段时间，我们感到我们获得自由的时刻仿佛近在咫尺，我们的这些囚犯也许已经为我们赢得了珍贵的象征——投票权。

然而，很快，下议院中的一些自称是妇女参政论者的人开始抱怨说，迪金森先生的议案几乎就是原始的议案，不够"民主"，它只会赋予上层阶级的妇女选举权——顺便说一句，他们中的大多数都属于上层阶级。市政登记簿一次又一次地证明事实并非如此，登记簿显示，大多数女工的名字都被登记为符合资格的业主。我们知道，这种

---

① 克努特大帝，中世纪欧洲国王，丹麦人，丹麦历代君主逐步建立的海盗帝国在他手中达到巅峰，他统治范围最广时包括今丹麦、挪威、英格兰、苏格兰大部和瑞典南部。

说法不过是一个肤浅的借口。因此，当亨利·坎贝尔-班纳曼爵士背弃了他给予支持的承诺，并允许大家"大声讨论"这项议案时，我们并不感到惊讶。

这一事件之后，1907年3月20日下午，第二届妇女议会召开。同以前一样，我们通过了一项决议，要求政府提出一项正式的选举权议案，并再次投票决定将这项决议从大厅传达到首相那里。哈伯顿夫人被选为代表团领头人，有数百名女性立即挺身而出，自愿陪同她。这一次，警察在大厅门口迎接这些女性，毫无意义的、可耻的、野蛮的暴力对峙场面再次呈现。大约有一千名警察被派去守卫下议院，阻挡几百名女性的非暴力入侵。整个下午和晚上，我们都让卡克斯顿大厅保持开放，女性们不时单独或三五成群地返回，清洗她们身上青紫的瘀伤，或缝补她们被撕破的衣服。随着夜幕降临，街上的人群越来越密集，女性和警察间的斗争渐趋胶着。我们听说，哈伯顿夫人成功到达了下议院入口，不对，实际上是设法从岗哨那里挤进了大厅，但她的决议并没能提交给首相。她和其他许多人在警察最终恢复街道畅通前就被捕了，这件可怕的事情结束了。

第二天，在威斯敏斯特治安法庭上，治安法官作出了从罚款20先令或监禁14天到罚款40先令或监禁一个月不等的判决。其中两名女性，伍德洛克小姐和查特顿夫人，一周前才从霍洛威出来，被定性为"累犯"，判处30天监禁，不得选择罚款。另一名女性，玛丽·利被判处30天监禁，因为她在被告席边上悬挂"给妇女投票权"的横幅，冒犯了治安法官的尊严。那些无法将"好战"一词与比纵火更温和的行为联系起来的读者，请思考一下，在1907年的头两个月里，英国政府把130名女性送进了监狱，她们的"好战"仅仅体现在试图在下议院的大厅里向首相提出一项决议。我们的罪名是阻挠警务。很明显,真正进行阻挠的是警察。

也许有人会问,为什么这两个代表团都不是我亲自领导的。原因是我需要以另一种身份出现,即在补选中击败政府候选人的选举力量的领导者和监督者。在第二次"暴动"的那天晚上,当我们的女性还在街头抗争的时候,我离开伦敦前往诺森伯兰郡的赫克瑟姆,在那里,通过我们的工作,自由党候选人的多数票减少了一千张。紧接着又进行了七次补选。

我们在补选中的工作是英国政治中的一件新鲜事,无论我们走到哪里,都会吸引大量的关注。我们的习惯是一进入一个城镇就开始工作。如果在从车站到旅馆的路上,我们遇到一群人,比如在市场上,我们要么停下来,当场举行集会,要么就在那里待上一段时间,告诉他们我们开会的时间和地点,并敦促他们参加。通常,在找到住处后,第一步就是租一间空置的店铺,在橱窗里贴满选举权的宣传资料,打出我们的紫、绿、白三色旗。与此同时,我们中的另一些人正忙着租用最合适的大厅。如果我们抢在那些男人前面占领战场,我们有时就会"垄断"所有最好的大厅,只给候选人留下一些校舍来举行室内集会。说实话,我们的集会比他们的要受欢迎得多,所以我们确实需要更大的会堂。通常情况下,与妇女参政论者对立的候选人是对着几乎空无一人的长椅演讲的。人群都跑去听女性们演讲了。

自然,这让政客们大为不满,也让许多老派的自由党人感到难堪。在一个地方,我记得是约克郡的科恩谷,发生了一件有趣的男性作对的事情。我们到达的那一天,保守党和自由党的委员会都在挑选他们的候选人,我们认为这是举行一系列户外集会的好机会。我们想找一辆货车作讲台，但镇上唯一有大货车出租的人强烈反对妇女参政论者，他不会租给我们的。于是，我们从一位女店主那里借了一把椅子，就开始开会了。很快我们就吸引了一大群人，有了一群感兴趣的听众。我们还引起了一些拿着射豆枪的小男孩的注意，不得不在干豌豆的猛烈攻势中发表演讲。

我讲话的时候，停火了，这让我松了一口气——干豌豆射人真的很疼。我重振精神，继续我的演讲，但我最精彩的一个观点却被人群的哄笑声打断了。我还是讲完了，坐了下来；然后有人向我解释说，那些射豆枪是由镇上一位著名的自由党人资助的，他也不赞成我们反对政府的政策。弹药一用完，这个人就给孩子们准备了一批烂橙子。这些橙子似乎不是那么容易对付，因为第一个橙子扔出来就失控了，狠狠地打中了这位绅士的脖子。正是这一幕引起了大笑，制止了对女性的攻击。

在几次补选中，我们遇到了一些相当粗暴的闹剧，甚至有些野蛮，但总体来说，我们发现男人们准备好了，而女人们更是准备好了，倾听我们的意见。我们驯服并教育了一向习惯在选举中使用暴力的公众。我们甚至还驯服了那些故意来会上胡闹的男孩。那年春天我们在拉特兰郡的时候，有三个男学生来找我，害羞地告诉我，他们对选举权感兴趣。他们在学校里讨论了这个问题，虽然结果是另一方获胜，但所有男孩都想多了解一些。难道我不能为他们专门开个会吗？我当然同意了，而且我发现我的男孩听众相当讨人喜欢。事实上，我希望他们喜欢我的程度能赶上我喜欢他们的程度的一半。

整个春天，我们在补选中做的工作都持续取得了惊人的成功，不过政客们很少承认我们在政府的失利中发挥的作用。然而，选民们一清二楚。在萨福克郡的一次选举中,我们帮助统一派的票数增加了一倍,获胜的候选人从酒店的窗口对人群说:"是什么带来了这次伟大而光荣的胜利?"人群立即高呼:"给妇女投票权!"——"为妇女参政论者欢呼三声!"这完全不是这位获胜的候选人的本意,但他还是落落大方地挥挥手说:"毫无疑问,女士们与此有关。"

报社记者也不是那么不情愿承认我们的影响力。即使在谴责我们的政策时,他们也毫不吝啬地赞美我们的精力,钦佩我们工作人员的勇气和热情。敌视我们策略的自由党报纸《伦敦论坛报》的记者说:"以男人的标准来判断,她们的持久力是非凡的。从参与下午和晚上的会议来看,她们的努力程度是男人的两倍。她们早出晚归。与男人相比,女人更善于演讲,更有逻辑,信息量更大,措辞更得体,对有说服力的论点有更深刻的见解。"

我们花了一个夏天来加强我们的力量,组织新的分支机构,召开会议——5 月到 10 月间大约有 3 000 场这样的会议——干扰内阁大臣的会议——我们设法每天都做一次这样的竞选活动,在各个城市组织大规模的示威游行,我们在年底达成了这个目标。在这一年的最后几个月里,我指导了几次竞争激烈的补选,在其中的一次选举中,我遭遇了一生中最不幸的事件之一。

这次补选是在自由主义的大本营德文郡中部举行的。事实上,自 1885 年设立以来,这个席位从未被自由党以外的任何人占据过。这个选区很大,分为八个地区。这些城镇的居民粗鲁而喧闹,他们对自由党的盲目而不理智的忠诚一直反映着选民粗暴的态度。在我抵达后不久,一位统一派女性告诉我,如果我敢公开反对自由党候选人,我的生命就会受到威胁。她向我保证,她从来不敢在公共场合穿着她政党所代表颜色的衣服。不过,我还是在我们位于牛顿阿伯特的总部、分部重镇赫尔和巴维特雷西发表了演讲。我们每天开两次会,呼吁选民"击败德文郡中部的政府,以传递妇女明年必须拥有投票权的信息"。虽然有些会议很混乱,但我们受到的照顾比两位候选人还要多,他们经常被淹没在人群的怒吼声中,落荒而逃。他们开会的时候,空中常常满是腐烂的蔬菜味儿和肮脏的雪球。我们也开过一些气氛相当活跃的会议。在一次户外集会上,几个年轻的暴徒把我们的卡车拖来拖去,直至我们被弄得心烦意乱,有几次人群中抛向我们的谩骂之语让我都觉着不适合复述。尽管如此,在选举那天前,我们都躲过了真正的暴力,据宣告,统一派候选人以1 280的多数票赢得了这个席位。我们立即意识到,这会激起自由党最深的怨恨,但我们没有想到,这种怨恨会直接指向我们。

在投票结果宣布后,我和我的同伴马特尔夫人开始步行前往住处。我们的一些朋友拦住了我们,让我们留心新当选的统一派议员的情况,他正由一大批警卫护送着离开投票站。我们得到警告说,为了安全起见,必须立即逃离这个镇。我大笑着向朋友们保证,我从不担心自己会在人群中丧失信心,然后我们继续走着。突然,我们撞上了一群青年和男孩,他们是来自镇子边缘矿坑的切割黏土的人。这些戴着自由党红色玫瑰花结的年轻人刚刚听说他们的候选人失败了,他们因愤怒和羞耻而疯狂。其中一人指着我们大喊道:"是她们干的! 是那些女人干的!"人群中传来一阵大喊大叫,黏土和臭鸡蛋像阵雨一样将我们淹没。我们并不是特别害怕,但那些鸡蛋实在让人难以忍受,为了躲避它们,我们冲进了近在眼前的一家小杂货店。杂货店老板娘关上了门,架上门闩,但可怜的老板却大叫着说他的店要被毁了。当然,我不希望这种事发生,所以我请他们让我们从后门出去。他们领我们出了门,进入小小的后院,这里通往一条小巷,我们打算从那里逃走。但是,当我们到达院子时,我们发现那些小混混预料到了我们的行动,已经从拐角处冲了过来,正在等着我们。

他们先抓住了马特尔夫人,开始用拳头打她的头,但勇敢的老板娘听到了那些男人的喊叫和咒骂,猛地推开门,冲过来救我们。我们合力把马特尔夫人从抓她的人手中救了出来,把她带进屋子里。我本想进屋,可是我刚走到门槛,后脑勺就挨了一记猛击,一双粗糙的手抓住了我的衣领,把我猛地摔到地上。我被打晕了,肯定有一瞬间失去了知觉,因为接下来我感觉冰冷潮湿的泥浆渗进了我的衣服。我开始恢复视力,我看见了那些人,他们现在沉默了,但这是一种骇人的、阴暗的沉默,在我周围围成一圈。在这个圈的中央有一个空桶,我突然产生了一个可怕的想法,他们可能打算把我放进去。似乎过了很久,那圈人慢慢靠近了。我看着他们,他们土褐色的衣服上沾着矿坑的黄色黏土,他们看上去那么饥肠辘辘,那么瘦弱,浑身湿透了,对于他们,我心里涌上一股酸楚的怜悯。"可怜的人啊,"我想,然后我突然说,"你们都不是男人吗?"随后其中一个年轻人向我猛冲过来,我知道就要有事情发生在我身上了。

就在这时,喊叫声传来,一群警察冲过充满敌意的人群来营救我们。当然,那群暴徒掉头逃跑了,我被温柔地抬进了商店,警察把守了两个小时,才认为我们可以坐上一辆封闭的汽车安全离开。过了好几个月,我和马特尔夫人才从伤病中恢复过来。

被女性受害者挫败的混混们跑到保守党俱乐部,砸碎了房子里所有的窗户,把党员围在里面一整夜。第二天早上,人们在磨坊引水槽里发现了一具男子的尸体，头部有严重瘀伤。在整场混乱和可能发生的犯罪中，没有一个人被捕。如果你愿意的话，可以对比一下我们女性在伦敦的遭遇。

1908 年 1 月 29 日，国王宣布议会召开。他的演讲又一次完全忽略了妇女选举权，而妇女社会政治联盟则又一次呼吁在 2 月 11 日、12 日和 13 日召开妇女议会。在议会召开前，我们听说这场运动的支持者斯坦格先生在投票中赢得了一个极好的位置，他答应提出一项选举权议案，2 月 28 日被定为二读的日期，我们意识到，为防止议案被破坏，必须像去年迪金森的议案一样施加强大的压力。因此，在妇女议会的第一天，几乎每位在场的女性都自愿参加代表团，试图将决议提交给首相。在两位著名的肖像画家的带领下，代表团离开了卡克斯顿大厅，整齐地排成四列，前往下议院。街上的人群熙熙攘攘，成千上万的同情者出来帮助这些女性，成千上万的警察认定不该帮助这些女性，还有成千上万好奇的人在看热闹。斗争结束后，50 名女性被关进了治安法庭的牢房里。

第二天上午，案件审理的时候，代表王室起诉的马斯克特先生也许已经有点厌倦了，他告诉妇女参政论者，街上这一幕幕必须停止，然后看着她们继续进行，仿佛他什么都没说过一样，他发表了非常严厉和令人恐惧的讲话。他告诉这些女性，这一次她们将受到通常最多两个月的监禁，并可选择五英镑的罚款，但如果她们再犯，法律会给她们点颜色瞧瞧。有人建议恢复查理二世统治时期通过的一项法案，这项法案涉及"向王室或议会提出的引发骚乱的请愿活动"。这项法案规定，不允许十二人以上的团体"带着任何请愿、投诉、抗议、声明或其他函件"去找国王或议会。根据这项法律，违者可处以一百英镑罚款或三个月的监禁。治安法官随后判处除了两人外的所有女性十二个月的监禁，或在二等监狱中服刑六周。另外两名女"累犯"被判处在三等监狱或最差等监狱中服刑一个月。除了两名家里有重病亲戚的囚犯，所有囚犯都选择了监禁的判决。

第二天的妇女议会会议激动人心，因为女性们回顾了前一天发生的事件、审判，特别是恢复查理二世的过时法案的威胁，这项法案的通过是为了阻碍自由党的发展，自由党是在斯图亚特王朝时期成立的，在查理二世时期正在为生存而战。这些人的政治接班人提议恢复这项法案来阻碍妇女事业的发展，并在乔治五世和他的自由党政府的领导下为自身的生存而战，这是让人惊讶的。至少，这证明了政府在挫败我们的运动时遇到了难题。主持妇女议会第二届会议的克丽斯特贝尔·潘克赫斯特说："人们终于意识到，妇女正在为自由而战，就像他们的父辈曾为自己而战一样。如果他们想让十二个女人，嗯，而且不止十二个，如果想让一百个女人根据这项法案受审并被送进监狱三个月，他们也能找到。"

这次会议我没有出席，第一届会议我也没有出席。我当时正在忙南利兹的补选工作，这是在各大工业中心举行的几次重要补选中的最后一次，我们的成功是毋庸置疑的，只不过自由党媒体不是这么说的。选举在一场盛大的游行中达到了高潮，十万人在霍恩斯莱特荒地上集会。那次集会洋溢着让人赞叹的热情。我永远不会忘记，尽管没有警察保护我们，但人们保持着多么良好的秩序；多么大量的人群如何分开，让我们的队伍得以通过；多么大批的工厂女工如何在广阔的约克郡齐声呼喊："我们能赢吗？我们能获得投票权吗？我们可以！"难怪老人们摇了摇头，说"从来没有过这样的事情"。

第二章

　　这些无畏的呼喊声还在耳中回响，我就匆匆赶到伦敦参加议会的闭幕会议，因为我已经下定决心，我一定要成为第一个挑战政府恢复查理二世旧法案的威胁的人。那天我向女性们发表了长篇演讲，告诉他们我过去几个月的经历，以及我在全国各地的所见所闻如何让我更加深信妇女选举权的必要性。我最后说道："我觉得，现在我必须采取行动了，我希望成为今天下午将我们的决议提交议会的人之一。我在这个国家的经历，尤其是在南利兹的经历，让我懂得了一些没有这种经历的内阁大臣们所不知道的事情，这让我觉得必须做最后一搏，去见见他们，并敦促他们在可怕的灾难发生之前重新考虑他们的立场。"

　　在一片亢奋和激动中，我们选出了所需的十三名女性，她们准备等着因查理二世的"引发骚乱的请愿活动"法案而被逮捕和审判。我还没有完全从德文郡中部的那次袭击中恢复过来，我扭伤的脚踝依然很脆弱，走起路来很疼。

　　德拉蒙德夫人看到我几乎马上就开始一瘸一拐地走路，便带着她特有的直率的善意，叫来一个赶轻便马车的人，问他是否愿意载我到下议院。他欣然同意了，我坐在他身后的座位上，其他女性在车后排成一排。但我们还没有走出多远,警察就把我们团团围住,命令我下车。我当然听从了命令,下来走路,或者更确切地说,我一瘸一拐地和同伴们一起走着。她们本想扶着我,但警察坚持要我们排成一列走。很快,我就脚踝疼得发晕,于是我叫两名女性抓住我的胳膊,扶着我走。这是我们唯一违背警察命令的行为。我们走得很吃力,因为人多得难以置信。放眼望去,到处都是挪动着、摇摆着的兴奋人群,我们周围是一队队身穿制服的警察,有步行的,也有骑马的。你也许会想,这个架势不是在对付十三个静静前行、其中还有一个是瘸子的女人,而是要对付控制了整个镇子的武装暴徒。

我们刚走到议会广场的入口处,两名身强力壮的警察就突然抓住我的双臂,告诉我,我被捕了。我的两名同伴因为不肯离开我,也被捕了,几分钟后,安妮·肯尼和另外五名女性也被捕了。那天晚上,我们被保释了,第二天上午,我们在威斯敏斯特治安法庭接受传讯,依据查理二世那项法案接受审判。但事实证明,我们成心测试这项法案让当局感到难堪,他们宣布已经改变了主意,暂且继续把我们视作普通的街头闹事者。

这是我第一次受审,我听着原告提出的最让人吃惊的伪证,怀疑自己的耳朵是不是出了毛病。我听到他们说我们从卡克斯顿大厅出发,大声叫嚷唱歌,我们做了最粗俗放纵的事情,打掉了警察的头盔,在行进过程中袭击了左右两边的警察。我们和我们证人的证词都被忽略了。当我试图为自己辩护时,我被粗暴地打断了,有人简短地告诉我,我和其他人必须在两种处罚——保证不再闹事和在二等监狱中关六周——中二选一。

我只能模糊记得穿越伦敦前往霍洛威监狱的那段漫长而颠簸的

旅程。我们在本顿维尔男子监狱停了一下，放下了几名男囚，我记得一想到我们女性——其中许多刚度过少女时代——和男犯人坐在同一辆囚车里被押进监狱，我就浑身发抖。到达监狱后，我们摸索着穿过昏暗的走廊进入接待区，在那里我们靠墙站成一排，接受粗略的体检。之后，我们被关在不同的牢房里，除了低矮的木凳外，没有其他家具。

似乎过了很久，才有一个女看守打开了我的牢门，她命令我跟她走。我走进一间屋子，另一个女看守坐在一张桌子前，准备清点我的财物。我遵照命令脱衣服，脱下长袍，然后停了下来。"全脱掉。"这是下一项命令。"全部吗？"我支支吾吾地问。看起来她们似乎不可能想我脱光衣服。实际上，她们确实允许我在浴室的遮蔽下脱掉了最后一件衣服。我哆哆嗦嗦地穿上一件破旧的、打补丁的、脏兮兮的内衣，一双有红色条纹的棕色粗糙羊毛长袜，还有一件印满耻辱的宽箭头①的丑陋囚服。我从一大筐大多不合脚的旧鞋子中捞出一双。她们给了我一张粗糙但干净的床单、一条毛巾、一杯冷可可和一片厚厚的黑面包，然后把我带到牢房里。

当门被锁上后，我的第一感觉并没有那么不快。我累得要命，因为几个月来我一直在努力工作，也许有点太努力了。前一天的兴奋和疲劳，加上我在整个审判过程中感受到的愤愤不平，让我精疲力竭，我很高兴地往监狱的硬床上一躺，闭上眼睛。但没过多久，那种独自一人、无所事事的轻松感就从我身上消失了。霍洛威监狱是一个非常古老的地方，它也有老地方空气不流通、日照不足的缺点。它

---

① 宽箭头，旧时印在英国囚服和政府财产上的标记。

散发着世世代代通风不良的气味,是我待过的最闷、漏风最厉害的建筑。很快,我就发现自己无比渴望新鲜空气。我的头开始疼了,无法入睡。我整夜躺在床上,忍受着寒冷,喘着粗气,疲惫让我浑身酸痛,痛苦得睡意全无。

第二天,我病得很重,但我什么也没说。人们并不指望在监狱里能过得多舒服。事实上,一个人的精神痛苦要比任何普通的肉体痛苦都厉害得多,以至于后者几乎被遗忘了。英国的监狱体系完全是中世纪般陈旧不堪。自从他们开始把妇女参政论者送到霍洛威以来,这个体系在一些细节上有所改进。我觉得,我们通过公开谴责这一体系,迫使其中有了这些微小的改进。1907 年时,规定是无比残忍的。那些可怜的囚犯一旦进了霍洛威,简直就像跌进了坟墓。在服刑的第一个月里,不准写信,不准探视。想想看,整整一个月,四个多星期,不能发出或收到一个字。在这期间,某人最亲近的人可能经历了可怕的痛苦,可能生病了,可能已经死了。这个人有足够的时间去想象所有这些事情,因为囚犯被单独监禁在一间狭窄、光线昏暗的牢房里,24 个小时中有 23 个小时都可以想。不管犯了什么罪,单独监禁对任何人来说都是过于可怕的惩罚了。据说,男子监狱中的惯犯常常乞求用鞭刑代替坐牢。想象一下,对于一个犯了一点小罪的女人来说,这该是怎样的情形? 因为大多数被关进霍洛威的女人都是轻刑犯,她们日复一日地独坐在牢房中,在一片死寂中想着家里的孩子,想啊,想啊。有些女人发了疯。许多人在获释后的很长一段时间里都饱受神经崩溃的痛苦。很难相信有哪个女人从这样一个可怕的地方出来后,会比她进去的时候少犯一点罪。

我被单独监禁了两天,每天还要在寒冷刺骨的院子里默默放风一小时，然后有人命令我去医院。我想我在那里会舒服一点。床铺更好，伙食也好了一点，还有些让人感到安慰的小事，比如洗漱可以用温水。第一晚我睡了一会儿。大约午夜时分，我醒了，在床上坐起来，竖起耳朵。在我隔壁的牢房里，一个女人因致命的痛苦抽泣着发出长长的呻吟。她停了几分钟，然后又呻吟起来，非常可怕。真相在我脑海中一闪而过，让我感到恶心，我反应过来，在那间可怕的监狱中，一个生命正在来到世上。一个被男人的法律禁锢的女人，正在为这个世界带来一个孩子。一个在牢房里出生的孩子！我永远不会忘记那个夜晚，也不会忘记那个女人分娩时的阵痛，后来我发现，她只是在等待审判，而那项指控被证明是毫无根据的。

白天过得很慢，夜晚更慢。在医院时，我不光被剥夺了做礼拜的权利，也不能工作。最后，我走投无路，请求女看守给我点针线活做，她好心地给了我一条她自己的裙子，让我缝边，后来又给了我些粗布编织品做。囚犯们获得允许可以看点书，那些书大多是"主日学校"里会有的。有一天，我问牧师，图书馆里有没有法语或德语的书，他给我带来了一件宝贝，儒勒·雅南的《花园之旅》。有几天我很开心，一边读我的书，一边在她们给我们的代替纸笔的可笑小石板上翻译。那块石板毕竟是一种极大的安慰。我用它做各种各样的事情。我做了一个日历，我把我能记住的所有法语诗歌都写在上面，我甚至还记下了过去的学校合唱和古英语练习。这对打发我出狱前的无尽时光极有帮助。我甚至也忘记了寒冷，说起来这就更难忍受了，因为我知道那件上面有我名字的毛皮大衣被收起来了。我恳求他们把大衣给我，但他们拒绝了。

终于到了他们把所有东西归还给我、让我自由的时候了。在门口,监狱长向我问话,问我有什么不满。我回答道:"不针对你,也不针对任何一名看守,只是对这所监狱和所有男人的监狱不满。我们要把它们夷为平地。"

回到我舒适的家中,被爱我的朋友们包围着,我本可以安静休息几天,但那天晚上在阿尔伯特音乐厅有一场很棒的会议,标志着为期一周的自我牺牲活动告一段落,这项活动旨在为今年的竞选筹集资金。女性们为了这项事业卖报纸、卖花、卖玩具,清扫十字路口,在街上唱歌。许多艺术界和文学界的知名女性都做了这些事。我觉得,如果我只是参加会议,应该也做不了多少事。于是我就去了。本来我要第二天早上才会出狱,没人想到我会出席会议。我的主席席位上挂着一块大标语牌,上面写着"潘克赫斯特夫人的椅子"。在所有人、演讲者、数百名出狱的囚犯都落座后,我悄悄走上台,从椅子上取下标语牌,坐了下来。女性们从座位上跳起来,向我伸出双手,她们大喊起来。我泪眼模糊,强烈的情感像暴风雨般涌上心头,因此我过了一段时间才能看清她们,与她们说话。

第二天早上,我和其他获释的囚犯一同驱车前往伦敦的佩卡姆选区,在那里,妇女社会政治联盟的成员正在进行一场激动人心的补选。我们穿着自己的囚服或其复制品,开着车在街上游行。自然,我们吸引了大量的关注和同情,我们每日在佩卡姆举行的集会吸引了大量人群。当投票日到来时,我们的成员驻扎在每个投票站,许多来投票站的男人告诉我们,他们是第一次"为妇女"投票,他们这么做是想要反对政府。那天晚上,在极度兴奋中,人们得知,上次大选中自由党的 2 339 席多数变成了保守党的 2 494 席多数。大量信件涌入报社,宣称自由党失去这一重要席位几乎完全是妇女参政论者干的好事，许多著名的自由党人呼吁党领导在下一次大选前开始为妇女做些事情。自由党领导人如以往一样敏锐，完全没有回应。他们反倒是赞许地看着妇女参政论者的宿敌阿斯奎斯先生登上了最高权力宝座。

1908年复活节前后，亨利·坎贝尔-班纳曼爵士因身体欠佳辞职，阿斯奎斯先生成为首相。阿斯奎斯先生被选中，不是因为他有什么杰出的政治才能，也不是因为他有多么高的个人声望，这两者他都不具备，只是因为当时似乎没有更好的人选。他以聪明、精明、有点不择手段的律师形象著称。他曾担任过几个令其政党满意的高级职务，并在亨利·坎贝尔-班纳曼爵士手下担任过财政大臣，这个职位通常被视为通往首相职位的敲门砖。自由党媒体对这位新首相最好的评价是，他是一个"坚定"的人。在政治上，这个词通常被用来形容一个顽固者，而我们已经知道阿斯奎斯先生就是这样的人。他直言不讳地反对妇女选举权，对我们来说，任何引导或说服的方法在他那里显然都不会成功。因此，我们比以往任何时候都更有必要采取行动。

通过新内阁中发生的变动，这样的机会立刻就出现了。根据英国法律，所有新进内阁的人都必须辞去他们在议会的席位，并向他们的选区提出重新选举。除了这些空缺外，还有几个空缺是因为有人死亡或升格为贵族。这就使得一些补选成为必要，妇女社会政治联盟再次登场反对自由党候选人。我就不再多谈这些补选了，只是为了说明我们的工作对政府的影响，以及它随后对我们的运动的影响——这迫使我们越来越有战斗性。我将留待我的读者们作出诚实的判断：那些最初被打破的窗户，究竟是哪里要对其负责？

我们选择温斯顿·丘吉尔先生作为我们可能击败的第一个候选人，他正打算呼吁他在曼彻斯特西北部的选区，批准他作为贸易委员会主席的任命。我的女儿克丽斯特贝尔负责这次选举中的活动，她和她团队的工作非常成功，丘吉尔先生以 420 票的差距失去了席位。所有的报纸都承认是妇女参政论者打败了丘吉尔先生，自由党报纸伦敦《每日新闻报》呼吁该党通过满足妇女获得投票权的要求来制止这种无法容忍的事态。

丘吉尔先生立即锁定了另外一个位于敦提的席位，当时那里单纯从党派意义上来说是亲自由党的，因此是安全的。尽管如此，我们还是决心在那里同丘吉尔先生干一仗，尽可能打败他，无论如何都要击垮自由党的多数席位。我亲自负责这场选举活动，在丘吉尔先生抵达的前一天晚上，我们在金奈尔德大厅召开了一次大会。虽然丘吉尔先生觉得在这个苏格兰选区有绝对把握，但他担心我们的出现会对自由党女性产生影响。他在敦提举行的第二次集会只面向女性，他没有像政客通常那样，要求她们支持政府计划中的各项实际措施，而是谈到了在短时间内确保妇女获得议会选举权的必然性。他宣称："没有人可以无视这样一个事实：在下一届大选中，妇女选举权将是一个真正的、实际的问题；我认为，下一届议会应该能看到妇女的要求得到满足。我不排除在本届议会中讨论选举权问题的可能。"丘吉尔先生恳切地重申，他被看作是妇女事业的真正支持者；但当有人要求他保证他的政府会采取行动时，他却强调他不能代表他的同僚说话。

这个似是而非的承诺，或者更确切地说，是对某个不确定的时间的妇女选举权的预言，赢得了许多自由党女性的支持，她们随即坚定地为丘吉尔先生的选举而工作。敦提有大量极度贫困的人口，他们是黄麻厂和橘子酱厂的工人。尽管我们进行了不懈的努力，但在糖税问题上及时做出的一些让步，以及新政府打算建立老年人退休金制度的声明，激起了支持自由党的巨大热情浪潮，把丘吉尔先生送上了台。我们举行了约两百次集会，在选举前夕，还举行了五次大规模的示威活动——其中四次是在户外举行的，另一次是在一个大排练厅中举行的。5月9日投票日这一天激动人心。在投票站，每看到一个妇女参政论者，就能碰到六个自由党男女，这些人分发着印有"投丘吉尔的票，不要管那些女人"和"让丘吉尔上台，不要让女人上台"等标语的传单。然而，尽管他们作出了种种努力，丘吉尔先生在大选中获得的票数还是比他的自由党前任少了 2 200 张。

在阿斯奎斯先生升任首相后的前七次补选中，我们成功地将自由党的选票拉低了 6 663 票。然后，发生了一件事情，阻碍了我们的进展。阿斯奎斯先生接待了一个由自由党议员组成的代表团，他们敦促他批准已经以绝大多数票通过二读的斯坦格选举权议案成为法律。阿斯奎斯先生回应道，他本人并不希望看到妇女获得选举权，而且政府不可能为斯坦格先生的议案提供必要的便利。他补充说，他充分意识到选举制度的许多缺陷，而政府打算在"不出意外"的情况下，在议会闭幕前提出一项改革议案。这项议案中不会有妇女选举权的一席之地，但会使用这样的措辞：如果有议员选择提出一项妇女选举权修正案，则可以增加这样一项修正案。阿斯奎斯先生说，在这种情况下，如果修正案得到下议院多数人的赞成，他认为政府就没有义务反对这项修正案——只要修正案是民主的，而且得到全国妇女和现有选民坚定无疑的支持。

不管从哪个方面,人们都不会把这样一种含糊其词的说法视为一种承诺,即在阿斯奎斯政府治下妇女选举权会有任何真正成功的机会的承诺。许多人却把它当真了,这再次证明了被政党蒙蔽的公众是多么容易上当受骗。自由党媒体对阿斯奎斯先生的"承诺"大加赞赏,并呼吁停止斗争,以便政府有充分的机会采取行动。《星报》以像许多其他媒体一样的领导人的口吻说:"阿斯奎斯先生的承诺的含义是显而易见的。在本届政府期满之前,妇女选举权将在下议院获得通过。"

至于妇女自由协会,她们高兴得都快疯了。在一次为通过感恩决议而召开的会议上,卡莱尔夫人说:"这是一个令人欢欣鼓舞的荣耀之日。我们伟大的首相,一切荣耀归于他,他为我们开辟了一条道路,使我们能够继承我们长期以来被剥夺的遗产。"

在随后的两次补选中,即这一系列补选的最后两次,大幅的海报被挂出来,上面写着:"首相的伟大改革议案:给妇女投票权。"我们试图告诉选民们,这项承诺从表面上看就是虚假的;修正案是"民主的"这一似是而非的限制条款毫无疑问地表明,政府会拒绝任何可能提出的实际修正。那些选民对我们的话置若罔闻,自由党的多数席位反而飙升了。

仅仅一周后,阿斯奎斯先生就在下议院受到了一位略显惊慌的反妇女参政论者的质询。这位议员问阿斯奎斯先生,他是否认为自己承诺了在这届议会期间提出改革议案,如果提出,他是否会批准这样一项包含妇女选举权修正案的议案,在这种情况下,这项选举权修正案是否会成为政府政策的一部分。首相还是一如既往地闪烁其词,在一番争辩之后,他回答说:"我可敬的朋友问了我一个关于遥远而不确定的未来的问题。"就这样,我们对阿斯奎斯先生"承诺"的理解从他自己的嘴里得到了证明。然而，支持自由党的女性仍然对政府采取行动抱有希望，自由党媒体也假装抱着这种希望。至于妇女社会政治联盟，我们准备做更多的工作。我们不得不另辟蹊径，因为很明显，政府至少在一段时间内可以通过更多的虚假承诺来抵消我们的补选工作。按照我们的政策，政府不逼迫我们，我们绝不更进一步，我们的第一次行动完全是和平的。

在斯坦格的议案在下议院进行二读的那一天，也就是我第一次去霍洛威几天后，内政大臣赫伯特·格莱斯顿先生发表了一次演说，妇女参政论者对此非常感兴趣。他自称是妇女参政论者，并宣称他打算投票支持这项议案。然而，由于内阁内部存在分歧，而且没有政党联合支持或反对这项议案，他确信这项议案不可能通过。格莱斯顿说，妇女选举权必须经过伟大的改革走向成熟所需的所有阶段才能取得胜利。首先是学术讨论，然后是有效的行动，男性选举权的历史是这样的；妇女选举权也必须如此。格莱斯顿先生宣称："男人们已经吸取了这个教训，并且知道有必要展示他们运动的伟大之处，有必要建立一种不可抗拒的力量，从而推动和武装政府以有效地开展工作。这是摆在这场伟大运动支持者面前的任务。回顾30年代、60年代和80年代的重大政治危机，我们会发现，人们并不会只是一小群一小群地出现，也不满足于在大厅里举行热情洋溢的会议；他们成千上万地聚集在全国各地。"

格莱斯顿先生接着说："当然，不能指望女人们能如此大规模地聚集，但权力属于群众，通过这种权力，政府会受到影响，采取比目前情况下可能更有效的行动。"

妇女社会政治联盟决心应对这一挑战。如果大规模聚集就足以让政府相信妇女选举权已经过了学术讨论阶段,现在需要采取政治行动,那么我们认为我们可以承诺让内阁中最多疑的成员也满意。我们明白,我们可以组织一场示威,规模将超过 30 年代、60 年代、80 年代的任何一次伟大的选举权示威。据说迄今在海德公园聚集的最多人数约有 7.2 万。我们决心组织一次至少有 25 万人的示威。这次示威的日期定在 1908 年 6 月 21 日星期日,几个月来,我们努力让这一天成为运动史上值得纪念的一天。非激进的妇女参政论者效仿了我们的做法,她们在我们举行示威的前一周组织了她们自己的精彩游行。据说,有 1.3 万名妇女参加了那次游行。

在我们的示威活动中,单是广告费就花了 1 000 多英镑。我们在伦敦和所有行政区主要城市的广告牌上贴满了巨幅海报,上面画着 20 位将在讲台上主持演讲的女性的肖像;还有一张伦敦地图,上面标出了七支游行队伍行进的路线,以及海德公园集会地点的平面图。当然,伦敦处处都组织起来了。几个星期以来,一小队女性忙着在人行道上用粉笔写公告,分发传单,挨家挨户拉票,拿着海报和夹板广告牌在街头宣传示威活动。我们邀请所有人到场,其中也包括议会两院的成员。在示威举行前的几天,德拉蒙德夫人和其他一些女性租了一艘船,并把它装饰好,沿着泰晤士河驶向议会大厦,正好赶上议员们在露台上招待他们的女性朋友喝茶的时间。船一停,大家都离开桌子,挤到水边,德拉蒙德夫人用洪亮而清晰的声音邀请内阁成员和议员参加海德公园的妇女示威活动。“星期天来公园吧,”她喊道,“警察会保护你们的,不会有人被捕,我们向你们保证。”一个惊慌失措的家伙打电话叫来了警船,但当他们出现时,我们的船已经开走了。

海德公园演讲海报

1908 年 6 月 21 日海德公园的场景

6 月 21 日星期天是多么美好的一天啊——天气晴朗，光芒四射，金色的阳光洒满天空！当我和可敬的沃尔斯坦霍尔姆·艾尔米夫人带领七支游行队伍中的第一支队伍向前行进时，我觉得似乎整个伦敦都在见证我们的游行。伦敦有相当一部分人都跟在游行队伍后面。当我登上海德公园的讲台，望着等候在那里的大批人群，以及仍在从四面八方涌入公园的无尽人群，我心中充满了惊奇，也夹杂着敬畏。我从来没有想象过，会有这么多人聚集在一起参加政治示威。这是一个欢快、美丽又令人敬畏的场面，因为女性们穿着白色礼服，戴着镶花帽子，在古树的映衬下，使公园看起来像一个鲜花盛放的大花园。

号角响起，20 个讲台上的演讲人都开始了演说，但只有一半或三分之一的听众能听得到。尽管如此，他们还是坚持到了最后。5 点的时候，号角再次响起，演说停止了，每个讲台上都通过了呼吁政府立即提出正式的妇女选举权议案的决议，往往都没人投反对票。接着，随着聚集的人群重复三次"给妇女投票权"的大喊后，这场伟大的集会散去了。

伦敦《泰晤士报》第二天报道说："它的组织者原本预计会有 25 万名观众。这个预期肯定实现了，而且可能还增加了一倍。如果有人说增加了两倍，也很难反驳。这些事实就像星星的距离和数量一样，超出了人们的认知范围。"

《每日快报》称："以前不管在英国的什么地方，可能都没有过这么多人站在一个广场上的情景。几年前见识过格莱斯顿大型集会的男人们说，与昨天的人群相比，那简直是小巫见大巫。"

我们觉得我们已经回应了格莱斯顿先生"权力属于群众"这一宣

言中的质疑，并且通过这种权力可以影响政府；因此，我们怀着真正的希望，把决议副本寄给了首相，问他政府会对这次空前的男女集会作何回应。阿斯奎斯先生正式地回应道，他对先前的发言没有什么要补充的。他说，政府打算在某个不确定的时间提出一项常规改革议案，其中可能包含妇女选举权的修正案。看来，我们精彩的示威并没有对他产生任何影响。

第三章

现在我们已经到了必须在两种选择中选一种的地步。我们已经历了无数次辩论。因此，或者我们完全放弃我们的鼓动行动，就像80年代妇女参政论者所做的那样；或者我们必须行动，持续行动，直到政府的自私和固执被摧毁，或者政府本身被摧毁。我们认为，除非被迫，否则政府永远不会给予妇女选举权。

我们意识到约翰·布莱特所言果然不虚，他曾在1867年的改革议案遭到抗议时说过一些话。约翰·布莱特当时宣称，议会从未热衷于任何改革。他说，1832年的《改革法案》是用武力从当时的政府手中争取来的，而现在，在另一项议案获得通过前，鼓动者肯定得让查令十字街到威斯敏斯特教堂的大街小巷都挤满人。根据约翰·布莱特的建议，我们呼吁公众加入我们，于6月30日在下议院外举行一次大规模的示威活动。我们要确保政府不仅看到并且了解我们的大批追随者。警察局长立即发布了一份公告，警告公众不要在议会广场集会，并宣布通往议会大厦的道路必须保持畅通。

我们仍然宣布将举行示威，我给阿斯奎斯先生写了一封信，告诉他6月30日下午4点半将有一个代表团来拜访他。我们照例在卡克斯顿大厅召开了妇女议会，之后我和佩西克·劳伦斯夫人以及另外 11 名女性出发了。我们没有遇到警察的阻拦，而是穿过欢呼的一群群观众队伍，来到下议院的陌生人入口。在这里，我们遇到了一大群穿制服的人，他们由警方的斯坎特伯里巡官指挥。这位我认识的巡官走上前来，一本正经地问道："您是潘克赫斯特夫人吗？这是您的代表团吗？"

"是的。"我回答。

"我的命令是你们不得进入下议院。"

"阿斯奎斯先生收到我的信了吗?"我问道。

这位巡官从口袋里掏出我的信递给了我，这就是回应。

"阿斯奎斯先生没有回信吗？没有任何形式的回复吗?"我问道。

"没有。"巡官答道。

我们掉头走回卡克斯顿大厅，告诉等候在那里的人发生了什么。我们决定，先不做什么，耐心等到傍晚，再看看公众对我们在议会广场集会的呼吁有多大反应。我们已经知道街上挤满了人，虽然时间还早，但人群规模在迅速增长。8 点，我们三五成群地从卡克斯顿大厅出来，发现议会广场上挤满了人，估计第二天至少有 10 万人。我们的女性在公共建筑的台阶上，在压顶石上，在王宫庭院（她们摇摇晃晃地抓着）的铁栅栏上，发表演讲，直到警察把她们拉下来，扔进移动的、摇摆的、激动的人群中。一些女性被逮捕了，其他人仍是按命令继续前进。旁观者中欢呼声和讥笑声此起彼伏。男人中有些是出来自娱自乐的粗人，另一些则真诚地表示同情，并勇敢地试图帮我们到达下议院。警察的防线一次又一次被突破，只是由于骑警不断地冲锋，人群的攻势才被击退。包括劳合-乔治先生、温斯顿·丘吉尔先生和赫伯特·格莱斯顿先生在内的许多议员都出来见证了这场斗争,斗争一直持续到午夜,导致 29 名女性被捕。其中两名女性在各自向阿斯奎斯先生唐宁街官邸的窗户投掷石块后被捕,被打破的窗户的价值约为 2.4 美元。

这是我们有史以来第一次打破窗户。扔石头的玛丽·利夫人和伊迪斯·纽小姐从治安法庭给我捎话说,既然她们没有接到命令就这样做了,总部要撇清关系的话她们也不会感到不满。我非但没有和她们撇清关系,反而立即去牢房看她们,并让她们放心,我赞许她们的行为。在政治情境下,砸窗户是表达不满的一种历史悠久的方法。正如一份报纸在评论这件事时所说的:"当国王和王后 13 日在阿普斯利用餐时,他们将在惠灵顿公爵不得不用铁百叶窗保护的房间里接受款待,以免其政治上的反对者发怒。"

这里仅举一例,几年前在温切斯特发生了一场大骚乱,抗议将一门历史悠久的炮从城中一处移到另一处。在这场骚乱中,窗户被打破,其他各种财产也被毁坏。当局没有对这次骚乱作出任何惩罚,而是向如此狂暴表达意见的公众屈服,将那门炮恢复到原来的位置。

英国男人打破窗户被视为政治观点的诚实表达。英国女人打破窗户则被视为犯罪行为。在判处利夫人和纽小姐在一等监狱中监禁两个月时,治安法官用了非常严厉的措辞,并宣称这种事绝不能再发生。当然,女人们向他保证,这种事还会发生。利夫人说:"我们别无他法,只能反抗压迫,如有必要,还会采取更强有力的措施。这场斗争还在继续。"

在人们的记忆中,1908 年的夏天是这个国家多年来最炎热的夏天之一。我们在霍洛威的囚犯遭受了极大的痛苦,有些人因高温、糟糕的空气和难吃的食物而患上重病。我们这些整个夏天都在开展运动的人也病了，但程度要轻一些。当凉爽的秋日来临时，我们如释重负，以全新的活力准备迎接 10 月 12 日的议会开幕日。我们再次决定派代表团去见首相，并再次邀请公众参加示威。我们印制了数千张小传单，上面写着："男人们女人们，帮助妇女参政论者在 10 月 13 日星期二晚上 7 点半冲入下议院吧。"

10 月 11 日星期日，我们在特拉法尔加广场举行了一次大型集会，我和女儿克丽斯特贝尔以及德拉蒙德夫人在纳尔逊纪念碑的基座上发表演说。后来我们才知道，劳合-乔治先生也是听众中的一员。警察也在那里，对我们的演讲做了大量的记录。我们不难注意到他们每天都在监视我们，跟踪我们的脚步，并以多种方式表明，他们奉命跟踪我们的一举一动。10 月 12 日中午，高潮来了，我、克丽斯特贝尔和德拉蒙德夫人每人都收到了一份让人印象深刻的法律文件，上面写着："警察局长今天提供的情报表明，你们在 1908 年 10 月因发布并促使他人发布某份传单，发起并促使他人发起号召和煽动公众从事某种错误的不法行为，即在 10 月 13 日下午 7 点半冲入下议院，而犯有可能挑起破坏治安的行为的罪行。"

最后一段是要求我们当天下午 3 点到弓街警察局的传票。我们没有去弓街警察局，而是去了女王大厅，那里人山人海，像在家一样轻松自如，我们的消息让那里的人们兴奋不已。这个地方被警察包围了，警方记者在场把讲台上所说的一切速记下来。有人突然激动地叫起来，说有个巡官要进来逮捕我们了。但这位警官只是带来了一个消息，说传唤被推迟到第二天早上了。

推迟的传唤时间太早，对我们来说不太方便，于是我给警察写了一张客客气气的便条，说我们会在第二天晚上 6 点到我们的总部克莱门茨旅馆 4 号,然后听从他的处置。我们的逮捕令很快就签发了,贾维斯探长奉命立即执行。但他发现这是不可能做到的,因为德拉蒙德夫人正在用她的最后一天来处理私人事务,而我和女儿则撤退到了克莱门茨旅馆的另一个地方,那是一栋大而凌乱的建筑。在那里,佩西克·劳伦斯私人公寓的屋顶花园中,我们待了一整天,在秋日柔和的蓝色天空下,忙着我们的工作,并为长期的离别做准备。6点,我们走下楼,穿好衣服准备上街。德拉蒙德夫人很快就到了,等候的警官们宣读了逮捕令,我们都坐上了马车前往弓街。时间太晚了,没法进行审判了。我们请求保释,但当局就没打算让我们参加我们煽动的"冲入"活动,所以我们不得不在警察局过夜。我整夜都躺在床上,睡不着,想着街上发生的一幕幕。

在克莱门茨旅馆的屋顶花园躲避警察的潘克赫斯特夫人和克丽斯特贝尔,1908 年 10 月

第二天早晨，在挤得水泄不通的法庭上，我的女儿站出来经手了她的第一个法律案件。她已经获得了法学学士学位，但由于英国不允许女性从事法律工作，所以除了被告之外，她从未以其他身份出现在法庭上。现在她提议把被告和律师这两个角色结合起来，为我们三人主持这个案子。她首先请求治安法官不要在法庭上审理此案，而是把它交给法官和陪审团审理。长期以来，我们一直希望把妇女参政论者的案件交给普通公民机构审理，因为我们有充分的理由怀疑，警察和法院的工作人员是在我们煽动所针对的那些人的直接命令下行事的。提出的陪审团审判被拒绝了；但在预审结束后，治安法官柯蒂斯·班尼特先生允许休庭一周，以便为这个案件做准备。

10月21日，审判继续进行，法庭像之前一样坐满了人，记者席上就更加拥挤了，因为人们普遍宣传说，我们已传唤了两名目睹了10月13日晚上场景的政府成员。第一个进入证人席的证人是劳合-乔治先生。克丽斯特贝尔详细询问了他"冲"这个词的含义和价值，这成功地引起了他的不适，而对我们的指控也显得很站不住脚。然后她问他关于在特拉法尔加广场听到的演讲的事情，以及是否有人建议破坏财产或使用人身暴力。他承认，演讲是温和的，人群是有秩序的。然后克丽斯特贝尔突然问道："没有什么比你在斯旺西给出的建议，就是把那些女人无情地赶出你们的会场，更容易煽动暴力的了吧？"劳合-乔治先生脸色阴沉，什么也没有回答。治安法官赶紧对劳合-乔治先生进行保护。"这完全无关紧要，"他说，"那是一次私人会议。"那是一次公开会议，克丽斯特贝尔是这么说的。"从某种意义上说，那是一次私人会议。"治安法官坚持说。

克丽斯特贝尔问他："我们采取这样的行动难道不是从你那里得

到的鼓励吗？如果不是从你那里得到的鼓励，也是从你的同僚那里得到的鼓励。"劳合-乔治先生摆出一副傲慢而愤怒的样子。他一边翻着白眼，一边回答道："潘克赫斯特小姐，听到你这么说我感到非常惊讶。"

"你自己给我们树立了一个反叛的榜样，这难道不是事实吗？"克丽斯特贝尔问道。"我从来没有煽动群众使用暴力。"证人大声说道。"在威尔士墓地的案子里没有吗？"她问道。"没有！"他生气地喊道。"你没有叫他们把墙砸开，把尸体挖出来吗？"克丽斯特贝尔追问道。他不能否认这一点，但是，"上诉法院认为我提出的建议是合理的法律建议"，他怒气冲冲地说，然后在狭窄的证人席上尽可能地转过身去。

赫伯特·格莱斯顿先生请求让他提前出庭做证，因为他被扣留在这里就不能履行重要的公共职务了。克丽斯特贝尔要求在格莱斯顿进入证人席前先盘问另一位证人。这位证人是乔治亚娜·布莱肯伯里小姐，她最近因为这件事被监禁了六周，此后她与治安法官霍勒斯·史密斯先生会面交谈，后者向她供认了十分重要而有突破性的一点，即政府干涉了对妇女参政论者的审判。克丽斯特贝尔问了她一个问题："霍勒斯·史密斯先生在给你下判决的时候有没有告诉你他是在做有人要求他做的事？""你不能提这个问题！"治安法官叫道。但证人已经回答了"有"。法庭上出现了一阵兴奋的骚动。有记录表明，一名治安法官在宣誓后承认，根据证据和法律，给妇女参政论者下判决的不是他本人，而是政府，因为没有人会怀疑霍勒斯·史密斯先生的命令是从哪里来的。

格莱斯顿先生身形丰满、秃顶、面色红润，一点也不像他声名显赫的父亲。他微笑着信心十足地走上证人席，但当克丽斯特贝尔直截了当地问他政府是否下令警察局长对我们采取这样的行动时，他这种自信就消失了。当然，治安法官介入了，格莱斯顿先生没有回答这个问题。克丽斯特贝尔又问了一遍："是你指示霍勒斯·史密斯先生判布莱肯伯里小姐败诉并让她在监狱里关了六个星期吗？"这同样遭到了反对，就像所有关于这个话题的问题一样。

在整个审讯过程中，治安法官不停地打断，以免这位内阁大臣陷入尴尬的境地，不过克丽斯特贝尔最终成功地让格莱斯顿先生逐一承认，他曾说过女性永远不可能获得选举权，因为她们不能像男人那样为之斗争。

许多证人证明 13 日的示威是有序的，然后克丽斯特贝尔起身为自己辩护。她首先宣称，正如法律上所说的那样，这些诉讼是"出于恶意和恼火"，目的是打击政敌。她说，根据法律，可以对我们提出的指控是非法集会，但政府并没有以这一罪名起诉我们，因为政府希望将此案交由治安法庭审理。

她断言："把这个案子交给陪审团是当局想都不敢想的，因为他们非常清楚，如果这个案子由我们的同胞组成的陪审团审理，我们就会被无罪释放，就像多年前约翰·伯恩斯被无罪释放一样，况且他采取的行动对治安的危害可比我们大多了。我们被剥夺了陪审团审判的权利。我们还被剥夺了对治安法官的决定提出上诉的权利。而这项诉讼是经过了仔细考虑的。"

关于传单，她说："我们不否认我们散发了这份传单，我们三个都不想推卸责任。我们确实发放了传单，我们确实在上面写了'帮助妇女参政论者冲入下议院'。对于这句话，我们不会道歉。众所周知，

被告席上的克丽斯特贝尔、德拉蒙德夫人和潘克赫斯特夫人，
第一次共谋审判，1908 年 10 月

我们采取这一行动是为了推进一项要求，根据英国宪法，我们完全有权提出要求。"

我女儿说，妇女参政论者所做的一切，以及她们将来可能做的一切，只不过是在追随议会中那些男人的脚步。"赫伯特·格莱斯顿先生在我和他谈到的那次演讲中告诉我们，光有辩论的胜利是不够的。我们不能指望单凭辩论的力量取胜，因此有必要通过其他手段应付政府对我们公民权利要求的野蛮抵制。他说，'去吧，像男人那样战斗'。然后，当我们展示了我们的力量并让大众来帮助我们时，他却对我们提起了诉讼，这种做法即使在过去的高压时代也是不光彩的。还有劳合-乔治先生，如果说有什么人为我们树立了榜样的话，那就是他了。他的整个职业生涯就是由一系列的反叛组成的。他说过，如果我们得不到选举权——记住这些话——我们就有理由采取男人不得不采取的办法，也就是拆毁海德公园的栏杆。"她引用了莫利勋爵对印度骚乱的评论："'我们在印度看到的是一场活生生的运动，这场运动是为了什么呢？是为了我们自己教他们思考的理想目标，除非我们能以某种方式协调秩序与对这些理想和愿望的满足，否则错就不在他们，而在我们——这将标志着英国政治家风范的崩溃。'——把这些话用在我们的案子上吧。"她继续说。

"请记住，我们是在向自由党政治家要求我们最大的恩惠和最基本的权利——如果现任政府不能协调秩序与我们立即获得投票权的要求，那将标志着他们政治家风范的崩溃。是的，他们的政治家风范已经崩溃了。他们名誉扫地了。只有在这个法庭上，他们才有一线希望得到支持。"

我女儿说话时满怀激情和热诚，她义愤填膺地说了几句话，治安法官的脸气得通红。当我起身在法庭上发言时，我先装出一副镇静的样子，其实我并没有完全镇静下来。我赞同克丽斯特贝尔所说的对我们审判的不公和政府的恶意；我对在普通治安法庭审判政治犯提出抗议，我说我们不是作为普通违法者进入法庭的女性。我描述了德拉蒙德夫人作为妻子、母亲和自食其力的职业女性的值得敬仰的经历。我说："在你们决定如何处置我们之前，我想让你们听我说说今天早上是什么让我走上被告席的。"然后我讲述了我的生活和经历，其中有许多我已经在前文中提到过：我作为《济贫法》监护人以及出生和死亡登记员的所见所闻，我是如何认识到改变女性地位、改变女性和她们子女赖以生存的法律的迫切必要性，以及使女性成为自治公民的基本的正义性。

我说："我已经看到，法律鼓励男人利用女人的无助。许多女性都像我一样有过这样的想法，许多年来，她们一直试图通过我们经常被提起的那种影响力来改变这些法律，但我们发现这种影响力毫无意义。当我们坚持不懈地去下议院时，曾有人告诉我们，议员不需要对女性负责，他们只对选民负责，尽管他们同意这些法律需要改革，但他们的时间太满了，无法对它们进行改革。

"女性为支持我们的选举权而提出的请愿比任何其他改革规模都要大；尽管女性很难摆脱她们与生俱来的羞怯，即我们从女性祖先那里继承下来的逃避公众关注的意愿，但我们已经成功地举行了比以往任何男性的改革都要多的公众集会。我们已经突破了这一点。我们在街头巷尾直面充满敌意的暴徒，因为有人告诉我们，除非我们让整个国家都站在我们这一边，否则我们就不可能得到由男人赢得的纳税代表享有的权利。因为我们所做的一切，我们被曲解了，我们被嘲笑了，我们被蔑视了，无知的暴民受到煽动，向我们施暴，而我们面对这些暴力时，既没有武装，也没有内阁大臣们所享有的保障。我们是被迫这样做的，我们决心继续进行这种鼓动，因为我们感到身负道义上的责任。正如你们的男性祖先曾担负的责任一样，我们的责任是为女性创造一个比今天更好的世界。

"最后，我想提醒大家注意我们的追随者在 13 日晚上被捕后所表现出的自我克制。我们的原则一直是保持耐心，自我克制，向我们所谓的上级表明，我们不是歇斯底里的，不会使用暴力，而是勇敢直面他人的暴力。

"先生，我要对你说的就是这些。我们来这里，不是因为我们是违法者；我们来这里，是为了成为立法者。"

当我说完时，那些人高马大的警察，还有记者和大多数观众，都流下了眼泪。但是那位听得不禁掩面的治安法官仍然认为，在普通治安法庭上指控我们为煽动暴乱者没什么问题。由于我们拒绝保证不再闹事，他判处我和德拉蒙德夫人三个月监禁，克丽斯特贝尔监禁十周。这注定是一种从未有人要求当局处理过的监禁。

第四章

我到达霍洛威后的第一件事就是要求派人去找监狱长,等他过来时,我告诉他,妇女参政论者已经下定决心,不再屈服于被当作普通违法者对待。在审判我们的过程中,有两位内阁大臣承认我们是政治犯,因此我们今后可以拒绝接受搜查或在女看守面前脱衣。而我本人则要求获得一项权利,即在我和朋友放风时或有接触的时候,能够与她们交谈,我希望其他人也能获得这项权利。监狱长经过深思熟虑,同意了前两项要求,但他说,在允许我们打破保持沉默的规定前,他必须征求内政部的意见。因此,我们得到允许可以私下换衣服,作为进一步的让步,我们被安排在相邻的牢房里。然而,这对我来说并没什么帮助,因为没过几天,我就被转移到了医院的牢房中,经受着监狱生活一直以来给我带来的病痛。在这里,监狱长来看了我,带来了不受欢迎的消息,内政大臣拒绝给予我与狱友交谈的特权。我问他,等我有足够的力气走路时,我是否可以和我的朋友们一起放风。他同意了,我很快就见到了我女儿和其他勇敢的战友,和她们一起在监狱阴暗的院子里散步。我们排成一列,彼此相距三四英尺,在女看守冷冰冰的目光下来回走动。路面上粗糙的厚石板刺痛了我们穿着笨重丑陋的囚靴的脚。秋日的天气寒冷而阴郁,我们在

穿着囚服的潘克赫斯特夫人和克丽斯特贝尔·潘克赫斯特小姐

单薄的斗篷下瑟瑟发抖。不过在我们所有的苦难中，生活中无休无止的沉默才是最糟糕的。

在第二周结束时，我决定不再忍下去了。那天下午放风时，我突然叫了我女儿的名字，让她站着别动，等我走到她跟前。当然，她停了下来，当我走到她身边时，我们手挽着手，开始低声交谈。一名女看守跑过来对我们说："你们说的一切我都会在这听着。"我回应说："你可以这么做，但我坚持我与我女儿交谈的权利。"另一名女看守匆匆离开院子，现在她带着一大群女看守回来了。她们抓住了我，迅速把我押回牢房，而其他争取选举权的囚犯则大声为我的行动喝彩。她们因"叛乱"而被单独监禁了三天，而我，则因为我的所作所为而受到了更严厉的惩罚。我不知悔改地对监狱长说，不管他可能对我施加什么惩罚，我再也不会遵守保持沉默的规定了。禁止母亲和女儿交谈是无耻的。我因此而被定性为"危险的罪犯"，并被送去单独监禁，不许放风，也不许去做礼拜，而我的牢房门口也一直有一名女看守把守，以确保我不与任何人交流。

两周后，我才再次见到我的朋友们，与此同时，德拉蒙德夫人的健康已经严重受损，她被送去医院接受治疗。我得知我女儿也病了，在绝望中，我向巡回治安法官委员会提出申请，希望能获准去看她。经过漫长的讨论，其间他们要求我在外面的走廊上等着，治安法官们拒绝了我的申请，说我可以在一个月后重新申请。他们说，到那时候将依据我的行为给予答复。一个月！那时候我女儿可能已经死了。焦虑使我再次卧病在床，不过我还不知道，已经有人来解救我们了。我曾经告诉巡回治安法官，我会等到公众舆论进入这些高墙后再行动，而这件事比我期望的要早。德拉蒙德夫人一能在公众场合露面，其他争取选举权的囚犯一获释，就把我们的反叛和后来由华莱士·邓洛普小姐领导的叛乱（这次叛乱使大批女性受到单独监禁）的事情公之于众。成千上万的妇女参政论者向霍洛威进发，挤满了通往监狱的街道。她们唱着《女子马赛曲》，欢呼着，绕着监狱转了一圈又一圈。这声音隐约地传到我们的耳朵里，极大地减轻了我们的痛苦和孤独。后来我们才知道，接下来的一个星期，她们又来了，但这一次，警察在她们还没有进入监狱的地盘前就把她们赶走了。

这些示威活动，加上下议院的一连串质询，最终有了结果。内政部下达了命令，让我去见女儿，并允许我们每天一起放风和交谈一小时。此外，我们还获得了难得的特权，能够阅读一份日报。然后，在12月8日，也就是克丽斯特贝尔获释的那一天，有命令传来，说我也应该获释，这时离我刑期结束还有两周。

在林肯酒店为获释的我们举办的欢迎早餐会上，我告诉我们的成员，从今以后，我们都要坚决拒绝遵守一般的监狱规定。我们并不打算违法然后逃避惩罚。我们只是想维护我们作为政治犯被承认的权利。经过深思熟虑后，我们达成了这一点。我们首先下定决心不抱怨监狱，不谈论它，回避它，远离一切次要问题，坚持政治改革的正道，争取选举权；因为我们知道，一旦我们赢得了选举，我们就可以改革监狱和其他许多滥用职权的地方。但是，既然我们在证人席上时，内阁大臣们已经承认我们是政治犯，那我们今后就应要求得到所有文明国家给予政治犯的待遇。我说："如果各国的治理方式仍会让政治犯产生，那么英国就要像其他国家对待政治犯那样对待她的政治犯。如果把政治犯当作危害社会福祉的普通罪犯来对待是一种惯例，那么我们就不会抱怨受到这样的对待了；但这并不是国际惯例，因此，为了我国女性的尊严，为了我国男性的良知，为了我国在世界各国中的地位，今后我们不允许自由党政府像对待普通违法者一样对待我们。"

那天晚上，在女王大厅举行的欢迎获释囚犯的盛大集会上，我也说了同样的话，尽管我们都知道，我们下这样的决心就需要进行一番艰苦的斗争，但女性们毫不犹豫地表示了支持。如果她们能够预见到那些甚至在当时就笼罩着我们的事件，如果她们能够预见到等待着我们的新式的痛苦和危险，我相信她们仍会做同样的事情，因为我们的经历告诉我们要摒弃恐惧。我们中的任何人无论当初拥有怎样的胆怯，怎样的对痛苦或困难的畏缩，现在都已消失了。没有什么样的恐惧是我们现在不敢面对的。

1909 年是我们斗争中的一个重要节点：部分是因为我们决定不再心甘情愿被归为罪犯；部分是因为在这一年里，我们迫使自由党政府对最古老的公民权利——请愿权——公开发表意见。我们考虑这一步很久了，而现在迈出这一步的时机似乎已经成熟。

在 1908 年的最后几天，阿斯奎斯先生在谈到 1909 年将实施的政策时，评论了他当时不得不接待的各种代表团。他说，这些人"来自四面八方，出于各种原因，平均每周有三天，每次约两个小时"来拜访他。代表们要求的东西各不相同，虽然所有的要求都不可能包含在国王的演讲中，但阿斯奎斯先生倾向于同意其中的许多应该包含在内。首相说他一直在接待男人的代表团，并乐于听取他们关于采取何种政策的建议，这番话让妇女参政论者愤愤不平。1月25日内阁会议召开第一次会议时，她们在某种程度上表达了这种愤怒。一个来自妇女社会政治联盟的小型代表团来到唐宁街，要求像男人一样获得发言权。包括我妹妹克拉克夫人在内的四名女性因为敲了官邸的门而被逮捕，并被送进监狱一个月。

一个月后，我们召开了第七届妇女议会，抗议发生的事情，抗议国王演讲中没有提到女性这一事实。在佩西克·劳伦斯夫人、康斯坦斯·李顿夫人和黛西·所罗门小姐的带领下，一个妇女代表团试图将决议带到下议院。她们很快就被逮捕了，第二天就被判处一至两个月监禁，被送进监狱。检验这类逮捕合法性的时刻正在迅速逼近。1909年6月，检验的时刻到了。

大家应该记得，我们曾努力迫使当局让他们的威胁成真，即根据过时的查理二世"骚乱请愿法案"对我们提出指控，这项法案规定，对前往议会提交请愿书的超过十二人的团体进行严厉的惩罚。有人说，如果有人根据这项法案对我们提出指控，我们的案件将由法官和陪审团而不是治安法官审理。这正是我们希望发生的，所以我们派出了一个又一个超过十二人的代表团，但她们总是在治安法庭受审，并被打进监狱，监禁的时间往往比《查理二世法案》规定的要长。现在我们决定做一件更雄心勃勃的事。我们决定检验的不是《查理二世法案》，而是臣民向作为权力中心的首相请愿的宪法权利。

　　请愿权在我们所知的极早的时期就存在于英国了，并在1689年威廉和玛丽即位时被写入成为法律的《权利法案》。事实上，它是联合君主登基的条件之一。根据《权利法案》，"臣民有权向国王请愿，所有针对请愿的指控与治罪都是非法的"。国王的权力几乎完全移交到议会手中，首相现在就处在国王陛下以前所处的位置。显然，臣民向首相请愿的权利在法律上是不能被剥夺的。因此，有人建议我们，为了严格遵守法律条文，我们应接受《查理二世法案》对请愿权的限制，并决定由女性小组将我们的请愿书提交到下议院。

　　6月29日晚上，我再次召集了一次妇女议会。此前我曾写信给阿斯奎斯先生，说晚上8点将有一个妇女代表团在下议院等他。我又给他写信说，我们不应被拒之门外，因为我们坚持宪法赋予我们的受到接待的权利。首相给我回了一封正式的函件，拒绝接待我们。尽管如此，我们还是继续准备，因为我们知道首相会一直拒绝，但最终他还是会不得不接待我们。

　　在代表团造访日期的前一周发生的一件事注定会产生重要影响。华莱士·邓洛普小姐来到下议院的圣斯蒂芬大厅，用印刷机的墨水在大厅的石雕上写下了一些摘自《权利法案》的话。第一次尝试这么做的时候，她被一名警察打断了，但两天后，她成功在年代久远的墙壁上刻下了提醒议会的文字：女性和男性一样拥有宪法赋予的权利，而且她们正在提议行使这些权利。她被逮捕了，并被判处在三等监狱中监禁一个月。她还可以选择巨额罚金，当然她拒绝了。华莱士·邓洛普小姐的刑期从6月22日开始。人们对即将到来的代表团表现出的非比寻常的兴趣或许与她的行为不无关系，不仅公众表现出了这种兴趣，许多议员也是如此。在下议院，人们强烈感觉到,这次应该接待女性,这在向政府提出的许多问题中体现出来。由于首相拒绝接见代表团,一名议员甚至要求就此事对治安造成的危险这一紧急的公共事务提出休会的动议。然而,这类要求被拒绝了,政府虚伪地否认对警察可能对代表团采取的行动负有任何责任。在基尔·哈迪先生要求就如果代表团井然有序是否能够允许她们进入圣斯蒂芬大厅的问题上作出指示时,内政大臣格莱斯顿先生回答道:"我没法说警方在这件事上应该采取什么行动。"我们的妇女议会在6月29日晚上7点半召开会议,宣读并通过了给首相的请愿书。然后我们的代表团出发了。陪同我担任领导的是两位德高望重的女性:一位是索尔·所罗门夫人,她的丈夫曾在开普敦担任首相;另一位是内利根小姐,她是英国最重要的先锋教育家之一。

我们三人和另外五位女性由骑马快速前进的埃尔西·豪伊小姐打头阵,向挤满街道的大量人群宣告我们的到来。后来我们才知道,她一直行进到下议院入口处,然后被警察挡了回来。至于代表团,她们穿过人群,一直行进到威斯敏斯特的圣玛格丽特教堂,在那里我们发现一长排警察挡住了道路。我们停了一会儿,积蓄力量,准备艰难地挤过这队人马。这时,一件意想不到的事情发生了。有人下了一道命令,警察队伍立即分开了,给我们留下了一片空间,我们就从那里向下议院走去。我们在威尔斯巡官的护送下上路了,我们所过之处,人群爆发出热烈的欢呼,他们坚信我们终究会受到接待。至于我自己,对即将发生的事情没做什么猜测。我只是带领我的代表团一直走到圣斯蒂芬大厅的入口。在那里,我们遇到了另一支强大的警察队伍,由我们的老熟人斯坎特伯里巡官指挥,他走上前来,递给我一封信。我拆开信,向女性们大声读了起来。"出于他已在书面答复

**威尔斯巡官正带领潘克赫斯特夫人
前往下议院，1908 年 6 月**

中给出的理由，首相对他无法接待前来提议的代表团表示遗憾。"

我把信扔在地上说："作为国王的臣民，我坚持我的权利，我有权向首相请愿，我下定决心站在这里，直到我受到接待为止。"

斯坎特伯里巡官转身离去，迅速向陌生人入口走去。我转向留下来的贾维斯巡官，以及站着旁观的几位议员和一些记者，恳求他们把我的口信转达给首相，但没有人回应，巡官抓住我的胳膊，开始把我推开。我现在知道代表团是不会受到接待的，而拒绝离开、被迫后退、一次又一次返回直至被捕的悲惨旧事，将不得不再次上演。我必须考虑到陪同我的是两位虚弱的老太太，她们虽然勇敢，但不可能忍受我所知的接下来一定会发生的事情。很快我就决定，我必须逼他们立即逮捕我，于是我很有技巧地攻击了贾维斯巡官，轻轻打了他的脸颊。他立刻说："我知道你为什么这么做。"我以为我们马上就会被带走。但其他警察显然不了解情况，他们开始推搡我们的女性。我对巡官说："我还要再打一次吗？"他说："是的。"于是，我又轻轻地打了他一拳，然后他命令警察逮捕我们。

这件事并没有因为我们八名妇女的代表团被逮捕而结束。女性们组成一个又一个十二人代表团,妇女参政论者一次又一次地向前推进,试图进入下议院,但都徒劳无功。尽管群众是友好的,尽其所能地帮助女性,但代表团还是被警察驱散,许多女性被逮捕。到了9点,议会广场空无一人,大批骑警把人群赶回维多利亚街和威斯敏斯特桥对面。一时间,一切看起来都平静下来了,但很快,一小群一小群的女性,每次七八个,不知从哪里不断冒出来,精神抖擞地向下议院冲去。这种让人意想不到的做法让警察大为光火,他们无法解开这些女性从哪里来的谜团。根据过往的历史,人们给出的解释是,妇女社会政治联盟在附近租了30间办公室,女性们就在那里等待"出征"的时机。这是女性反抗男性暴力的聪明才智的惊人展示,但它还有另外一个目的。它转移了警察对正在进行的另一场示威活动的注意。其他妇女参政论者来到海军大臣官邸、内政部、财政部和枢密院办公室,通过在每个地方打破一扇窗户这一由来已久的做法,来表示她们对政府拒绝接待代表团的蔑视。

当晚有108名女性被捕,但妇女社会政治联盟没有屈服于逮捕和审判,而是宣布她们准备证明,因拒绝接受请愿而违反法律的是政府而不是女性。我的案件,连同哈弗菲尔德夫人的案件,被选作所有其他同类案件的判例,罗伯特·塞西尔勋爵被聘为辩护律师。为原告主持案件的马斯克特先生试图证明我们没有去下议院提出请愿,但这很容易就被证明是毫无根据的。领导人的演讲、发表在我们报纸《给妇女投票权》上的正式文章以及寄给阿斯奎斯先生的信,更不用说代表团的每位成员手中都拿着一份请愿书这一不争的事实,都足以证明我们此行的性质。臣民请愿权的整个案例随后被提出来讨论。马斯克特先生首先发言，然后是我们议会的亨利先生，接下来是罗伯特·塞西尔勋爵。最后是我发言，我描述了 6 月 29 日发生的事情。我告诉治安法官，如果他认定是我们而不是政府违了法，我们将拒绝保证不再闹事，而选择坐牢。在这种情况下，我们不会屈从于被当作罪犯对待。我指着狱友们坐的长椅说："今天这里有 108 人，就像我们认为在街上反抗警察是我们的职责一样，当我们进了监狱，因为我们是政治犯，我们将尽最大努力把 20 世纪政治犯的待遇恢复到威廉·科贝特①和他那个时代其他政治犯的案件中人们认为适当的程度。"

伊芙琳娜·哈弗菲尔德和埃米琳·潘克赫斯特在法庭上

治安法官阿尔伯特·德鲁岑爵士是一位和蔼可亲的老人，他对这种前所未有的局面感到相当困惑，于是作出了决定。他同意亨利

———————————

① 威廉·科贝特，18 至 19 世纪英国散文作家、记者、政治活动家，小资产阶级激进派的著名代表人物，曾推动民众激进运动的发展，促成了 1832 年议会改革。

先生和罗伯特·塞西尔勋爵的观点，即请愿权明确保障了每个臣民的权利，但他认为，当女性进入下议院遭拒，当阿斯奎斯先生说他不会接待她们时，这些女性坚持自己的要求是错误的行为。因此，他应该罚她们每人五英镑，或者判处她们在二等监狱中监禁一个月。在老到的律师能就请愿权的法律观点从上级法院获得裁定之前，将暂缓判决。

随后，我为所有的囚犯提出了索赔，并请求把她们的所有案件都推迟到判例案件裁决之后审理，他们同意了这一点，不过十四名被指控打破窗户的女性的案件除外。她们分别接受审判，并被判入狱，刑期从六周到两个月不等。她们的事情我们稍后再说。

同年 12 月初，对阿尔伯特·德鲁岑爵士的裁决提出的上诉在地方法院进行审理。罗伯特·塞西尔勋爵再次出庭辩护，他以高超的辩词辩称，在英国，请愿权一直存在，而且一直被视为一个自由国家和文明政府的必要条件。他指出，请愿权有三个特点：首先，它是向权力的实际拥有者请愿的权利；其次，它是亲自请愿的权利；再次，必须合理行使这一权利。有一长串的历史先例都能够支持亲自请愿这一权利，但罗伯特勋爵认为，即使这些先例不存在，查理二世的"引发骚乱的请愿活动"法案也承认了这项权利，其中规定"任何个人或团体都不得在人数过多的情况下，以提交或递交任何请愿、申诉、抗议、发表声明或其他演说为借口，向国王陛下或议会两院或两院中的一方求助……"，等等。《权利法案》专门确认了上至国王的个人请愿权。罗伯特勋爵继续说道："这些女性 6 月 29 日去了议会广场，行使宪法赋予她们的权利，她们带着请愿书去那里，是根据她们所拥有的唯一合乎宪法的方法行事，因为她们没有投票权，只能通过请愿来表达不满。"

如果确实像所说的那样，当事人不仅拥有请愿的权利，而且还可以亲自请愿，那么唯一需要考虑的是，这项权利是否得到了合理的行使。如果有人想要与首相面谈，去下议院并到陌生人入口处合情合理。有证据表明，潘克赫斯特夫人、哈弗菲尔德夫人等人是沿着大路行进并由一名警察护送到下议院门口的，因此，到那时为止，她们还不可能以非法的方式行事。警察在下议院对面划出一大片空地，让人群保持在一定距离之外。这片空地上只有在下议院有事情要办的人、警察部队成员和组成代表团的八名女性。没有任何理由说这八名女性造成了妨碍。确实有名警察告诉她们首相不在下议院，但如果一个人想要与议员面谈，他不会向街上的随便一名警察提出要求。而且，警察没有任何权利阻止任何人进入下议院。

首相在给这些女性的信中说，他不能或者说也不愿见她们，有人提到了这封信。那么，如果首相在他的信中说他不能或不愿在那个时候见这些女性，时间不方便；但他会在后面的某个更方便的时间接见她们，这个答复就足够了。这些女性没有理由拒绝接受这样的答复，因为请愿的权利必须合理地行使。但这封信里包含的是绝对的拒绝，如果我们允许请愿权存在，这就根本不算答复。最后，罗伯特勋爵认为，如果有向议员请愿的权利，那么议员就必须义不容辞地接受请愿，任何人都无权干涉请愿者。如果这八名女性提出请愿在法律上是正当的，那么她们拒绝服从警察离开这里的命令也有正当的理由。

最高法院首席法官明确表示对导致此案的任何事件都没有准确了解，就在这样充满偏见的发言中，他作出了判决。他说，他完全同意罗伯特·塞西尔勋爵的观点，即人们有权向首相请愿，向首相请愿和向议员请愿都是一样的；他还同意提交给国王的请愿书应该提交给首相。但他说，这些女性的要求不仅仅是提交请愿书，还要以代表团的形式得到接待。他认为阿斯奎斯不太可能拒绝接受这些女性的请愿，但他拒绝接待代表团并不反常，"因为我们知道以前这种情况下发生了什么"。①

参照 1839 年的《大都会警察法》，其中规定警察局长为维持秩序和防止下议院附近的要道受到任何阻碍，制定规章并向警员发出指示是合法的，并且会议期间的议事规程授予警察保持通往下议院道路的畅通的权利，最高法院首席法官判定，我和其他女性坚持进入下议院的权利违反了法律。因此，首席法官裁定，下级法院对我们的定罪是适当的，我们的上诉被驳回，还要支付诉讼费。

就这样，在英国，由《权利法案》确保的给予人民并为世世代代英国人所珍视的请愿权这项古老的宪法权利被摧毁了。我说这项权利被摧毁了，是因为不能亲自提交的请愿书又有多大价值呢？最高法院的裁定让妇女社会政治联盟的成员感到震惊，因为它关闭了我们通过合乎宪法的手段获得选举权的最后途径。不过，它非但没有使我们灰心丧气，反而激励我们采取更激进的新斗争形式。

---

① 自从阿斯奎斯成为首相以来，他从未接待过女性代表团，也从未接待过妇女社会政治联盟的代表团。因此，最高法院首席法官说"以前这种情况下发生了什么"是荒谬的。——原注

第五章

　　从 6 月被捕，到最高法院首席法官作出我们作为臣民虽拥有请愿权但在行使这一权利时犯了罪这一荒谬的裁定，已经过去了将近六个月。在这段时间里，某些严峻的事态发展将激进运动提升到了一个更加艰苦卓绝的新层面。人们应该记得，在我们去检验查理二世法案这件事发生的一周前，华莱士·邓洛普小姐因为在圣斯蒂芬大厅的石墙上刻了《权利法案》中的一段话而被判入狱一个月。7 月 2 日星期五晚上，她一到霍洛威，就派人去找监狱长，要求把她当作政治犯对待。监狱长回答说，他无权改变治安法官的判决，于是，华莱士·邓洛普小姐告诉他，妇女参政论者下定决心再也不接受普通违法者的监狱待遇了。因此，如果她被作为普通罪犯关在二等监狱，她会拒绝进食，直到政府同意她的观点为止。政府或监狱当局几乎不可能意识到华莱士·邓洛普小姐行为的严重性，也不可能意识到妇女参政论者的英勇无畏。她在信中简洁明了地解释了她不顾一切的行为的动机，无论如何，内政大臣根本没注意到这名囚犯给他寄的信，而监狱当局除了想方设法瓦解她的抵抗外，什么也没做。普通的牢饭被无比诱人的食物取代，而这些食物不是每隔一段时间送到她的牢房里，而是日夜放在那里，但动都没动。医生每天来给她把几次脉，发现她越来越虚弱。医生、监狱长和女看守试图说服、哄骗加威胁，但都没有效果。一个星期过去了，这名囚犯没有任何投降的迹象。医生在周五报告说，她正在迅速到达随时可能死亡的程度。监狱和内政部间匆匆开了会，6月8日晚上，华莱士·邓洛普小姐被送回了家，她已经服完了四分之一的刑期，而且完全无视所有监禁条款。

在她获释的那一天，因打破窗户而被定罪的十四名女性接受了判决，在得知华莱士·邓洛普小姐的行为后，她们在被囚车送往霍洛威的途中进行了协商，同意追寻她的脚步。到达霍洛威后，她们立即告知工作人员，她们不会上交任何财产，也不会穿囚服、服劳役、吃牢饭和遵守保持沉默的规定。

监狱长暂时同意让她们保留自己的财产，穿自己的衣服，但他警告，她们这是造反，下次治安法官来访时，他会这样指控她们。这些女性随后向内政大臣请愿，要求得到政治犯普遍拥有的监狱待遇。她们决定延长绝食抗议的时间，直到内政大臣时间作出答复。与此同时，

1909年7月，克丽斯特贝尔在俯瞰监狱的房子里向绝食者挥舞联盟旗帜

由于天气闷热难耐，女性们呼吁能够呼吸更多新鲜空气，但纯属徒劳，于是她们又一次造反，打破了牢房的窗户。

我们从那些囚犯那里得知了这些事。在他们入狱几天后，我女儿克丽斯特贝尔和图克夫人十分担忧这些女性的命运，她们获准进入一栋俯瞰监狱的房子的上层房间。两人高声呼喊，挥舞着联盟的旗帜，成功引起了囚犯们的注意。女性们从打破的窗玻璃里伸出手臂，挥舞着手帕、"给妇女投票权"徽章以及她们能够弄到的任何东西，大喊着用几句话讲出了她们的经历。就在同一天，巡回治安法官来了，这些造反者被判处在惩戒室单独监禁七到十天。在这些阴暗肮脏、湿气逼人的可怕牢房里，囚犯们坚决地绝食抗议。第五天结束时，其中一名女性的身体状况迅速恶化，内政大臣不得不下令释放她。第二天，又有几个人被释放了，在那个星期结束前，十四人中的最后一人获得了自由。

1909 年 7 月，绝食者从窗玻璃里挥手

这件事在全英国激起了人们极大的同情,格莱斯顿先生试图通过指控其中两名囚犯踢咬女看守来转移这种同情。尽管这两名女性极力否认,但还是因这些指控被判刑,一人被判监禁十天,另一人被判监禁一个月。虽然由于之前的绝食,她们仍很虚弱,但她们立即开始了第二次绝食,三天后就被释放了。

从这以后,除非另有指示,每一批被囚禁的妇女参政论者都以这些英勇的造反者为榜样。监狱工作人员发现他们的权威消失了,惊慌失措。霍洛威和整个王国的其他女子监狱都成为暴力和野蛮的容身之所。来听听露西·伯恩斯描述的她的经历吧。

"当他们命令我们脱衣服时,我们一动不动;当他们叫我们去牢房时,我们手拉着手,背靠墙站着。监狱长一吹哨子,一大群女看守出现了,向我们扑来,强迫我们分开,拖着我们去了牢房。我想有十二个女看守来对付我,她们中有人设法绊倒我,我无助地跌倒在地板上。其中一个女看守抓住我的头发,把我的长辫子绕在手腕上,真的把我拽到了地上。在牢房里,她们把我身上的衣服撕了个精光,硬给我穿上一件粗棉布衣服,把剩下的衣服扔到床上让我自己穿。这可怕的经历弄得我筋疲力尽,我独自一人在地上躺了一会儿,喘息着,颤抖着。不久后,一名女看守来到门口,扔给我一条毯子。我把它裹在身上,因为这时我已经冷到骨子里了。那件棉布衣服和那条粗糙的毯子就是我在监狱里所有的穿着了。大部分囚犯拒绝接受除了毯子外的任何东西。根据约定,我们都打破了窗户,并立即被拖到了惩戒室。我们在那里绝食抗议,在忍受了将近一个星期的巨大痛苦后,我们接连获释了。"

她们说得多么简单啊!"在忍受了巨大的痛苦后——"但没有遭

遇绝食那种可怕经历的人不可能知道这种痛苦有多么巨大。在普通牢房里，这么做已经十分痛苦了。在脏乱得难以形容的惩戒室里，情况就更糟了。对大多数囚犯来说，真正的饥饿感只会持续大约 24 小时。我一般在第二天最难受。在那之后，就不会迫切渴望食物了。取而代之的是虚弱和精神抑郁。消化系统的严重紊乱使对食物的渴望转移到对缓解痛苦的渴望上。通常会有剧烈的头痛，伴有头晕，或轻微的精神错乱。彻底的疲惫和与世隔绝的感觉标志着磨难的最后阶段。恢复的过程往往是漫长的，而要完全恢复健康状态有时则慢得令人沮丧。

第一次绝食抗议发生在 7 月初。在随后的两个月里，数十名女性采取了同样的抗议形式，对不承认她们的罪行涉及政治的政府提出抗议。在一些案例中，绝食者受到了绝无仅有的残酷对待。娇弱的女性不仅被判处单独监禁，还要连续戴上 24 小时的手铐。一名拒绝穿囚服的女性被塞进了一件紧身衣。

这一切的讽刺之处在于，就在此时，下议院的自由党领导人们正在进行他们第一次反对上议院否决权的运动。

9 月 17 日，在伯明翰举行了一次盛大的会议，阿斯奎斯先生在会上向上议院提出质疑，并宣布废除他们的否决权，让人民的意志在英格兰至高无上。当然，妇女参政论者抓住这个机会进行了示威。这么做完全合情合理。由于被剥夺了请愿的权利，现在又被每一次的内阁大臣会议拒之门外，女性们被迫采取其余一切手段来敦促政府重视她们的事业。玛丽·利夫人和伯明翰的一群成员向公众发出警告，不要参加阿斯奎斯先生的会议，因为可能会发生骚乱。从首相和他的内阁成员离开下议院，一直到火车驶入伯明翰的车站，他们都被警探和警察包围着。为保护阿斯奎斯先生而采取的防范措施,除了俄国爆发革命期间的沙皇,没有能与此相比的。从车站出来,他通过一条四分之一英里长的地下通道到达了他的旅馆,在那里他独自用餐,然后乘行李电梯上了楼。在一队强大的骑警护送下,他来到了宾利大厅,他太害怕撞上妇女参政论者了,所以从侧门进去了。大厅戒备森严,如同围城一般。玻璃屋顶上铺了一层厚厚的防水油布。高高的梯子被安置在建筑的两侧,消防员的水龙带已经准备好了,但不是为了灭火,而是为了在妇女参政论者出现在屋顶难以接近的地方时喷射她们。街道两旁都设置了路障,警察以团为单位,守卫路障免受女性的袭击。不管什么人,只有向排成长队的警察出示入场券才能通过路障,然后这些持入场券的人逐一挤进窄门。

他们的防范措施是白费功夫,因为坚定的妇女参政论者为把阿斯奎斯先生的胜利变成一场惨败可找了不止一种方法。虽然没有女性进入大厅,但有很多男性支持者在场,在会议还没开多久时,就有十三名男性被粗暴地赶了出去,因为他们提醒首相,他声称要维护"人民"的支配权,这个"人民"不仅包括男人,也包括女人。在外面,成群的女性混进了拥挤的人群,向路障发起攻击,尽管有数千名警察,外围的路障还是被推倒了。利夫人和夏洛蒂·马什从隔壁房子的屋顶上扯下几十片石板瓦,扔到宾利大厅的屋顶和下面的街道上,不过她们小心翼翼,没有砸到人。当阿斯奎斯先生开车离开时,女性们向守卫的汽车投掷石板瓦。消防水龙带被搬出来,消防员接到命令向女性身上喷水。他们拒绝了,这一点值得称赞,但警察因为他们未能维持治安大为光火,毫无顾忌地对那些蜷缩在危险的屋顶斜面上的女性喷射冷水。街上的粗鲁之人向她们扔砖头,场面血腥。最后,这些女性被警察拽了下来,她们穿着湿透的衣服穿过街道,被带到警察局。

冲击路障、向阿斯奎斯先生离开的火车投掷石块的妇女参政论者被判处两周至一个月不等的监禁,但马什小姐和利夫人分别被判入狱三个月和四个月。所有的囚犯都采取了绝食行动,我们知道她们会这样做。

几天后,我们惊恐地在报纸上读到,这些囚犯被人用橡胶管插入胃中强迫喂食。联盟成员立即向监狱和内政部申请了解这篇报道的真相,但他们拒绝透露一切消息。在接下来的那个周一,应我们的要求,基尔·哈迪先生在下议院的提问时间坚持要求政府公开信息。代表内政大臣发言的马斯特曼先生不情愿地承认,为了维护政府的尊严,同时挽救囚犯的生命,正在实施"医院治疗"。使用"医院治疗"这个词是为了让人们注意到监狱当局所采取的最令人厌恶、最残忍的权宜之计。任何法律都不允许这样做,除非有人经证明是精神失常,即便在这种情况下由熟练的护理人员在熟练的医务人员指导下进行操作,也不能说是安全的。实际上,庇护所的病例通常会在短时间内死亡。英语世界中或许最著名的医学杂志《柳叶刀》发表了一长串权威内科医生和外科医生的意见,他们谴责将这种做法用在选举权囚犯身上,认为这是背离文明的。一位内科医生讲述了他观察到的一个病例,几乎一插管,病人就死了。另一位医生提到一个病例,舌头缠绕在喂食管后面,挣扎中差点被咬掉。食物被注入肺部的病例也不罕见。皇家外科医师学会医学博士 C.曼赛尔-莫林先生在给《泰晤士报》的信中写道,作为一名有三十多年经验的医院外科医生,他愤愤不平地想要抗议政府用"医院治疗"一词来指代强迫妇女进食。他宣称,这是恶意诽谤,因为暴力和野蛮在医院没有容身之地。一份有 116 名知名内科医生签名的备忘录被寄给了首相,抗议强迫喂食的做法,并向他详细指出这种做法极度危险。

我们英国的监狱中曾经存在并仍在持续的这种暴行,被作为对那些因良知而被关押的女性的惩罚,医学上反对它的证据便已这么多了。至于受害者的证词,则满是让人难以忍受的内容。第一位受

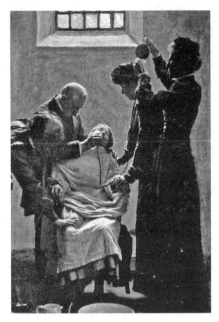

在狱中被强迫鼻管进食的女性

害者利夫人是位体格健壮的女性,否则她几乎不可能活下来。在向阿斯奎斯示威后,她被打进了伯明翰监狱,她打破了牢房的窗户,作为惩罚,她被送到一间阴暗而寒冷的惩戒室。她的双手戴着手铐,白天戴在身后,晚上戴在身前,手掌朝外。她拒绝碰送来的食物,在到这里三天后,她被带到医生的房间。她看到的情况足以吓坏最勇敢的人。房间中央放着一把结实的椅子,上面铺着一张棉床单。四名女看守靠墙站着,似乎随时准备行动。实习医生也在场。资深医生说:"仔细听我说这些不得不说的话。我有上级的命令,即使出于健康原因,也不能释放你。如果你仍然不吃东西,我必须采取其他措施强迫你吃。"利夫人回答说,她仍然拒绝进食,她又说,她知道强迫她

进食是不合法的，因为在病人清醒时，未经其同意，不能进行手术。那位医生重复道，他接到了命令要执行。随后，几名女看守扑向利夫人，按住她并让椅子往后倾斜。她当时被吓住了，无法抵抗。她们设法让她从喂食杯里吞下了一点食物。后来，两名医生和一些女看守出现在她的牢房里，强迫她躺在床上，把她摁在那里。令她惊恐的是，医生拿出一根两码长的橡胶管，他开始把管子往她的鼻孔里塞。实在太疼了，她一声又一声地尖叫起来。其中三个女看守哭了起来，实习医生恳求另一名医生不要继续了。插管的医生听从政府的命令，坚持继续，把管子插进了胃里。其中一名医生站在椅子上，高高举着管子，通过一个漏斗倒入流食，几乎让可怜的受害者窒息。她后来说："我的耳鼓好像要炸开了。我能感觉到疼痛一直蔓延到胸骨末端。最后拔出管子的时候，我感觉我的鼻子和喉咙都跟着被撕裂了一样。"

利夫人几近晕厥，被带回了惩戒室，躺在她的木板床上。这种折磨日复一日地重复着。其他囚犯也有类似的经历。

第六章

1909年10月我第一次访问美国时,激进运动正如火如荼。我永远不会忘记登陆时的兴奋,第一次与美国"记者"会面,这是让所有欧洲人畏惧的经历。事实上,最初的几天似乎是在记者和招待会造成的混乱晕眩中度过的,这一切都是为了10月25日我在卡内基音乐厅的第一次演讲。大厅里座无虚席,外面一大批人挤满了几个街区的街道。和我一起上台的是我在欧洲认识的几位女士,坐在椅子上的是老朋友斯坦顿·布拉奇夫人,她早年的婚姻生活是在英国度过的。然而,我面对的一大群人都是陌生人,我不知道他们会对我的故事作何反应。当我起身发言时,现场陷入一片寂静,但当我说出第一句话"我就是你们所说的小混混——"时,四周爆发出一阵热烈而充满同情的大笑。然后我知道,我在美国找到了支持者。在接下来的旅程中,这一切都得到了证明。在波士顿,委员会开着一辆装饰着我们联盟颜色的灰色大车来迎接我,那天晚上,我在翠蒙堂向2 500名听众发表了演讲,他们都非常慷慨地回应了我。在巴尔的摩,约翰斯·霍普金斯大学的教授和学生担任了会议的负责人。我十分享受对布林莫尔学院和罗斯玛丽中学的访问,后者是康涅狄格州一所很棒的女子学校。在芝加哥,我见到了简·亚当斯小姐和学校管理者艾拉·弗拉格·杨夫人。我永远不会忘记对加拿大的访问，特别是多伦多，在那里，市长戴着标志他职务的链徽来迎接我。我还见到了德高望重的戈德文·史密斯，他现已去世。

无论在哪儿，我都发现美国人友善而热心，他们对我的盛情款待我怎么描述都不为过。我碰到的女性对社会福利非常感兴趣。妇女俱乐部的工作给我留下了非常好的印象，我认为这些机构是选举权运动的完美基石。但在当时，也就是 1909 年，美国的选举权运动正处于一种奇怪的平静状态。我接触到的许多女性看起来都认为她们应该有投票权，但似乎很少有人意识到实际拥有投票权的必要性。的确，有些人开始把投票权与她们为之无私奉献的改革联系起来。在与年轻女性交谈时，我渐渐感觉到，在美国这些事情的表象之下，一场强劲的选举权运动正在酝酿。这些年轻的女性离开名校，开始了她们的生活，她们非常明智地意识到，她们需要而且必须为自己争取政治地位。

12 月 1 日，我乘坐"毛里塔尼亚号"返回英国，一上岸我就得知，在请愿案件审理期间加在我头上的牢狱之灾已经解除了，因为我在海上时不知哪个朋友替我交了罚款。

1910 年伊始，上议院否决了劳合-乔治先生 1909 年的预算案，大选随即举行。自由党带着征收地价税的承诺奔赴全国各地。他们还承诺废除上议院的否决权，实行爱尔兰自治，在爱尔兰教会实现政教分离，并进行其他改革。他们没有直接承诺给予妇女选举权，但阿斯奎斯先生保证，如果留任，他会提出一项选举改革议案，可以在其中加入包括妇女选举权的修正案。在贝尔福先生领导下，统一派将关税改革作为他们的纲领，他们甚至连可能采取选举权措施的含糊承诺都没提出。尽管如此，我们还是像往常一样，深入选区，反对自由党。我们不相信阿斯奎斯先生的承诺，再说，要是我们没有反对执政党，我们应该会邀请阿斯奎斯先生和贝尔福先生达成一项不处理选举权问题的协议，将这项事业永远排除在实际的政治之外。我们的处境与1885年的爱尔兰民族主义者差不多，当时自由党和保守党的领导人都不愿意把地方自治纳入自己的纲领。爱尔兰人反对自由党，结果自由党以微弱多数获胜，以至于自由党政府想要继续执政的话，就得依赖爱尔兰人在议会中的投票。为此，他们不得不提出一项地方自治议案。

其他选举权团体和许多女自由党人恳求我们不要在这次选举中反对自由党。鉴于下议院和上议院在预算问题上进行斗争的重要性，这些人恳求我们"就这一次"放弃我们的要求。我们回答说，同样的请求1906年就提出过了，当时有人恳求我们"就这一次"在财政问题上放弃我们的要求。我们说，对女性来说，只有一个政治问题，那就是她们自己的选举权问题。上议院和下议院之间的争论远不如人民——在这个案例中以女性为代表——获得公民身份的要求那么重要。在我们看来，除非女性在选择立法者和影响法律制定方面有发言权，否则议会两院都是没有代表性的。

我们在40个选区反对自由党候选人，几乎在每一个选区，自由党的多数席位都有所减少，我们至少从自由党候选人手中夺走了18个席位。对政府来说，这真是一场糟糕的选举。阿斯奎斯先生从一个选区来到另一个选区，他的保镖是侦探和官方的"撵人者"，他们唯一的职责就是把那些用关于"给妇女投票权"问题打断他会议的女人和男人赶出去。他演讲的大厅都用木板封了窗，或者用结实的铁丝网遮住了玻璃。通往大厅的每条大道都设置了路障，交通中断，有大批警察站岗。为保护首相，采取了最特别的防范措施。在一个地方，他在严密的护卫下穿过满是醋栗丛和卷心菜地的秘密小路，来到后门，去参加会议。会议结束后，他从同一扇门逃出来，由人郑重地引领，沿着一条铺满木屑的小路，走到一辆隐蔽的汽车前，他坐在车里，一直等到人群全部散去。

其他大臣不得不采取类似的防范措施。他们一直生活在保镖的保护之下。他们的会议以一种前所未有的方式受到监视。当然，他们的会议不允许女性参加，但她们还是进去了。两名女性在劳斯一个大厅的椽子里躲了 25 个小时，劳合-乔治先生就在那里演讲。她们被逮捕了，但那是在她们示威之后。还有两个人为了向首相提问，在一个讲台下躲了 22 个小时。我们几乎不断在刷新这个纪录。

我们印制了一份绝妙的海报，展示了强迫喂食的过程，我们把它用到了各处的大幅广告牌上。我们告诉选民，人民的朋友"自由党"以要求投票权的罪名监禁了 450 名女性。当时他们在霍洛威折磨女性。这是极好的把柄，它说明了一切。自由党重新掌权了，但他们在下议院的多数席位被一扫而空。现在阿斯奎斯政府的生存完全要依赖工党和爱尔兰民族主义者的选票了。

第七章

1910 年的头几个月，重新当选的政府在控制事态的苦苦挣扎中度过。他们与爱尔兰政党结盟，该党领导人同意，如果地方自治议案得到推进，就会支持他们的预算。当时，他们没有公开宣布与工党结盟，基尔·哈迪在该党年会上宣布他们将继续独立于政府。这对我们很重要，因为这意味着工党在继续拒绝选举权议案的情况下，可以自由地反对政府，而不是达成协议普遍支持政府的所有措施。其他种种因素加在一起，使我们满怀希望，认为形势已经转向了对我们有利的方向。有人向我们暗示，政府已经厌倦了我们唱反调，准备以唯一可能的方式结束斗争，前提是能在不屈服于胁迫的情况下。因此，我们在 2 月初宣布停止一切激进行动。

议会于 2 月 15 日召开会议，并于 2 月 21 日宣读了国王的讲话。讲话中没有提到妇女选举权，也没有任何私人议员成功在选举权议案的投票中赢得一席之地。然而，由于提议废除上议院的否决权，局势变得紧张而反常，我们决定耐心等待一段时间。我们确信，在议会两院之争解决之前，一定会举行另一次大选，如果不是爱德华七世意外去世，这件大事无疑不晚于 6 月就会发生。这打破了紧张的局势。国王的去世成为暂时缓和敌意的契机，并催生了一种在所有棘手问题上妥协的普遍倾向。赋予妇女选举权的问题是在这种氛围下，以一种让运动发起成员感到十分满意的方式被再次提出。

1887 年，下议院曾成立一个严格意义上的无党派妇女选举权委员会，这要归功于莉迪亚·贝克尔小姐的努力，我曾提到她是英国选举权运动的苏珊·B.安东尼。1906 年，由于无须列举的原因，原来的委员会获准解散，支持妇女选举权的自由党人成立了他们自己的委员会。现在，在这段"蜜月期"，在某些议员的建议下，由 H.N.布雷斯福德先生（他本人不是议员）牵头，成立了另一个无党派机构，他们称之为调解委员会。据称，这个委员会的目标是不分党派地聚合下议院的妇女参政论者的全部力量，并制定一项可以通过他们的共同努力而获得通过的选举权议案。李顿伯爵接受了委员会主席的职位，布雷斯福德被任命为秘书。委员会由 25 名自由党人、17 名保守党人、6 名爱尔兰民族主义者和 6 名工党成员组成。在重重困难下，委员会努力制定了一项可能赢得下议院各界人士支持的议案，而我几乎无法向美国读者言明这些困难。保守党人坚持要求制定一项温和的议案，而自由党人则担心议案的条款会增加有产阶级的权力。最初的选举权议案是我丈夫起草的。潘克赫斯特博士提出的给予女性与男性平等的投票权的建议被摒弃了，又根据既有的市政特许权法起草了一项议案。市政特许权的基础是居住权，《调解议案》最初起草时提议将议会投票权扩大到女业主以及支付 10 英镑以上租金的经营场所的女业主。据估计，根据这项议案获得选举权的女性中约 95% 将是业主。在英国，这并不意味着一个人占有一整栋房子。任何居住在他或她完全控制的房间里——即便只是一个房间——的人都是业主。

《调解议案》的文本已提交给所有的选举权协会和其他妇女组织，并被每个团体接受。我们的官方报纸发表社论说："我们妇女社会政治联盟准备共同参与这一团结的和平行动。新议案并没有满足我们所有的要求，但如果其他人也支持它，我们就支持。"

似乎可以肯定的是，下议院的绝大多数人都支持这项议案，并准备投票使其成为法律。尽管我们知道，除非政府同意，否则议案不可能通过，但我们希望所有政党的领导人及其他多数追随者能够团结一致，同意这项议案应当通过。这种以同意为基础的解决方案在英国议会中十分少见，但一些极其重要、努力争取来的议案已经这样通过了。1867年的选举权的扩大就是一个典型的例子。

1910年6月14日，D.J.沙克尔顿先生向下议院提交了《调解议案》，受到了热烈欢迎。报纸评论了下议院对这项议案的态度所体现的现实关怀。很明显，议员们意识到，这不是一个他们只需辩论和发表意见的学术问题，而是一项计划过关斩将写入英国法律的议案。下议院的热情席卷了整个王国。医学界提交了一份支持这项议案的请愿书，上面有300多位该行业中最杰出的男性和女性的签名。作家、神职人员、社会工作者、艺术家、演员、音乐家也发来了请愿书。妇女自由联合会召开会议，一致决定要求首相为这项议案提供充分的便利。联合会中的一些先进分子甚至提议当时就派遣一个代表团带着决议到下议院，但这个提议被拒了，因为它有太多激进的意味了。有人向阿斯奎斯先生提出了面谈的请求，他在回复中承诺将在近期接见妇女自由联合会和全国妇女选举权协会联盟的代表。

6月21日，阿斯奎斯先生接待了联合代表团。麦克莱伦女士作为妇女自由联合会的代表非常直接地与她所属政党的领导人交谈起来。她说了这样的话："如果你们拒绝我们的要求，我们将不得不解散议会重新选举下议院，你们这些反对上议院否决权的人，现在却拒绝批准对该议案进行二读，这是在赋予下议院否决权。"

阿斯奎斯先生战战兢兢地回答说，这样一个严肃的问题他不能独自作决定，而是要征求内阁的意见，他承认，大部分内阁成员都是妇女参政论者。他说，他们将在下议院做出决定。

超过 1 000 名女性曾被关进监狱——1910 年的宽箭头游行

妇女社会政治联盟组织了一次支持《调解议案》的示威活动，这是到当时为止最声势浩大的一次。这是一次全国性的，实际上是国际性的事件，所有的选举权团体都参加了，队伍如此庞大，游行队伍都需要提前一个半小时才能通过指定地点。领头的是 617 名身着白衣的女性,她们手持长长的银杖,杖尖上插着宽箭头。这些女性曾因这项事业而遭受监禁,在行进过程中,公众向她们欢呼致敬。巨大的阿尔伯特音乐厅是英格兰最大的大厅,尽管从乐池到最高处的观众席都挤满了人,但还是容不下所有的游行者。在极大的喜悦和热情中,李顿勋爵发表了激动人心的演讲,他自信地预测这项议案将迅速推进。他宣称,女性们完全有理由相信,她们的选举权近在咫尺。

的确,通过选举权议案的时机已经成熟。50 年来,这条道路从未如此清晰过,因为普通立法的暂时缺失为选举权改革议案留出了空间。然而,当首相在下议院被问及他是否会尽早给议员讨论的机会时,答案并不鼓舞人心。阿斯奎斯先生说,政府准备在会议结束前给予充分讨论和二读表决的时间,但他们不会提供任何进一步的便利。他坦率地表示,他个人不希望这项议案通过,但政府意识到,如果下议院有这样的意愿,他们应该有机会有效地处理整个问题。

这番含糊其词的话被大多数妇女参政论者、媒体和公众普遍理解为,政府正准备得体地让步于下议院通过这项议案的毋庸置疑的意愿。但妇女社会政治联盟对此表示怀疑。阿斯奎斯先生的话模棱两可,可以有好多种理解。这可能意味着他准备接受多数人的意见,让议案通过所有阶段。这当然会是让下议院有机会有效处理整个问题的唯一途径。另一方面,阿斯奎斯先生也可能打算让这项议案通过辩论阶段,然后在委员会中被扼杀。我们担心有人叛变,但鉴于政府已宣布将 7 月 11 日和 12 日定为二读辩论日,我们保持了冷静等待的态度。7 月 26 日被定为议会休会日,如果议案在 12 日获得通过,将有充足的时间完成最后阶段的工作。当一项议案通过二读时,通常会被送到楼上的重大委员会,该委员会在下议院处理其他事务期间开会，因此委员会阶段①可以在没有特别便利的情况下进行。直到审议阶段结束，议案才会被送回下议院，届时将进行三读，也是最后一读。这项程序最多只需要一周时间。议案也可提交全院审议，在这种情况下，除非得到特别便利，否则不能进入委员会阶段。在我们的文章和许多公开演讲中，我们敦促议员们投票将议案提交给重大委员会。

在议案二读之前的几天，有传言说劳合-乔治先生将发言反对它，但我们拒绝相信这种说法。劳合-乔治先生表现得这么多变对女性是不公平的，他一贯以妇女选举权的坚定支持者自居，我们不相信他会在最后关头背叛我们。我前面的章节引用了温斯顿·丘吉尔先生对敦提女性的讲话，这项议案的发起人也指望他，因为众所周知，他曾不止一次地对议案的目标表现出同情。但当辩论开始时，我们发现这两位热心的妇女参政论者都反对这项议案。丘吉尔先生发表了一篇中规中矩的反选举权的演讲，他在演讲中说，妇女不需要选举权，她们真的没有什么不满，他抨击《调解议案》，因为根据这项议案将获得选举权的妇女阶层并不合他的意。他承认，有些女性应该获得选举权，他认为最好的计划是在考虑财产、所受教育和收入能力的基础上，挑选出"一些所有阶层中最优秀的女性"。这种特别的选举权会经过仔细斟酌，"以便不会总体上使有产者对工薪阶层产生不当的优势"。没有比这更荒诞、更不可能得到下议院支持的提议了。丘吉尔先生反对这项议案的第二个理由是它是反民主的！在我们看来，什么都比他提议的"花式"选举权来得民主。

---

① 委员会阶段，英国上议院和下议院委员会审议议案二读与三读之间的阶段。

劳合-乔治先生说,他同意丘吉尔先生所说的"相关的和不相关的"一切。他提出了一个惊人的论断,即起草议案的调解委员会是一个"在下议院外开会的妇女委员会"。他还认为这个委员会和下议院说,他们不仅必须投票支持妇女选举权议案,而且"你们必须按原样投票支持我们赞成的东西,我们甚至不允许你们审议任何其他形式的东西"。

当然,这些说法是完全错误的。《调解议案》是由男性起草的,它的提出是因为政府拒绝推行一项议案。妇女参政论者本来非常乐意让政府审议一种更广泛的选举形式。因为他们拒绝审议任何形式的这类议案,所以才提出了这项私人议案。

这一事实是在劳合-乔治先生的演讲中提出的。他说,有人力劝他,这项议案总比没有议案要好,但为什么要把它作为备选项呢?"另一个选项是什么?"一位议员喊道。但劳合-乔治先生漫不经心地回避了这个问题。"噢,我现在还不能说。"

后来他说:"如果这项议案的发起人说,他们仅仅把二读看作对妇女选举权原则的肯定,如果他们承诺,当他们重新提出这项议案时,它的形式能够让下议院提出各种限制或延伸的修正案,我将很高兴投票支持这项议案。"

菲利普·斯诺登先生在回应这个问题时说:"如果阁下代表政府或首相本人承诺给予下议院讨论另一种形式的选举权议案并通过其各个阶段的机会,我们将撤回这项议案。如果我们不能得到这样的机会,那么我们会继续提出这项议案。"

政府对此完全没有回应,辩论继续进行。他们进行了 39 次演讲,首相在他的演讲中明确表示,他打算用一切力量阻止这项议案成为法律。他一开始就说，选举权议案不应该提交给重大委员会，而应该提交给全院委员会。他还说，他的条件，即大多数女性应该毫无疑问地表明她们渴望获得选举权，并且议案的条款应该是民主的，没有得到遵守。

在分组表决时，大家看到，《调解议案》以 109 票的优势通过了二读，这比政府著名的预算或上议院决议所获得的多数优势还要明显。实际上，在那届议会中，没有任何其他议案获得了如此巨大的多数优势——299 票赞成，190 票反对。然后，出现了应该由哪个委员会来处理这项议案的问题。阿斯奎斯先生曾说过，所有的选举权议案都应提交全院委员会审议，因此在分组表决时，他的话打动了许多这项议案的真诚支持者，他们把它提交给全员委员会。另一些人明白这只是恶作剧，但他们害怕触怒首相。当然，所有反对妇女参政的人都投了同样的票，因此，这项议案被送交全院。

那时这项议案甚至本来可能被推进到最后一读。由于上议院和下议院之间的僵局，几乎所有重要的立法工作都停止了，下议院有的是时间。国王去世后，保守党和自由党领导人安排了一次会议，以协调有争议的问题，但这次会议还没有汇报。因此，议会手头没什么事务。人们向政府施加了尽可能强烈的压力，要求它为《调解议案》提供便利。为支持这项议案，人们举行了许多会议。争取妇女选举权男性政治联盟、争取妇女参政权男性联盟和调解委员会在海德公园举行了一次联合集会。一些老派的妇女参政论者在特拉法尔加广场举行了另一次大型集会。妇女社会政治联盟在 7 月 23 日，也就是1867 年工人们为争取选举权而推倒海德公园围栏的纪念日，在那里举行了另一次大规模的示威。人们清理了半平方英里的空间，搭建了 40 个讲台，两支浩浩荡荡的队伍从东向西向会场行进。许多其他选举权团体在这个场合与我们合作。就在那次集会当天，阿斯奎斯先生写信给李顿勋爵，拒绝在这届议会上给这项议案留出更多时间。

那些仍然相信政府能够听从劝导而公正对待女性的人把希望寄托在议会的秋季会议上。不仅选举权团体发出了敦促政府在秋季为这项议案提供便利的决议，许多男性组织也发出了此类决议。包括利物浦、曼彻斯特、格拉斯哥、都柏林和科克在内的 38 个城市的市政委员会都发出了这样的决议。人们纷纷要求内阁大臣们接待妇女代表团，由于国家即将举行大选，自由党需要妇女的服务，不能完全忽视他们的要求。10 月初，阿斯奎斯先生接待了一个由他所在的东法夫选区的女性组成的代表团，但他只能告诉她们，这项议案在当年无法推进。"那明年呢?"她们问道。他简短地回答:"拭目以待吧。"

在这些动荡不安的日子里，要让妇女社会政治联盟的所有成员都遵守休战协定是极其困难的，而当《调解议案》注定前景黯淡这一情况变得十分明显时，战争又一次爆发了。11 月 10 日，在阿尔伯特音乐厅举行的一次重要会议上，我亲自下了战书。我说，因为我想让公众和我们的成员都能清楚地了解整件事:"这是妇女社会政治联盟为确保这项议案通过并成为法律所做的最后一次合乎宪法的努力。如果我们做出了努力，这项议案还是被政府否决，那么首先，我不得不说休战结束了。如果有人对我们说，他们没有权力在下议院为我们的议案争取时间，那么我们的第一步就会说，'既然你们没有帮助我们，我们就把它从你们手中夺过来，我们自己继续坚持运动的方向。'"

我宣布，必须再派一个代表团到下议院向首相递交请愿书。我将亲自带队，如果没有人愿意跟我去，我就一个人去。顿时，整个大厅里的女性都一跃而起，喊道："潘克赫斯特夫人，我要和你一起去！""我要去！""我要去！"我知道，我们勇敢的女性一如既往地准备为自由事业奉献自己，如果必要的话，可以献出自己的生命。

议会秋季会议于 11 月 18 日星期五召开，阿斯奎斯先生宣布，议会将于 11 月 28 日休会。在他的演讲正在进行时，450 名女性，为了严格遵守法律条文，分批从卡克斯顿大厅和联盟总部出发游行。

那个"黑色星期五"的代表团团长，1910 年 11 月

如何叙述那个留在我们记忆中的可怕日子——"黑色星期五"的故事呢？如何描述在英国政府命令下发生在英国女性身上的事情呢？这是一项艰巨的任务。我会尽可能简单准确地讲出来。我知

道,将这简单明了的事实直截了当地说出来会让人难以置信。

别忘了,当时这个国家正值大选前夕,自由党需要女自由党人的帮助。这一事实使得大规模逮捕和监禁要求通过《调解议案》的大量女性,从政府的角度看上去极其不可取。妇女自由联合会也希望《调解议案》通过,不过她们还没有准备好为此而战。政府担心的是,女自由党人会被我们的苦难打动,而不为该党做选举工作。因此,政府构思了一个计划,准备让妇女参政论者受到惩罚,让她们因进入下议院的目的受阻而撤退,但不逮捕她们。命令显然已经下达了,警察会出现在街上,这些女性会被从一个穿制服或不穿制服的警察那里扔到另一个警察那里,她们受到了如此粗鲁的对待,极度的恐惧会让她们撤退。我说命令已经下达,这么说的证据,我首先要指出的是,之前无论在什么场合,警察都是先试图让代表团撤退,当女性们坚持往前走时,就逮捕她们。有时个别警察对我们表现出残忍和恶意,但从

这样的场景在"黑色星期五"上演了好几个小时,1910 年 11 月

在"黑色星期五"遭到袭击的
妇女参政论者

未出现过像"黑色星期五"那样整齐划一的大规模暴行。

政府很可能希望群众效仿警察对女性的暴力行为，但事实证明，群众非常友善。他们推搡着为我们让出一条清晰的通道，尽管警察竭力阻拦，我的小代表团还是成功到达了陌生人入口的门前。我们走上台阶，听着满街人热情的欢呼声，我们在那里站了几个小时，凝视着下方的景象，那是我希望永远不要再看到的景象。

每隔两三分钟，就有三五成群的女性出现在广场上，试图在陌生人入口加入我们。她们举着小横幅，上面写着各种口号，"阿斯奎斯否决了我们的议案""哪里有议案，哪里就有办法""女性的意志打败了阿斯奎斯的意志"，等等。这些横幅被警察没收并撕成了碎片。然后他们把手放在女性身上，把她们从一个男人手上扔到另一个男人手上。一些警察用拳头打女性的脸、乳房和肩膀。我看到一个被接连推了三四次的女人最后迷迷糊糊地躺在路边，伤得很重，被好心的陌生人抬走了。随着越来越多的女性来到现场，斗争变得越来越激烈。其中很多女性是艺术、医学和科学领域的杰出人士，在欧洲享有盛誉，却被像罪犯般对待，而这一切都是因为她们坚持要求和平请愿的权利。

这场斗争持续了大约一个小时,越来越多的女性成功地从警察中间挤过去,登上了下议院的台阶。随后,骑警被召来驱赶女性。但是,女性们下定决心,不惧铁蹄,也不惧警察逼人的暴力,她们没有偏离自己的目标。这时人群开始窃窃私语。人们开始质问:为什么这些女性会受到殴打?如果她们触犯了法律,为什么不逮捕她们?如果她们没有触犯法律,为什么不允许她们不受干扰地继续前进?在很长一段时间,将近五个小时里,警察继续驱赶和殴打这些女性,人群在为她们辩护时也变得愈加骚乱。后来,警察不得不开始抓人。115名女性和4名男性被捕,其中大部分人鼻青脸肿、哽咽窒息或受到了其他伤害。

当这一切在下议院外发生的时候,首相却固执地拒绝听取下议院中一些比较理智、热爱正义的议员的建议。基尔·哈迪、阿尔弗雷德·蒙代尔爵士等人敦促阿斯奎斯先生接见代表团,卡斯尔雷勋爵甚至提出了对一项政府提案的修正案,这又是一项迫使政府立即为《调解议案》提供便利的提案。我们听说了发生的事情,我请来了一位又一位友好的议员,尽一切努力说服他们支持卡斯尔雷勋爵的修正案。我指着广场上正在进行的残酷的斗争,恳求他们回去告诉其他人,必须制止这场斗争。然而,尽管他们中的一些人无疑十分苦恼,但他们十分确信地告诉我,这个修正案没有丝毫希望。

我喊道:"难道下议院中没有一个男人愿意为我们站出来,让整个下议院明白这项修正案必须向前推进吗?"

好吧,也许确实有男人在场,但除了52个男人之外,其他人都把对党派的忠诚置于男子气概之上,而且,因为卡斯尔雷勋爵的提议意味着对政府的谴责,他们拒绝支持它。然而上述局面也是直到阿斯奎斯先生使出他惯用的伎俩，承诺将来会采取行动，才出现的。在这种情况下，他答应在下周二代表政府发表声明。

第二天上午，选举权因犯在治安法庭被提审。或者更确切地说，他们一直在法庭外等着，而代表警察局长起诉的马斯克特先生向震惊的治安法官解释说，他接到内政大臣的命令，要求释放所有因犯。据说，丘吉尔先生已经仔细考虑过这件事，并判定"继续起诉不会获得什么公共利益，因此不会提供对因犯不利的证据"。

据报纸报道，法庭上发出了一阵闷闷的笑声和轻蔑的嘘声，在秩序恢复后，因犯们被分批带进来，并被告知他们已经获释了。

在接下来的星期二，妇女社会政治联盟在卡克斯顿大厅举行了另一次妇女议会会议，听取了来自下议院的消息。阿斯奎斯先生说："如果现在的政府仍会执政，他们将在下一届议会中提供便利，以便有效推进一项允许自由修正的选举权议案。"他不保证在那届议会的第一年就能做到这一点。

我们要求为《调解议案》提供便利，而阿斯奎斯先生的承诺过于含糊、过于模棱两可，无法让我们满意。当时即将解散的议会只持续了将近十个月。下一届可能也不会持续太久。因此，像往常一样，阿斯奎斯先生的承诺毫无意义。我对女性们说："我要去唐宁街。你们都一起来吧。"然后我们就去了。

我们在唐宁街看到一小队警察，很容易地就突破了他们的防线，如果不是增援的警察赶到，我们都能闯入首相官邸了。阿斯奎斯先生本人出乎意料地出现了，而且正如我们所想的那样，他是恰好在那里。他还没意识到发生了什么，就发现自己被愤怒的妇女参政论者包围了。在被警察救出去之前，他被狠狠地骂了一顿，据说还被人使劲摇晃。当他坐的出租车疾速驶离时,有东西击中了一扇车窗,把它打碎了。

另一位内阁部长比勒尔先生糊里糊涂地卷入了这场混战,我不得不说他被彻底挤倒了。但他的腿被女人们打伤的说法并不属实。他是因为匆忙跳上一辆出租车才轻微扭伤了脚踝。

那天晚上到第二天,爱德华·格雷爵士、温斯顿·丘吉尔先生、刘易斯·哈考特先生和约翰·伯恩斯先生家的窗户都被打破了,还有首相和财政大臣官邸的窗户也被打破了。

那个星期有 160 名妇女参政论者被逮捕,但除了被指控打破窗户或袭击的人之外,其他人都获释了。法庭这一让人吃惊的举动证实了两件事:第一,当内政大臣声称他对起诉和判决选举权囚犯没有责任时,他撒了天大的谎;第二,政府充分意识到,监禁那些为争取公民身份而奋斗的品行良好的女性是一种糟糕的选举策略。

第八章

在上一章记载的事情发生之后,我即刻起航,踏上我的第二次美国之旅。我很高兴地看到一场充满活力、进步的选举权运动,而以前这里的大多数人认为,赞成男女平等的政治权利只存在于学术理论中。我的第一次集会是在布鲁克林举行的,走在这座城市主要街道的身夹广告牌的女性为我做了宣传,这很像我们国内激进的妇女参政论者。我发现,在纽约,街头集会如今每天都在发生。妇女政治联盟已经采取了选举政策,我走遍这个国家,远至西部,我发现女性觉醒了,她们意识到政治行动的必要性,而不仅仅停留在选举权的讨论上。

我对美国的第二次访问,就像第一次一样,记忆被悲伤笼罩着。我回到英国后不久,我心爱的妹妹玛丽·克拉克夫人就去世了。我妹妹是无比热心的妇女参政论者和妇女社会政治联盟的重要工作人员,也是"黑色星期五"在议会广场上遭到骇人虐待的女性中的一位。她还是几天后向一处官邸的窗户扔石头来向政府表示抗议的女性中的一位。因为这一行为她被送到霍洛威监狱服刑一个月。12月21日,她获释了,那些了解她的人显然能看出,她的健康已因"黑色星期五"的可怕经历和随后的牢狱之灾而严重受损。在圣诞节那天她猝然长逝,这让她所有的同伴都悲痛万分。她并不是因为那一天而牺牲性命的唯一一人。还有其他人死亡,大多数死于心脏衰竭。1911 年 1 月 2 日,亨利亚·威廉姆斯小姐死于心力衰竭。塞西莉亚·沃尔斯利·黑格小姐也是受害者。她在"黑色星期五"遭受的虐待导致她患上了一种痛苦的疾病,在经受一年的剧烈折磨后,她于1911 年 12 月 21 日去世。

要公布在英国选举权运动中死亡或留下终生伤害的女性的完整名单,几乎是不可能的。

"黑色星期五"的骚乱场面,
1910 年 11 月

在很多案例中,细节从未公开过,我觉着在此不方便记录。一个非常著名、公众有权知悉的案例是康斯坦斯·李顿夫人的例子,她是李顿伯爵的姐姐,还担任调解委员会主席。1909 年,康斯坦斯夫人曾两次因为选举权活动入狱,又两次因为她的地位和家庭影响力获得特权。尽管她提出抗议,并恳求得到与其他选举权囚犯相同的待遇,但势利而懦弱的当局还是坚持把她留在医院的牢房里,在她的刑期结束前就把她释放了。这样做的理由是她的身体不好,她确实患有心脏瓣膜病。

康斯坦斯·李顿夫人为她的战友在这种区别对待中遭受的不公

感到痛心，做出了选举权运动史上最英勇的事情之一。她剪掉了自己美丽的头发，乔装打扮，穿上廉价丑陋的衣服，以"简·沃顿"的身份参加了纽卡斯尔的示威活动，再次遭到逮捕和监禁。这一次，当局把她当作普通囚犯对待。他们没有检查她的心脏，也没有对她进行充分的体检，就让她承受强迫喂食的恐怖暴行。由于身体虚弱，她每次都恶心得要命，有一次医生的衣服被她弄脏了，医生轻蔑地打了她的脸颊。这种待遇一直持续到这名囚犯的身份突然暴露为止，当然，她立即就被释放了，但她再也没有从这次经历中恢复过来，现在已病入膏肓。[1]

在这里我要说，外面那些善意的朋友说我们遭受这些监禁、绝食抗议和强迫喂食的恐怖经历，是因为我们想为这项事业殉道，这是完全错误的。我们进监狱从来都不是为了成为殉道者。我们去那里是为了获得公民权。我们违反法律，以便迫使男人们给予我们制定法律的权利。这就是男人们获得公民权的方式。马志尼[2]说得没错，改革之路总是要通过监狱。

1911 年 1 月举行的大选结果是自由党再次掌权。议会于 1 月 31 日召集会议，但会议在 2 月 6 日才正式开幕，会上宣读了国王的讲话。会议的议程包括上议院的否决议案、地方自治、议员薪酬和废除多次投票制。会上还提到了伤残保险和对养老金议案的某些修正。妇女选举权未被提及。尽管如此，我们还是异常幸运，调解委员会成

---

① 康斯坦斯·李顿夫人在她由海尼曼出版社出版的《监狱与囚犯》一书中讲述了这段惊心动魄的故事。——原注

② 马志尼，即朱塞佩·马志尼，19 世纪意大利革命家、民族解放领袖，为意大利独立做出了重要贡献。

员在投票中获得了前三个席位。爱尔兰议员菲利普斯先生获得第一个席位,但由于爱尔兰政党派决定在这届会议上不提出任何议案,他只好把位置让给了乔治·肯普爵士,后者宣布,他将利用自己的席位促成对新《调解议案》的二读辩论。旧议案的标题是"给予女性业主投票权的议案",这个标题使修正变得困难。新议案用了一个更灵活的标题,"赋予妇女议会选举权的议案",从而打消了劳合-乔治先生最合理的反对意见之一。10英镑的占有权条款被省略了,因而也打消了另一项反对意见,即"结伙选举"的可能性,"结伙选举"就是有钱人通过让女儿们成为他自己资产的业主这一简单的权宜之计,将选举权授予这个家庭。《调解议案》现在调整为:"1. 每一位拥有《人民代表法》(1884 年)意义上的家庭资格的妇女都有权登记为选民,并在登记时在符合资格的房产所在的郡或自治市投票。

"2. 就本法而言,妇女不得因婚姻而丧失登记为选民的资格,但丈夫和妻子不得同时登记为同一议会选区或郡选区的选民。"

这项议案比最早的议案得到了更热烈的支持,因为人们相信它会赢得那些认为最初的议案没有达到真正民主的议员的投票。然而,首相从一开始就表明他打算反对它,就像他反对以前所有的选举权议案一样。他宣布,复活节前的所有周五,以及通常用于审议私人议案的周二和周三的所有时间,都要用来审议政府的议案。几乎没有自由党人反对这一武断的裁决。实际上爱尔兰议员还对此感到高兴,因为这给《地方自治议案》带来了优势。工党成员似乎沾沾自喜,而这个联盟的其他人无动于衷。一位自由党普通议员甚至起身感谢首相在讨论环节结束时表现出的礼貌。反对党表现出了一些反抗的姿态,但保守党的愤怒被一种反思缓和,这种反思就是一旦他们的政党上台，沿袭这种先例可能对他们有利。

乔治·肯普爵士随后宣布，他将在 5 月 5 日对《调解议案》进行二读，议案的支持者根据他们不同的信念开始为推进其利益而努力。妇女社会政治联盟确信，阿斯奎斯先生的政府除非被迫否则不会允许这项议案通过，我们采取了自己的方法，以确保政府做出明确的承诺，即他们将为这项议案提供便利。

那年 4 月，人口普查即将进行，我们组织了一次妇女抵制人口普查的活动。根据我们的法律，每十年必须在一个指定的日子对整个王国进行一次人口普查。我们的计划是通过拒绝提交所需的回执来降低人口普查的统计学价值。出现了两种抵制方式。第一种也是最重要的一种方式是，拒绝填写人口普查文件的业主的直接抵抗。这将使登记者面临 5 英镑的罚款或一个月的监禁，因此需要相当大的勇气。第二种抵抗方式是逃避——在普查员进行人口普查的整个过程中都不在家。我们宣布了这项计划，立即得到了女性们的热烈响应，而保守的公众则惊恐地表示反对。《泰晤士报》在一篇重要话题文章中表达了这种反对意见，我回应了这篇文章，给出了我们抗议的理由。我写道："人口普查，是要确定人口的数目。除非妇女在这个国家的议会的代表权方面和纳税方面都被算作人，否则我们将拒绝被纳入统计。"

提到男性在没有女性协助的情况下为保护妇孺而制定的法律，我有一种非常特殊的感情。根据我作为济贫法监护人和出生、死亡登记员的经验，我知道这些法律在保护方面的不足是多么可笑，更确切地说，是多么可悲。以被大肆吹嘘的 1906 年"儿童宪章"为例，这项议案让劳合-乔治先生名扬世界。这项旨在保护和改善儿童生活的法案,其中的谬误和不公都能写成一卷书了。该法案的一个显著特点是,它把疏于照管儿童的大部分责任推给了母亲,而根据英国的法律,母亲没有作为家长的权利。这一时期有两三个特别引人注目的案例,为抵制人口普查提供了更多的理由。

安妮·伍尔莫的案例十分让人同情。她因疏于照顾自己的孩子而被捕,并被判处在霍洛威监狱服刑六周。有证据表明,这名妇女与她的丈夫和孩子住在一间简陋的小屋里,虽然屋里有水,但很难保持干净整洁。事实上,这个可怜的人,因贫穷而变得体弱多病,不得不把她用过的水送到很远的地方。孩子们和房子里都很脏,这是事实,但孩子们营养良好,受到了善待。丈夫是一名工人,大部分时间都没有工作,他做证说他的妻子"饿着肚子养活孩子"。尽管如此,她还是违反了"儿童宪章"的条款,进了监狱。我要很高兴地说,由于妇女参政论者的努力,她被赦免了,并拥有了更好的家庭环境。

另一个案例是海伦·康罗伊,她被指控与丈夫和七个孩子(最小的才一个月大)同住在一间破旧的屋子里。根据法律,母亲禁止与婴儿同床过夜,而对她的部分指控是,孩子被发现睡在一箱潮湿的稻草中。毫无疑问,她更希望有个摇篮,甚至一箱干稻草也行。然而,极度贫困条件下不可能有摇篮,而公寓的环境又让稻草变得潮湿。在这种情况下,父母都被送进监狱做了三个月苦工。治安法官随后说了句,这些穷人住的房子两年前就已经是危房了,但一些有头有脸的业主仍在收着租金。

另一位可怜的母亲因为无力支付房租而被扫地出门,带着她的四个孩子去了空旷的野外,当人们发现她时,她和孩子们睡在一个砾石坑里。她被送去坐了一个月牢,孩子们去了济贫院。

　　这些不幸的母亲是妇女受奴役的必然结果，她们本身就足以作为公然反抗剥夺妇女自由决定自己命运权利的政府的正当理由。到4月1日，我们还没有从首相那里得到任何承诺，于是我们开始抵制人口普查，而且非常成功。全国各地成千上万的女性拒绝或逃避普查。我把写着"没有投票权就不参与普查"的人口普查文件退了回去，其他女性也纷纷效仿。一名女性在空白处填上了她一个男仆的全部信息，并补充说，她家里有很多女人，但没有更多的"人"了。在伯明翰，十六名富有的女性让自己的房子挤满了女性抵抗者。她们睡在地板、椅子、桌子上，甚至浴室里。一所大型学院的校长向300名女性开放了校内建筑。其他城市的许多女性为不愿回家的朋友举行通宵聚会。在一些地方，无人居住的房屋被抵抗者租下过夜，她们躺在光秃秃的木板上。一些女性团体租用吉卜赛人的大篷车，在荒野上过夜。

　　在伦敦，普查之夜，我们在女王大厅举办了一场盛大的音乐会。我们中的许多人在特拉法尔加广场一直漫步到午夜，然后又去了奥德维奇溜冰场，在那里玩到天亮。一些人在滑冰，另一些人则在一旁观看，欣赏着令人赞叹的音乐和戏剧演出，借此打发时间。我们请来了许多戏剧界最耀眼的明星，他们都慷慨贡献。当时正是星期天晚上，主席不得不请每位艺术家"发言"，而不是唱歌或者表演其他节目。附近一家通宵营业的餐馆生意很好，总的来说，女性抵抗者玩得很开心。另一个通宵娱乐场所是斯卡拉剧院。

　　大家都很好奇，想看看政府会想出什么办法来惩罚这些造反的女性，但政府意识到采取惩罚措施是不可能的，负责人口普查的地方政府委员会主席约翰·伯恩斯先生宣布，他们已决定宽宏大量地对

全国成千上万的女性在人口普查之夜就这样睡在无人居住的房子里

待这件事。他宣称,逃避普查的人数微不足道。但人人都知道这与事实完全相反。

议会在 5 月 5 日对《调解议案》进行了辩论,并以 137 票的巨大优势通过了二读。现在,公众和部分媒体联合起来,强烈要求政府顺应下议院确定无疑的意愿,为这项议案提供便利。调解委员会派了一个议员代表团去见首相,提醒他不要忘记自己选举前做出的承诺,即下议院应该有机会处理整个妇女选举权问题,但他们只是得到了首相已经在考虑这个问题的保证。月末,下议院宣布,政府不会在这届会议期间提供便利,但是,由于新议案满足了首相提出的条件,现在可以进行修订,政府认识到,他们有义务在本届议会的某次会议上提供便利。他们将在下次会议上准备好,当议案再次进行审议时,要么在投票中获得一个好结果，要么（如果前一种情况没有发生）政府为此目的批准一个星期时间，他们认为这是发起人建议的为更进一步的阶段留出的合理时间。

做出这一承诺是为了阻止妇女社会政治联盟在国王加冕仪式上进行激进的示威。

基尔·哈迪问，政府是否会通过终止辩论提付表决或其他方式确保议案在本周内通过，首相回答说："不，我不能做出这样的保证。毕竟，这是一个非常重大的问题。"

这一答复似乎使得政府的承诺实际上毫无价值。调解委员会也意识到这项议案得到详尽讨论的可能性，李顿勋爵写信给阿斯奎斯先生，要求他保证所提供的便利不是为了学术讨论，而是为实施这项议案提供有效的机会。他还要求，不要严格限定规定的一周时间，如果在规定的时间内通过委员会阶段，可增加几天用于报告和三读阶段。还有一项要求是有合理的机会利用终止辩论提付表决。对于李顿勋爵的信，首相答复如下：

> 我亲爱的李顿，在答复你关于《妇女选举权议案》问题的来信时，我想请你参考爱德华·格雷爵士最近在全国自由党俱乐部的一次演讲中的言论，其准确地表达了政府的意图。
>
> 因此（为了回复你询问的具体问题），我们会弹性地解释所提出的"一周"，政府不会对适当利用终止辩论提付表决设置什么障碍，而且如果（如你所建议的）议案在提议的时间内通过委员会辩论，我们不会拒绝为报告和三读额外提供几天。

尽管政府对这项议案有何价值意见不一,但他们一致决定不仅在文字上而且在精神上履行我在上次大选前代表他们所作的关于便利的承诺。

你诚挚的,

H.H.阿斯奎斯

在这一点上一直持怀疑态度的妇女社会政治联盟现在确信,政府是真诚地承诺在下一年为这项议案提供充分的便利。我们在女王大厅举行了一次令人愉快的群众集会,我再次宣布,反对政府的战斗已经结束。我们的新策略是发起一场伟大的假日活动,目的是在1912年取得绝对的胜利。选民必须被唤醒,议员则要坚持他们的立场。女性必须被组织起来,以便她们直面对国家社会福利有重大影响的问题。我选择了苏格兰和威尔士作为我假期工作的地点。

可以说,我们的信心得到了广大公众的充分认同。《国家》杂志上发表的一篇社论准确地反映了人们对阿斯奎斯的承诺的信任,文中写道:"从首相在上周六报纸上刊登的那封给李顿勋爵的坦率而毫不勉强的信上签名那一刻起,女性离成为选民和公民就只差法律程序了。至少两年来(如果不是更久的话),除了给下议院一个充分而公平的机会将其信念转化为法规的精确语言外,什么都不缺了。已有人承诺在下届会议上提供这个机会,并承诺在确保成功的条件下提供这个机会。"

我们认为,我们唯一需要担心的是对议案的破坏性修正,在我们采取的新的补选政策中,所有拒绝承诺支持调解委员会通过议案、拒绝投票反对委员会认为危险的任何修正案的各党派候选人，我们都反对。我们认为，我们已经考虑到了所有可能发生的灾难。但我们还未真正了解阿斯奎斯内阁的背信弃义和他们冷血的撒谎能力。

劳合-乔治先生从一开始就是这项议案的公开反对者，但由于我们毫不怀疑首相的诚意，我们只能认为劳合-乔治先生已经脱离政府主体，成为自封的反对派领袖。他在向一个大型自由党团体发表讲话时建议自由党人为一项"民主议案"投票，以便要求首相承诺在下届会议上为这项议案提供便利。在另外一两次演讲中，他含糊地暗示了提出另一项选举权议案的可能性。他自己的想法是修正议案，赋予所有选民的妻子投票权——使已婚妇女凭借其丈夫的资格成为选民。这样一项修正案不可避免的结果就是让我们的议案大打折扣，因为它将使约 600 万女性获得选举权，而最初的条款是可以让除此之外的 150 万女性获益。在英国，选民人数如此大规模的增加是前所未有的。通过 1832 年的《改革议案》获得选举权的人数不超过 50 万。1867 年的《改革议案》接纳了 100 万新选民，1884 年的《改革议案》可能承认了 200 万。劳合-乔治先生的建议如此荒谬，我们甚至都没把它当真。他的反对意见没有引起我们严重的恐慌，直到 8 月的一天，威尔士议员莱夫·琼斯先生在下议院的发言席上问首相，他是否知道他在下届会议上为《调解议案》提供便利的承诺是专门用于这项议案的，并进一步要求声明，承诺的便利将同样平等地给予任何其他可能获得二读并能进行修正的选举权议案。劳合-乔治先生代表政府回应说，他们不能承诺为同一主题的多项议案提供便利，但他们认为任何符合这些标准并获得二读的议案都能被包含在内。

李顿勋爵对这种公然逃避神圣承诺的行为感到震惊，他再次写

信给首相,回顾了整件事,并要求再次说明政府的意图。以下是阿斯
奎斯先生回复的内容:

> 我亲爱的李顿,我可以毫不犹豫地说,政府和代表政府所作
> 的关于为《调解议案》提供便利的承诺,将在文字和精神上得到
> 严格遵守。
>
> 你诚挚的,
>
> H.H.阿斯奎斯
>
> 1911 年 8 月 23 日

我们又打消了疑虑,而且我们对首相承诺的信任在整个竞选过
程中始终没有动摇过,尽管劳合-乔治先生不断暗示为这项议案提供
便利的承诺完全是虚幻的。两个月后,在美国时有人问我:"英国女
性什么时候才能投票?"我十分肯定地回答:"明年。"

当时是在肯塔基州的路易斯维尔,我在那里参加了全美妇女选
举权协会 1911 年的年会。

我对这第三次的美国之行记忆犹新。在纽约,我是约翰·温斯
特·布兰南医生及其夫人的客人,承蒙作为所有城市医院负责人的
布兰南医生的好意,我对美国的刑罚制度和机构生活有了一些了解。
我们探访了布莱克威尔岛上的济贫院和监狱,虽然有人告诉我这些
地方未被看作示范性的机构,但我可以向我的读者保证,它们比英国
的监狱要好得多,在那里,女性因试图赢得政治自由而受到惩罚。在
美国的监狱里,尽管在某些必需品方面有所欠缺,但我没有看到单独
监禁,没有保持沉默的规定,没有致命的官僚主义气息。食物不错,

种类繁多，最重要的是，工作人员和囚犯之间有一种亲切而友好的气氛，这在英国是完全没有的。

但不管怎样，在美国和在其他国家一样，没有选举权的女性和国家之间的关系问题仍悬而未决、不尽如人意。一天晚上，我的朋友们带我去了那阴森可怕的地方——女子夜间法庭。我们和治安法官一起坐在长椅上，他彬彬有礼地向我们解释了一切。整件事都令人心碎。除了一个老酒鬼外，所有的女人都被指控拉客。她们中的大多数人生来高贵，这一切看起来是那么绝望，显而易见，她们是一个邪恶体系的受害者。她们被判刑已成定局。

治安法官说，在大多数情况下，她们来这里是因为经济窘迫。有个案例是一个小雪茄制造商，她简略地说，她只在失业时才去街头，在有活的时候她每周能挣到 8 美元，这是非常悲惨而令人同情的。从那以后，我的演讲就不能不提到夜间法庭了。女性生活中所有可怕的不公之处似乎都映射在那个地方。

在这次访问中，我向西最远到达了太平洋沿岸，在西雅图度过了圣诞节，并第一次看到一个男女完全平等的社区。这是一次愉快的经历。正如我给我们成员的信中所说，在我眼中，西部各州的男人似乎都是热心、认真、粗犷的人，他们在匆忙中建立了一个伟大的社会，而我从未见过像我有幸访问的这个普选州那样的，对女性表现出如此多的尊重、礼貌和骑士精神的地方。

不过，我的故事有点快进了。就在 11 月，当我在明尼阿波利斯市的时候，英国妇女参政论者遭受了毁灭性打击。我是通过报纸以及私人电报得知这一消息的，我无比震惊，几乎无法控制住自己去完成眼前的任务。这个消息就是，政府违背了他们的诺言，故意破坏

《调解议案》。听说了这种背信弃义的行为，我最先冒出的疯狂想法是取消所有约定，回到英国，但事实证明我最后决定留下是正确的，因为国内的女性一刻都没有浪费，以我们联盟成员每一次行动所特有的洞察力为指导，进行了反击。直到 1912 年 1 月 11 日，我才回到英国，而那时我已经完成了许多重大的事情。我们的运动已经进入了一个更具活力的斗争新阶段。

第三巻

女性革命

第一章

1911 年 10 月 25 日，议会再次召集会议，而政府方面的第一个举动，至少可以说是相当不祥的。首相提交了两项动议，第一项是授权他们在本次会议所剩阶段占用下议院的所有时间，第二项是终止《保险议案》的辩论直接付诸表决，以便在圣诞节前强制通过这项议案。对那项议案中关于女性的条款的辩论只被分配到一天的时间。这些条款是出了名的不公平，它们为大约 400 万女性提供疾病保险，而根本不为女性提供失业保险。根据这项议案的规定，1 100 万男性获得了疾病保险，约 250 万男性获得了失业保险。女性在与男性保费相同的情况下被给予的福利更少，而且根据家庭收入支付的保险金只记入男性的账户。起草的议案没有为那些一生都在家里工作的妻子、母亲和女儿提供任何形式的保险。它惩罚了待在家里的女性，而大多数男性都认为家里是女性唯一正当的活动范围。修订后的议案勉强准许在产妇津贴外为男工人的妻子提供小额保险，但条件相当苛刻。

再次当选的政府就这样第一次对女性表达了轻蔑的态度；紧接着，在 11 月 7 日，政府发表了一项几乎令人难以置信的声明：政府打算在下次会议上提出一项男性选举权议案。这项声明不是在下议院作出的，而是向来自人民选举权联盟的男性组成的代表团作出的，这个联盟是一个倡导成人普选的小团体。这个代表团的安排是非常私人的，由阿斯奎斯先生和当时埃利班克家族的马斯特（自由党鞭长）接待。发言人请求阿斯奎斯先生提出一项政府议案，争取包括成年女性在内的成人的普选权。首相回应说，政府已承诺为《调解议案》提供便利，这已经是他们在妇女选举权问题上能最大限度上做到的了。不过，他补充说，政府打算在下一次会议上提出并通过一项真正的改革议案，废除现有的选举权资格要求，代之以单一的居住即可获得资格。这项议案将只适用于成年男性，但它会被这样设计，在下议院希望扩展和修正的情况下，可以进行妇女选举权方面的修正。

这一不祥的声明犹如晴天霹雳，我们强烈谴责政府对妇女的背叛。《星期六评论》写道：

> 在给男人更多投票权方面完全没什么人提出诉求，甚至一丁点诉求都没有，而毋庸置疑的是，在给女人投票权方面诉求十分强烈，政府却公布了他们的《男性选举权议案》，并小心翼翼地回避了另一个问题！就一项赤裸裸的、公开的不公正划分选区的计划而言，肯定没有哪个政府能比得过这个政府。

《每日邮报》称，"阿斯奎斯先生提出的政策是完全站不住脚的"。《旗帜晚报》和《环球》称："我们不是女性选举权的支持者，但很难想象还有什么比政府所采取的态度更卑劣的了。"

如果政府想要通过不诚实地提及可能会有妇女选举权修正案来欺骗任何人，那么他们要失望了。《新闻晚报》称：

阿斯奎斯先生的重磅炸弹会把《调解议案》炸得粉碎,因为成年男性普选不可能实现,女性的财产资格也不可能实现。诚然,首相同意把妇女选举权问题留给下议院,但他很清楚下议院的决定会是什么。《调解议案》还有机会,但更大规模的议案完全没有机会。

我引用这些报纸社论上的话是为了向你们表明,我们对政府行动的看法甚至得到了新闻界的认同。在一个女性多出 100 万的国家里,普选权不可能在本书任何读者的有生之年实现[①],政府慷慨提出的可能的修正只不过是对妇女参政论者的无端侮辱。

休战期自然戛然而止。妇女社会政治联盟写信给首相,说政府的声明引发了恐慌,因此决定在 11 月 21 日晚上派一个妇女社会政治联盟的代表团去拜访他本人和财政大臣。代表团的目的是要求放弃拟议中的成年男性选举权议案,代之以一项给予男女平等选举权的政府议案。劳合-乔治先生也收到了一封类似的信。

在此前的危机中,妇女社会政治联盟曾六次要求与阿斯奎斯先生面谈,但每次都被拒绝了。这一次,首相回应说,他已决定在 11 月 17 日接待各选举团体组成的代表团,"如果你们愿意,这些团体也包括你们的"。有人提议,每个团体指定四名代表作为代表团的成员,由首相和财政大臣接待。

九个选举权团体派代表参加了会议,我们自己的代表是克丽斯特贝尔·潘克赫斯特、佩西克·劳伦斯夫人、安妮·肯尼小姐、康斯

① 这里的读者是指此书 1914 年出版时的读者。

坦斯·李顿夫人以及伊丽莎白·罗宾斯小姐。克丽斯特贝尔和劳伦斯夫人代表联盟发言，她们毫不犹豫地当面指责两位大臣欺骗并误导了女性。阿斯奎斯先生在答复代表团时对这些指责表示了不满。

他坚称自己遵守了关于《调解议案》的承诺。如果比起对他的改革议案进行修正，女性们更希望为这项议案提供便利，那他完全愿意这么做。此外，他还否认自己发表过任何新的声明。早在 1908 年，他就明确宣布，政府认为在这届议会结束之前提出一项男性选举权议案是一项神圣的职责。诚然，政府没有履行这一具有约束力的义务，而且，直到现在也没有再提过男性选举权议案，但这不是政府的错。上议院否决权的危机使这项议案暂时失去了意义。现在他只是提出要履行他在 1908 年做出的承诺，以及他为《调解议案》提供便利的承诺。他愿意履行这两项承诺。他很清楚，这两项承诺是不相容的，因此不可能同时实现，克丽斯特贝尔就这样坦率而无畏地向他说出了这个事实。"我们不满意。"她警告他。首相则挖苦道："我就没想让你们满意。"

妇女社会政治联盟立即作出了有力的回应。在佩西克·劳伦斯夫人的带领下，我们的女性带着石头和锤子出去了，打破了内政部、陆军部、外交部、教育委员会、枢密院办公室、财政部贸易委员会、萨默塞特宫、全国自由党俱乐部、几家邮局、旧宴会厅、伦敦银行和西南银行以及包括霍尔丹勋爵和约翰·伯恩斯先生住所在内的十几座其他建筑物的窗户。220 名女性被逮捕，其中约 150 人被判入狱，刑期从一周到两个月不等。

有一个人的抗议活动值得一提，因为它具有预见性。12 月，艾米丽·怀尔丁·戴维森小姐因试图放火焚烧议会街邮局的一个信箱而被捕。在法庭上，戴维森小姐说她这样做是为了抗议政府的背叛，并要求将妇女选举权的内容纳入国王的演讲中。她说："抗议的目的是严肃的，因此我采取了严肃的做法。在过去对改革的鼓动活动中，破窗后的下一阶段就是纵火，目的是让普通公民注意到改革的这个问题不仅是女性关心的问题，也是他们关心的问题。"

艾米丽·怀尔丁·戴维森

戴维森小姐因这一行为而被严判六个月监禁。

我从美国旅行回来看到的就是这种情况。想到我被监禁的战友们得到了稍好的对待，我感到很欣慰。自1910年初以来，政府已经作出了一些让步，并一定程度上承认了我们罪行的政治性质。在允许对正义作出这些微不足道的让步的间歇，我们放弃了绝食抗议，监狱里最可怕的东西——强迫喂食也被废止了。然而，情况已经够糟了，而且我能看出，还可能会变得更糟。我们已经到了这样一个阶段，仅仅是议员的同情，无论多么真诚，都不再有丝毫作用。我在回到英国的第一次演讲中提醒我们的成员，要求她们为更多的行动做好准备。如果下一次国王的演讲中仍没有妇女选举权的内容，我们就没有可能让政府触及选举权问题了。

1912 年 2 月议会开会时，国王在演讲中非常笼统地提到了选举权问题。他说，将提议修订关于选举权和选民登记的法律。这可以被理解为政府将提出一项男性选举权议案或废除多次投票制的议案（有人曾建议用它来替代男性选举权议案）。政府没有准确地说明其意图，整个选举权问题笼罩在一片疑云中。调解委员会的统一派成员阿格·加德纳先生在投票中抽到第三个席位，他宣布他会重新提出《调解议案》。我们对此没多少兴趣，因为我们知道成功的希望已经破灭了，《调解议案》对我们来说已经彻底成为过去式。从今以后，只有政府的议案才能让妇女社会政治联盟满意，因为显而易见，只有政府的议案才能在下议院获得通过。妇女自由联合会和全国妇女选举权协会怀着崇高的信念，更确切地说是怀着政治洞察力上可悲的匮乏，宣称对拟议的男性选举权议案的修正案充满信心，但我们知道这种希望是多么渺茫。我们看到，唯一的出路是坚决反对任何不把男女平等的选举权作为组成部分的选举权议案。

2 月 16 日，我们开了一次大会，迎接一些因前一年 11 月的破窗示威而坐牢两至三个月的获释因犯。在这次会议上，我们坦率地考察了形势，并商定了一项行动方针，我们认为这足以阻止政府推进他们具有威胁的选举权议案。我在这个场合说道：

"我们不想使用任何过于强势的武器。如果扔石头抗议，这一历史悠久的官方政治抗议是足够的，那么我们绝不会使用其他更激烈的抗议。这就是我们下次要用到的武器和抗议方式。所以我对我们示威活动的每一个志愿者说，'准备好使用这个抗议方式'。我负责示威，这就是我要使用的抗议。我不会因为任何情感上的原因而使用它，我用它是因为它是最简单、最容易理解的。为什么女性要去议会广场遭受被殴打的侮辱，而且最重要的是效果还不如我们扔石头呢？我们已经尝试了够久了。多年来，我们耐心地忍受侮辱和攻击。女性的健康受损，失去生命。如果这样的做法成功了，我们本不应介意，但这并没有成功，当我们允许他们打伤我们的时候，我们通过打破玻璃在比以往受到更少伤害的情况下取得了更多的进展。

"毕竟，一位女性的生命、她的健康、她的肢体难道不比一块块玻璃板更有价值吗？这一点毋庸置疑，但最重要的是，打破玻璃不是会对政府产生更大的影响吗？如果你正在打一场仗，那就应该决定你要选择什么武器。好吧，那么，如果仅仅是石头就能做到的话，我们这次就试一试。我认为我们没有必要像中国女性那样武装自己①，但如果有必要的话，有些女性准备这样做。在这个联盟中，我们不会失去理智。为了胜利，我们只能尽我们所能去争取胜利，我们将继续进行下一次抗议示威，并且完全相信，由我们今晚致敬的朋友们发起的这项运动计划将在下一次被证明是有效的。"

自从激进行动采取破坏财产的形式以来，国内外的公众普遍对打破窗户、焚烧邮筒等行为与选举权之间的逻辑联系表现出了好奇。那些一点历史知识都不懂的人才会好奇这种问题。因为人类政治自由的每一次进步都伴随着暴力和对财产的破坏。通常这种进步是以战争为标志的，这被看作光荣的。有时还会以骚乱为标志，虽然这被视为不太光彩，但至少是有效的。读者可能会觉得，我刚才引用的自己的讲话是在煽动暴力和非法行为，这些事情在一般情况下是不可原谅的。那么，我要提醒读者注意，在这方面，有一个相当奇怪的巧

---

① 指辛亥革命时期，中国妇女要求女子参政的革命运动。

合。就在我发表那篇演讲、向我的听众建议身体反抗在政治上的必要性的时候，在另一个城市的另一个大厅里，一位负责任的政府官员正在对他的听众说着同样的话。这位内阁大臣，尊敬的C.E.H.霍布豪斯，在他布里斯托选区的一次大型反选举权集会上说，选举权运动并不是一个政治问题，因为它的拥护者未能证明在这一运动背后存在着巨大的公众需求。他宣称："在选举权的诉求方面，并没有出现像1832年诺丁汉城堡或1867年海德公园栏杆那样的触发大众情感的起义。民众情感没有出现大的爆发。"

霍布豪斯先生提到的"触发大众情感的起义"指的是将反对选举权的纽卡斯尔公爵的城堡和另一位反对选举权议案的领袖的乡间住所考维克城堡付之一炬。当时激进的男士并没有选择无人居住的建筑来焚烧。他们当着主人的面烧掉了这两座历史悠久的宅子。实际上，考维克城堡主人的妻子因遭遇了那件事受惊而死。没有人被逮捕，也没有人进监狱。正相反，国王派人去找首相，恳求赞成选举权议案的辉格党大臣们不要辞职，并暗示这也是拒绝接受这项议案的上议院的愿望。莫尔斯沃思①的英国史中写道：

> 这些声明是迫切需要的。危险迫在眉睫，大臣们知道这一点，并尽其所能地安抚人民，向他们保证这项议案只是被推迟，而不是最终被否决。

有一段时间，人们相信这种说辞，但很快他们就失去了耐心，

---

① 莫尔斯沃思，指威廉·莫尔斯沃思，英国激进政治家，曾在阿伯丁伯爵的联合内阁中担任首席公共工程专员，后担任殖民部长。

看到反妇女参政论者重新活跃起来的迹象，他们又变得咄咄逼人了。布里斯托，也就是霍布豪斯先生发表演讲的城市，有人纵火。激进的改革者烧毁了新监狱、收费站、主教宫以及女王广场两侧包括官邸、海关、税务局、许多仓库和其他私人房产在内的建筑，全部价值超过 10 万英镑。正是由于这种暴力行为，以及对更多暴力行为的恐惧，改革议案才在议会匆匆通过，并在 1832 年 6 月成为法律。

与英国男人的政治煽动相比，我们的示威是如此温和，但当我们宣布在 3 月 4 日举行示威，这项通告引发了公众的恐慌。威廉·拜尔斯爵士通知说，他将"询问内政部大臣是否注意到潘克赫斯特夫人上星期五晚上的一次演讲，其中公开强烈煽动她的听众诉诸暴力、破坏财产，并威胁说如果事实证明石头不够有效，会使用枪炮；他还就采取什么措施来保护社会免受这种无法无天的行为的突然爆发提出了建议"。

这个问题被适时地提了出来，内政大臣回答说，他已经注意到了这次演讲，但为了公众利益，目前不宜多言。

无论警局为阻止示威做了什么准备，他们都失败了，因为像往常一样，我们能够准确地推测出警局要做什么，而他们却完全无法推测出我们要做什么。我们曾计划在 3 月 4 日举行示威，我们宣布了这个消息。我们还计划在 3 月 1 日举行另一次示威，但我们没有声张。3 月 1 日，星期五，下午晚些时候，我在联盟荣誉秘书图克夫人和我们的另一位成员的陪同下，乘坐出租车前往首相官邸唐宁街 10 号。我们从出租车上下来，扔起了石头，其中四块扔进了玻璃窗里，那时正好是 5 点半。正如我们所料，我们很快就被逮捕带到了坎农街警察局。接下来的一个小时将永远被伦敦人铭记。每隔 15 分钟，自愿参加示威的女性就会接力进行声援。第一次打碎玻璃的事件发生在干草市场和皮卡迪利大街，行人和警察都大惊失色。大批女性被捕，大家都认为这件事就这么结束了。但是，兴奋的民众和沮丧的店主刚刚的惊呼还没有平息，带着囚犯的警察还没到达车站，不祥的平板玻璃撞击破碎的声音又出现了，这次是沿着摄政街和斯特兰德街的两侧。随后，警察和民众愤怒地涌向第二处现场。正当他们的注意力集中在这个方位发生的事情时，第三批女性开始打破牛津广场和邦德街的窗户。6 点半，随着斯特兰德街的许多窗户都被打破，当天的示威活动结束了。《每日邮报》对这次示威进行了生动的描述：

> 在熙熙攘攘、灯火通明的街道上，到处都传来玻璃破碎的声音。当一扇窗户在人们身旁破碎时，他们吓了一跳；突然，他们面前又响起了撞击声；接下来是身后，然后到处都是。受惊的店员们跑到人行道上；交通阻断了；警察从这头跑到那头；五分钟后，街道上挤满了兴奋的人群，每个人都围着一名正被押送到最近的警察局的肇事女性。与此同时，伦敦的购物区突然陷入了一片昏暗。百叶窗匆忙被拉上，四面八方传来铁帘拉起的咔哒声。门警和店员迅速到位，任何无人陪伴的女士，特别是拿着手提包的女士，都成为具有威胁的怀疑对象。

在这次示威进行之时，苏格兰场正在开会，讨论应如何防止下周一晚上发生砸窗事件。但我们还没有宣布 3 月 4 日抗议的时间。我

破碎玻璃窗旁的争吵

在演讲中只是邀请女性在3月4日晚上在议会广场集会,她们接受了邀请。《每日电讯报》写道:

> 到了6点钟,附近的议会大厦已经被包围了。店主们几乎
> 都在店面外设置了路障,把商品从橱窗中移走,做好了最坏的打
> 算。在快到6点的时候,议会广场、白厅和邻近的街道上部署起
> 庞大的警力,即三千名警察,大量的后备部队集结在威斯敏斯特
> 大厅和苏格兰场。到了8点半,白厅从头到尾都挤满了警察和
> 公众。骑警骑着马在白厅来回游荡,让人们不要停留。但始终
> 没看到什么危险的迹象……

示威发生在上午，一百多名女性悄悄地走上骑士桥街，她们逐一沿着街道行走，几乎打碎了经过之处的每一块玻璃。警察们措手不及，他们逮捕了尽可能多的人，但大多数女性逃脱了。

在这两天的行动中，大约有两百名妇女参政论者被带到各个警察局，几天来，女性长队川流不息地穿过法庭。沮丧的治安法官们发现自己面对的不仅是以前的叛乱者，还有许多新人，其中有些女性的名字在整个欧洲都如雷贯耳，如作曲家埃塞尔·史密斯博士①。这些女性在被传讯时清晰明了地陈述了她们的立场和动机，但治安法官没有受过审问动机的训练。他们受到的训练是只考虑法律，而且多数情况下考虑保护财产的法律。他们的耳朵听不进囚犯所说的下面这类话："我们尝试了各种手段——游行和集会——但都无济于事。我们试过示威，现在我们终于不得不打破窗户了。我希望我能打破更多。我一点也不后悔。我们女性的工作条件比罢工的矿工差得多。我看到寡妇为抚养孩子而苦苦挣扎。每五个人中只有两人适合当兵。像我们这样的国家有什么好的呢？英格兰绝对是在衰落。你们只有一种观点，那就是男人的观点。虽然男人已经尽了最大的努力，但没有女人和女人的观点，他们走不远。我们认为，整个国家陷入了难以想象的可怕泥潭中。"

当时煤矿工人正在进行一场可怕的罢工，但政府没有逮捕那些领导人，而是试图与他们达成和平协议。我提醒治安法官注意这一事实，并告诉他，与矿工们的暴力行为相比，这些女性的所作所为只

---

① 埃塞尔·史密斯博士，即埃塞尔·玛丽·史密斯（1858—1944），英国音乐史上最重要的女作曲家之一。她投身妇女选举权运动，还创作了妇女社会政治联盟的会歌——《妇女进行曲》，是作者的亲密好友。

不过是小巫见大巫。我又说："我希望我们的示威足以向政府表明，女性的宣传鼓动正在进行。如果不能这样，如果您把我送进监狱，我将进一步表明，那些不得不支付内阁大臣以及先生您的工资的女性，要在制定她们必须遵守的法律方面有一些发言权。"

我被判两个月监禁。其他人的刑期则从一周到两个月不等，而那些被指控打碎价值超过五英镑玻璃的人则被送往更高一级的法院审判。她们被还押候审，当我们中的最后一个人被关进阴森的大门后，不仅是霍洛威，还有另外三所女子监狱，都要征收更多的税，以容纳这么多额外的囚犯。

对我们中的大多数人来说，这是一次狂风暴雨般的监禁。许多女性除了被判刑外，还接受了"苦役"，这意味着当时赋予妇女参政论者的作为政治犯的特权被剥夺了。女性们绝食抗议，但当有人暗示我将恢复这些特权后，我建议停止绝食。还押犯人要求批准我和她们一起放风，这一要求没有得到答复，她们就打破了牢房的窗户。其他选举权因犯听到玻璃破碎的声音和《马赛曲》的歌声，也立即打破了她们的窗户。妇女参政论者温顺地服从监狱纪律的时代早已过去了。我牢狱生活的前几天就这样过去了。

第二章

　　惊慌失措的政府并不满足于把破窗者关进监狱。他们企图用一种盲目而轻率的方式完成一项不可能完成的壮举,即一举摧毁全部激进运动。政府总是试图镇压改革运动,摧毁思想,扼杀不死之物。历史表明,没有一个政府能成功做到这一点,但他们罔顾历史,继续这种毫无意义的过时尝试。

　　在上一章中所述的两次示威之前的几天里,我们位于克莱门茨旅馆的总部一直在警察的监视之下,3月5日晚上,一名巡官和大批侦探突然来到这里,带来了克丽斯特贝尔·潘克赫斯特和佩西克·劳伦斯夫妇的逮捕令,他们和图克夫人还有我被控"密谋煽动某些人恶意破坏财产"。这些人进来时发现,佩西克·劳伦斯先生正在办公室工作,佩西克·劳伦斯夫人在楼上的公寓里。我女儿不在楼里。劳伦斯夫妇在简单准备后,乘出租车去了弓街警察局,在那里待了一夜。警察仍然控制着办公场所,侦探们被派去寻找和逮捕克丽斯特贝尔。但他们没抓到她。克丽斯特贝尔·潘克赫斯特躲过了所有侦探和穿制服的警察,尽管他们是训练有素的"人类猎捕者"。

　　克丽斯特贝尔本来已经回了家,起初,听到佩西克·劳伦斯夫妇被捕的消息,她以为自己也理所当然会被捕。然而,稍加思考后,她明白如果联盟完全失去其惯常的领导地位会处于怎样的危险中，于是她意识到她有责任避免被捕，就悄悄地离开了家。那天晚上她和朋友们在一起，第二天早上，他们帮她作了必要的安排，并送她安全离开了伦敦。当天晚上，她就到了巴黎，此后一直留在那里。当我得知她出逃的消息时，我松了一口气，因为我知道，尽管警察仍完全控制着总部，但无论劳伦斯夫妇和我本人出了什么事，行动都会得到明智的指导。

警察彻底搜查了克莱门茨旅馆的办公室，坚决要找到密谋的证据。他们翻遍了每张桌子、每份文件和每个柜子，带走了两车的书籍和文件，包括我所有的私人文件、我的孩子们幼年时的照片，以及我丈夫很久以前寄给我的信。其中一些我再也没见过。

警察还恐吓了印刷我们周报的印厂，尽管报纸照常出版，但大约三分之一的栏目都是空白的。然而，标题和随后的一片空白产生了最具戏剧性的效果。标题"历史的教诲"下的空白显然表明政府不愿意让公众知道历史教给我们的一些事情。"女性的节制"则表明，被扼杀的段落呼吁将妇女打破窗户的行为与过去男人更严重的暴力行为进行比较。最有说服力的是社论版，除了标题"挑战！"和最后一栏的名字"克丽斯特贝尔·潘克赫斯特"外，完全是空白的。还有什么话能表达出比这更骄傲的反抗、更坚定的决心呢？克丽斯特贝尔走了，脱离了政府的魔掌，但她仍然完全占据着这块阵地。几个星期以来，对她的搜寻从未停歇。警察搜查了每一座火车站、每一列火车、每一个海港。王国中每个城市的警察手里都有她的画像。英格兰每一个业余的"夏洛克·福尔摩斯"都在和警察一起寻找她。包括纽约在内的十几个城市都有关于她的报道。不过她一直在巴黎静静地生活，每天都与伦敦的工作人员保持联系，不出几天，她们又开始完成指定的任务。此后，我女儿一直留在法国。

与此同时，我发现自己处于一个反常的位置，既是一个正在服两个月刑的罪犯，又是一个等待受到更严重罪行指控的还押因犯。我身体很差，被关在一个潮湿、未供暖的三等牢房里，因而得了急性支气管炎。我给内政大臣写了一封信，告诉他我的情况，敦促他为恢复我的健康给我自由，并为审判我的案子做准备。我请求保释，这是还押因犯的基本权利，我提出，如果现在批准我获释，我可以在以后服完两个月的刑。然而，他们向我做出的唯一让步是把我转移到一间条件更好的牢房，并允许我见我的秘书和律师，但必须有一名女看守和监狱事务员在场。3月14日，佩西克·劳伦斯夫妇、图克夫人和我本人被带去接受预审，罪名是在1911年11月1日及其他日期"非法恶意地密谋并联合造成破坏等"。此案于3月14日开庭，法庭上人头攒动，我看到了许多朋友。代表原告出庭的博德金先生发表了长长的一席话，他竭力证明妇女社会政治联盟是一个性质十分邪恶、高度发达的组织。他提供了许多书面证据，其中有些非常可笑，法庭上笑声震天，法官不得不用手捂住脸掩饰笑容。博德金先生提到了我们的密码本，我们是借助它来交流私人信息的。在他强调我们擅自将政府的神圣人物纳入我们的私人暗语这一事实时，他的声音变成了一种愤怒的低语。博德金先生煞有介事地说："我们发现，作为内阁成员为国王陛下服务的公职人员，都用代号的形式列在这里。我们发现，作为整体的内阁代号是'树'，单个内阁成员有时用树的名字代指，但我不得不说，野草的名字也很常用。"这时一阵笑声打断了他。博德金先生重重地皱起了眉头，郑重地接着说："有个人叫'三色菫'，还有一个好听的，叫'玫瑰'，还有'紫罗兰'，等等。每名被告也有一个字母代号。比如，潘克赫斯特夫人用字母'F'，佩西克·劳伦斯夫人是'D'，克丽斯特贝尔·潘克赫斯特小姐是'E'。包括下议院在内的每座公共建筑都有自己的代号。在其中一份文件中发现的一份电报解释了一些暗语极有可能的含义。上面写着：'丝绸，蓟，三色堇，鸭子，羊毛，E.Q.'借助密码本，可以解读出电报的内容是：你们是否愿意在明天晚上阿斯奎斯的公开集会上进行抗议？不过不要被捕，除非被捕能确保成功。请给克莱门茨旅馆的克丽斯特贝尔·潘克赫斯特回电。"

在这些揭秘之后，人们笑得更起劲了，说到底，这一切只不过是妇女社会政治联盟采用的稀松平常的方法。笑声证明了一件更重要的事情，它清楚地表明，内阁大臣们过去受到的尊重已不复存在。我们撕下了他们神圣不可侵犯的人格的面纱，向人们展示了他们的本质——卑鄙而诡计多端的政客。从起诉的角度看，性质更严重的是警察局提供的有关 3 月 1 日和 4 日发生的事情的证据。3 月 1 日在唐宁街我和我的两个同伴打破首相官邸窗户后逮捕我们的警察做证说，被捕之后，我们把储备的石头交给了他，这些石头差不多都是燧石。在其他囚犯那里也发现了类似的石头，这足以证明这些石头来源相同。还有警察证实，3 月 1 日和 4 日的破窗行动进行得有条不紊，女性们的表现英勇无畏。3 月 4 日，有人看到她们带着手提包三三两两去了克莱门茨旅馆的总部，并把包放在了那里，然后去了帕维利恩音乐厅参加会议。警方参与了这次会议，这是示威或派出代表团之前通常会举行的集会。5 点的时候，会议暂停了，女性们出来了，似乎是要回家。警方注意到，其中许多人还是三三两两地去了河岸区凯瑟琳街的栀子花餐厅，那里曾举办过许多次妇女参政论者的早餐和茶会。警方认为 3 月 4 日约有 150 名女性聚集在那里。她们一直待到 7 点，然后在警察的注视下慢悠悠地走出去，散开了。几分钟后，就在人们没预料到会发生什么事情的时候，许多街道上都传来了大量窗户被打碎的声音。警方大肆强调，那些把包放在总部、后来被捕的女性当晚由佩西克·劳伦斯先生保释出来。所使用的石头的相似性；如此多女性聚集在一栋楼里，做好了被捕的准备；栀子花餐厅里的等待；明显地四处散去；在许多地方不约而同地破坏玻璃窗，以及一个与前述总部有关的人保释因犯：无疑都表明了这是一项精心制订的计划。只有对被告进行公开审判才能确定这项计划是否是密谋。

在内阁听证会的第二天，已在监狱医务室待了二十天、不得不由一名受过训练的护士陪同出庭的图克夫人获准保释。佩西克·劳伦斯为自己和妻子提出了强烈的保释请求，他指出他们已经在监狱被还押了两个星期，有权获得保释。另外，我还要求享有还押因犯的特权。这两项请求都被法院驳回了，但几天后，内政大臣写信给我的律师，说在弓街密谋案审判结束前，我两个月刑期的剩余部分将被赦免。佩西克·劳伦斯夫妇已获准保释。公众舆论迫使内政大臣做出了这些让步，因为众所周知，在监狱里准备辩护几乎是不可能的。除了监狱对人身心的可怕影响外，还需考虑到查阅文件和获得其他必要资料的困难性。

4 月 4 日，内阁听证会以图克夫人的无罪释放告终，事实证明她在妇女社会政治联盟中的活动纯粹是文秘方面的。佩西克·劳伦斯夫妇以及我本人将在 4 月 23 日中央刑事法院下一次开庭时接受审判。由于我身体不好，法官费尽周章才把审判推迟两周，因此，直到5月15日才开庭。

在"老贝利"①的审判是我永生难忘的事情。在我写这本书的时候，那一幕清晰地展现在我眼前：法官戴着令人印象深刻的假发，穿着猩红色长袍，主宰着拥挤的法庭，律师们坐在他们的桌子旁，还有陪审团，而远远望去，能看到我们挤在狭窄长廊上的朋友们那焦虑苍白的脸。

命运最讽刺之处在于，这位法官，柯勒律治勋爵，是查尔斯·柯勒律治爵士的儿子，他父亲在1867年与我丈夫潘克赫斯特博士一起在著名的乔尔顿诉林斯一案中出庭，试图证明女性也是人，因此应该获得议会投票权。更具讽刺意味的是，检察总长鲁弗斯·艾萨克斯爵士作为起诉女性激进分子的律师出庭，他本人也曾发表过证实我们观点的精彩演讲。在1910年关于废除上议院否决权的演讲中，鲁弗斯爵士表示，尽管反对特权的宣传鼓动是和平进行的，但其背后的愤怒情绪却是非常强烈的。他说："以前，当人民群众没有投票权时，他们不得不采取暴力行动来表达他们的感受；而今天，选民的选票就是他们的子弹。因此，不要欺骗任何人，因为在目前的斗争中，一切都是和平有序的，与过去其他伟大斗争的无序形成了鲜明对比。"我们想知道，说这些话的男人是否没有意识到，没有投票权的女性，被剥夺了申诉冤屈的一切合乎宪法的手段，她们也不得不采取暴力行动来表达自己的感受。他的开场白消除了对这一点的所有疑问。

鲁弗斯·艾萨克斯爵士有一张鹰一般轮廓分明的脸和一双深邃

---

① "老贝利"，位于老贝利街的伦敦中央刑事法院的俗称。

的眼睛，带着一种饱经世故的神态。他说的第一句话就如此惊人地不公，我简直以为自己听错了。他在向陪审团进行陈述的伊始就告诉他们，无论如何都不要把被告的行为与任何政治鼓动联系起来。

他说："我非常想让你们记牢，从我们开始与本案事实打交道那一刻起，所有关于妇女是否有权获得议会选举权的问题，以及她们是否应享有与男子同等的选举权的问题，都是与本案的审判毫无关系的问题……因此，我请求你们在考虑将要摆在你们面前的问题时，不要掺杂你们在这个无疑非常重要的政治问题上的任何观点。"

尽管如此，鲁弗斯爵士在发言中还是补充说，恐怕在案件审理过程中不可能不涉及各种政治事件，当然，整个审判从头到尾都清楚地表明，这个案子就像佩西克·劳伦斯夫人的律师蒂姆·希利先生所说的，是"一场伟大的国家审判"。

诉讼程序中，总审判长介绍了妇女社会政治联盟，他说他认为这个组织自 1907 年起就已经存在了，而且曾采用了所谓的激进方法。1911 年，这个联盟被首相惹恼了，因为他不愿意把妇女选举权作为一个所谓的政府问题。1911 年 11 月，首相宣布推出一项男性选举权议案。从那时起，这些被告们着手开展一场运动，这就意味着会出现无政府状态。如此多的女性受到怂恿在特定的时间、不同的地点一起行动，让警方都因为违法人数太多而陷入瘫痪，用被告自己的话来说，是为了"使政府屈服"。

鲁弗斯爵士在指出了四名被告在妇女社会政治联盟中各自的职位后，继续讲述了导致价值约 2 000 英镑的玻璃窗被砸碎的事件，以及 200 多名女性受到被告席上的密谋者煽动最终入狱的事件。他完全忽略了这些行为的动机，在这整个事件中他把女性看作入室的盗贼。这种颠倒黑白的说法,虽然在事实上足够准确,但却像约翰国王在签署《大宪章》时会说的那种话①。

许多证人接受了审问,其中很多人是警察,他们的证词和我们的反问揭露了一个惊人的事实,即在英国有一支专门从事政治工作的秘密警察队伍。他们总共有 75 人,组成了所谓的警方刑事调查局的政治部门。他们乔装打扮,唯一的职责是跟踪妇女参政论者和其他政治工作者。他们把某些政治工作者从家里跟到工作场所,到社交场所,到茶室和餐厅,甚至剧院。他们追踪出租车上毫无戒心的人,在公共汽车上坐在他们身旁。最重要的是,他们会把讲话记录下来。事实上,这个系统与俄国的秘密警察系统别无二致。

我和佩西克·劳伦斯先生为自己辩护,而下议院议员希利先生为佩西克·劳伦斯夫人辩护。我无法将我们的发言和盘托出,不过我愿意尽可能多地将其摘录下来,以使读者了解事情的全局。

劳伦斯先生在开庭时第一个发言。他首先介绍了选举权运动,以及为什么他认为赋予女性选举权在他看来是一个必须采取强有力的措施来实现的严肃问题。他概述了妇女社会政治联盟的历史,从克丽斯特贝尔·潘克赫斯特和安妮·肯尼因提出政治问题而被赶出爱德华·格雷爵士的会议并被监禁讲起,一直讲到《调解议案》的破产。他说:"我必须要向你们陈述的情况是,密谋和煽动的不是我们,进行密谋的是对这个国家的政府负责的内阁,而进行煽动的则是国王的大臣们。"为了有效地证明这一点,他不仅讲述了政府在选举权议案问题上误导妇女参政论者的可耻诡计和欺骗行径,而且直截了

---

① 《大宪章》是约翰国王在大封建领主、教士、骑士、城市市民联合施压下被迫签署的文件,这里比喻女性破窗的行为是在某些压力下被迫实施的行为。

当地告诉了女性们内阁成员的建议，即除非她们学会像男人过去那样为选举权而斗争，否则她们永远不会得到选举权。

轮到我发言时，我意识到普通人对妇女运动的历史极度无知——因为媒体从未充分或如实地记录过它——于是我尽可能简短地向陪审团讲述了我们的故事，我和我女儿在决心为妇女争取投票权而献出生命、采用一切取得成功的必要手段争取投票权之前那四十年的和平鼓动的故事。

我说："我们在1903年创立了妇女社会政治联盟。我们最初的意图是试图影响当时正在掌权的特定政党，使赋予妇女选举权的问题成为他们自己的问题，并推进它。我们花了一点时间来说服自己——我没必要用这段历史中发生的一切来烦扰你们——也花了一些时间让自己相信那样做是没用的，我们不可能用那种方式来保证事情成功。然后到了1905年，我们面临严峻的现实。我们意识到，媒体在抵制妇女选举权。没有人报道我们在公众集会上的发言，我们给编辑的信也没有被发表，尽管我们恳求他们这么做；甚至连与议会中妇女选举权有关的事情都未被记录。他们说，这个话题没有涉及充分的公共利益，不值得媒体报道，他们也不准备报道。至于1905年的那些男政客们：我们意识到，当时掌权的绅士们所使用的关于民主、关于人类平等的华丽辞藻是多么虚无缥缈。他们有意忽视女性，这一点是毫无疑问的。因为在1905年大选前夕，自由党的官方文件中有这样的句子：'这个国家想要的是一个简单的男性选举权议案。'没有把女性纳入其中的余地。我们非常清楚，如果要进行选举权改革，不管该党成员做了什么样的承诺，都不意味着当时即将上台的自由党会给妇女投票权；不管下议院的大多数人，尤其是自由党的大多数人承诺多么支持这项议案，都不意味着他们会将其付诸实施。因此，我们找到一些方式，来迫使他们注意到这个问题。

"现在我来谈谈关于激进运动的实际情况。我们意识到，我们心中的计划会让我们做出巨大的牺牲，可能让我们失去一切。那时我们还是一个小组织，主要由劳动女性、工人的妻女组成。我和我的女儿们自然而然地打起了头阵，因为我们想清楚了，而且在某种程度上，因为我们的社会地位比大多数成员的都高，我们感到有责任这么做。"

我描述了我们工作的头几天发生的事情，在曼彻斯特自由贸易大厅的场景，当时我女儿和她的同伴因向一位政治家提问的罪行而被逮捕，我继续说道：

"他们接下来做了什么？（我希望你们明白，我们采取的一切行动都是在我们的敌人——政府采取某种镇压行动之后才进行的，因为政府才是我们的敌人，能给我们投票权的只有掌权的政府，而不是议员，也不是这个国家的男人们。我们只把政府看作我们的敌人，我们所有的宣传鼓动都是为了给那些能处理我们不满的人施加尽可能多的压力。）女性迈出的下一步是在会议过程中提出问题，因为，正如我告诉过你们的，这些绅士们没有给她们会后提问的机会。然后我们听到的插话就开始了，接着是我们听到的对举行公共集会权利的干涉、对言论自由权利的干涉，这些女性，这些被他们称为'混混'的女性，因此受到了谴责。先生们，我请你们想象一下，一个女人承担这种工作需要多么大的勇气。当男人来打断女人的集会时，他们成群结队，带着嘈杂的乐器，一起唱歌、喊叫、跺脚。但当女人去参加内阁大臣会议时，只是要打断内阁大臣而不是其他人的讲话，她们是一个个去的。而且她们想要进去也变得越来越难了，为了对付女性的这种方法，他们发展出了凭票入场的制度，把女性排斥在外，在我还是自由党人的时代，这种做法在自由党的会议上被视为非常不光彩的事情。但这种售票制度还是发展起来了，所以女性想要进去是非常困难的。女人们在危险的位置藏了 36 个小时，这些位置包括讲台下、管风琴里，以及任何她们能占据先机的位置。她们饥寒交迫地等待，有时暴露在屋顶上熬过冬夜，只为在内阁大臣演讲过程中有机会说：'自由党政府什么时候会把承诺付诸实践？'这就是激进运动进一步发展所采取的形式。"

我把整个事情从头到尾讲述了一遍：我们如何派出和平代表团，以及她们受到了怎样的粗暴对待；我们如何被捕并接受治安法庭荒唐的审判，他们如何仅仅根据警方毫无根据的陈述就把我们送进监狱长期监禁；负责任的政府成员如何在下议院满口胡言地诽谤我们——撒谎说女性抓咬警察并用帽针扎他们，而我又是怎样控诉政府因害怕女性、想要镇压我们的组织提出的鼓动从而对无力自卫的女性进行这样的攻击。

我说："在法庭上已经说过了，受审的不是妇女社会政治联盟，而是特定的被告。先生们，政府的行动当然是针对今天你们面前的被告的，但也是针对妇女社会政治联盟的。其目的是摧毁这个组织。这种意图显然是在我因为打碎一块价值 2 先令的玻璃（他们是这么告诉我的）而被关进监狱两个月之后产生的，我受到这样的惩罚是因为我是这场运动的领袖，而对我所犯的如此小的错误施加这样的惩罚是不寻常的。我把它视为对煽动针对政府不满情绪的领袖的惩罚；我在那里的时候，这项诉讼就开始了。他们以为能把他们认为的这场运动的政治智囊人物一网打尽。我们在内阁中有很多虚伪的朋友，这些人在言辞上似乎是对妇女选举权事业抱有善意的。他们认为，如果他们能把联盟的领袖解决掉，就能无限期推迟和解决这个国家的这一问题。好吧，他们的计划没有成功，即使他们把这场运动所有所谓的领袖都解决掉了，他们也不会成功。那么他们为什么不把联盟送上被告席呢？因为我们有一个所谓的民主政府。这个妇女社会政治联盟并不像有人告诉你们的那样是一群歇斯底里、无关紧要的狂野女人的集合，而是一个重要的组织，其成员中有非常重要的人物。它由社会各阶层的女性组成：或是在特定组织中具有影响力的职业女性，或是在专业组织中具有影响力的专业领域女性，甚至还有皇室级别的女性。因此，一个民主政府将这个组织作为整体来对待是划不来的。

"他们希望，通过除掉那些他们认为引导着这个组织政治命运的人，就能让它分崩离析。他们认为，如果他们把组织中有影响力的成员解决掉，他们就会像一位内阁成员说的那样，粉碎这场运动，让它'溃不成军'。哎，先生们，政府曾多次犯错，我冒昧地提醒你们，政府这次又犯错了。我认为，在我们被捕后立即在阿尔伯特音乐厅举行的会议上，政府就已经清楚这一点了。即便没有佩西克·劳伦斯的雄辩，没有被称为这场运动领袖之人的呼吁，几分钟内就已经有人为继续开展这场运动筹集了 1 万英镑。

"像这样的一场得到如此支持的运动，并不是一场疯狂的、歇斯底里的运动。并不是一场误入歧途者的运动。这是一场无比严肃的运动。我敢说，像我们的成员这样的女人，像今天站在被告席上的这两个女人和这个男人一样，都不是会轻易做这种事情的人。或许我可以试着让你们感受一下，是什么让这场运动从星星之火发展到现在的燎原之势？它可谓现代最声势浩大的运动之一了。这场运动不仅在这个国家产生了影响（也许还没有人认识到这种影响），而且也影响着全世界的妇女运动。在现代，还有什么比这样的妇女运动在各国自发兴起更了不起的吗？即使在中国，妇女都赢得了选举权，这是一场成功革命的结果，我认为这对英国人来说有点丢脸，我敢说，陛下的政府成员也同情这场血腥的革命。

"关于这一点，我还要再说几句。我第二次进监狱是作为一名普通罪犯被关了三个月，罪名不过是发了一份传单——上面的话还没有那些在这里起诉我们的政府官员的某些话具有煽动性——在那段时间里，通过一位议员的努力，我获得了在狱中阅读日报的许可，我在日报上读到的第一件事是：政府当时正在款待土耳其青年革命党的成员，这些绅士侵入了苏丹家的私人领地——当我们冒昧地去按阿斯奎斯先生的门铃时，我们曾听到许多这种侵入他的私人领地的说法——那些绅士杀人放火，革命取得了成功，而我们女性从来没有扔过一块石头——我们被监禁只是因为我们当时在这个组织中扮演的角色，而不是因为扔石头。在我们被监禁的时候，囚禁我们的政府却在款待这些政治谋杀犯，还在庆祝他们革命的成功。现在我问你们，女性对自己说'也许是我们做得还不够，也许是因为我们没有做男性做过的那些事情，他们不明白女性的方法，所以他们可能认为我们不是认真的'，有什么值得奇怪的吗？

"然后我们谈到最后一件事，在像霍布豪斯先生这样负责任的政治家说从来没有发生过任何触发大众情感的起义、没有引发诺丁汉城堡被烧毁那样的情感表达时，我们决定要鼓起勇气做更多的事情，你们会觉得奇怪吗？你们能理解为什么我们作为女性要努力寻找一种不会致死或致残的方法吗？因为女性比男性更关心人的生命，我认为我们这样做是很自然的，因为我们清楚生命的代价。我们生下男人时就冒着生命危险。现在，作为这场运动的领导者，我想有意地这样说。我们曾试图克制这种情感，我们曾试图阻止它越界。当一位警官在一次这样的示威后对我说'如果这是一次男人的示威，早就发生流血事件了'时，我感觉没有比那个时刻更加自豪的了。好吧，大人们，除了那些所谓的'女激进分子'，流血事件没有发生在任何人身上。我们遭受了暴力，站在你们面前被告席上的我，已经在这场运动中失去了一位亲爱的妹妹。一年多以前，她出狱后不到三天就去世了。这些事情，我们在哪里都没怎么谈论过。如果我们总是想着运动艰辛的部分，我们就不能保持愉快，我们就不能保持昂扬，我们就不能保持良好的精神状态，而这些都是成功所需的。但我必须要说，先生们，不管将来你们怎么看待我们，你们都要承认，无论敌人怎么说，我们都一直在进行体面的斗争，没有采取不公的手段来击败我们的对手，尽管他们可不总是如此体面地来对待我们。

"在'黑色星期五'之前，我们没有攻击过任何人，我们没有伤害过任何人——在'黑色星期五'那天，我们有了一位新的内政大臣，而且似乎有新的命令下达给警察，因为那次警察在对待女性时表现出了一种从未有过的凶残，女人们来找我们说：'我们受不了'——直到那时，我们才感觉到，这种新式的镇压是在逼迫我们采取另外的措施了。这就是'黑色星期五'的问题，在这里我想说，在'黑色星期五'之后，我们尽了一切努力希望对这件事中的所作所为进行公开的司法调查，从而了解警方得到的指示。这种调查被拒绝了，但有男性进行了非官方的调查，这个人在地位和道德操守上在他所在的伟大政党中足够有说服力，而自由党中也有同样地位的人站了出来。这两位男性就是罗伯特·塞西尔勋爵和埃利斯·格里菲斯先生。他们进行了一次私下的调查，当面向女性取证，检查这些证据，在听完女性所说的话后，他们相信这些女性所述的情况基本属实，并认为有充分的理由进行这样的调查。这些都体现在一份报告中。为了向你们说明我们的困难，罗伯特·塞西尔勋爵在标准餐厅的一次演讲中谈到了这个问题。他呼吁政府开展这项调查，但没有一份晨报报道过那次演讲中的任何一个字。这就是我们不得不面对的事情，我非常愿意站在这里，哪怕只是为了把这些事实说出来，我还要质疑检察总长对这些诉讼程序进行的调查，调查不是派他们的巡官去霍洛威并接受官员指示他们的东西，而是进行公开调查，如果他愿意，可以设立陪审团，处理我们对政府的不满以及这种鼓动方式的问题。

"要我说，不是被告密谋运动，而是政府密谋反对我们从而镇压这场运动；但无论如何裁定此事，我们都等待后世的盖棺定论。我们不是那种喜欢夸夸其谈的人，我们不是那种会让自己陷入这般境地的人，除非我们确信这是唯一的办法。我竭尽全力——我一生都在为这个问题努力——我试过辩论，我试过劝说。或许我在公开集会上发言的次数比法庭上的任何一个人都多，但我从未在这样实质性的会议上发过言——不是买票的集会，而是公开会议，因为我从未在任何其他会议上发言——并非女性像男人一样承担责任、分担义务，她们就能享有跟男人一样的特权。我深信，公众舆论是站在我们这边的，舆论一直是受到压制的，而且是被人故意压制的，以至于在公开的法庭上，人们很高兴获准就这个问题发表意见。"

　　检察总长对原告所作的总结在很大程度上是为自由党及其在妇女选举权立法方面的方针的辩护。因此,蒂姆·希利先生在为佩西克·劳伦斯夫人辩护时,很好地强调了密谋指控和审判的政治性质。他说:

　　"当你有政治对手时,能够动用法律来对付他们无疑是一件非常有用的事情。我毫不怀疑,如果她们有勇气这样做的话,在本届政府执政期间,把陛下的反对党全关起来,把我们公共论坛和公共讲台上所有大放异彩的人物——整个卡森家族、F.E.史密斯、波纳尔·劳斯等——全关起来,都不在话下。终结这一切就像以起诉的形式终结女性的运动一样,也都不在话下。陪审团的先生们,无论互为对手的双方说了什么,无论做出了怎样的指示,只要是对吹嘘钻营、武装起来的男性,而非软弱无力的女性,他们都没有勇气以起诉的方式控告。然而,我那位博学朋友的政府选择了两个日子作为主要日期,然后他们要求你们在法庭上对囚犯作出判决,并无端地说这些负责、有教养、受过良好教育、上过大学的人在别人没有挑衅的情况下就突然,按照诉状上的说法是,居心叵测、有预谋地参与了这些犯罪计划。

　　"陪审团的先生们,在这一点上我首先要问的是:根据摆在我面前的证据文件,在女性提出这一要求的过程中,有什么事情竟然会使国王陛下的大臣们受到如此对待? 我想所有政府治理的本质都是事务的顺利进行,因此那些身居高位、享有高薪的人不应该成为反对提出挑起内乱和制造公共危机的指控之人的一方。我们发现了什么呢? 我们发现,对于那些曾接待过工会会员、反疫苗接种者、亡妻姐妹并处理过所有其他形式的政治诉求的人来说,他们始终谦卑、体面、恭敬地提出要求,我们发现,当这些倡导这种特殊形式的公民改革的人请求进见、请求入场，甚至请求有人恭敬地接受他们的请愿，不偏不倚地讲，他们即便遭到否定，也是平静而庄严的否定。像被告这类人，像那些不利证据所针对的人，他们的不快就是在这种情况下开始在头脑中滋生的——你们今天入选陪审团席位就是因为这种不快。我要和你们说，当你们在考虑是我的委托人的煽动还是大臣们的行为导致了这些事件的发生，我们能否要求你们说，即便公平地分担责任，也应由罪责更大的人来承担，你们是否还要不遗余力地说只有被告席上的这些人是有罪的？"

在发言要结束时，希利先生又一次谈到了这次审判的政治性质。他宣称："政府提起这项诉讼是为了在相当长的一段时间里孤立他们的主要反对者。他们希望在他们参加的公众集会上，不会再有'给妇女投票权'这样惹麻烦的呼声。我想不出他们提起诉讼还有什么别的目的。我已对店主、商贩和其他遭受损失的人表达了歉意。我对此深感抱歉，我对任何给无辜之人带来的损失或痛苦感到抱歉。但我想问你们的是，对直接肇事者的惩罚已经充分彰显了法律。这样做收获了什么呢？正义得到伸张了吗？

"我几乎不愿把这当作一次法律调查。我认为这是一种报复性的政治行动。在公开法庭上对囚犯提出的所有让人震惊的指控中，我禁不住感觉对佩西克·劳伦斯先生的指控是最令人震惊的。据我所知，他大胆地出席了一些治安法庭的审判，并为那些试图向议会请愿或诉诸暴力的女性提供保释。我并不是在抱怨我那位博学的朋友进行起诉的方式，但我确实要抱怨警方使用的方法——调查囚犯的住处和家庭情况，获取他们的证件，拿走他们的报纸，详查他们的银行账户，把他们的银行经理叫来，问他们的余额是多少；我要说的是，在过去的诉讼中,没有一次用过这样琐碎的方法来让伟大的国家审判显得如此卑鄙,不管你们怎么看,都无法回避这是一次伟大的国家审判。受到审判的不是女性,而是男性。正在接受审判的是政府制度。正是这种方法——在诉状中随机决定以五十四项罪名中的哪一项来起诉,而没有任何能够恰好归为某项罪名的证据,这种制度正在接受审判,在这种制度下,公共生活中各种无辜的行为都被扣上了阴谋论的帽子。"

陪审团离开了一个多小时,这表明他们很难就判决达成一致。当他们回来的时候,从他们紧张的神情中可以明显看出,他们的内心正经受着情感的折磨。陪审团主席在宣布判决时声音有些颤抖,罪名成立了,他努力控制着自己的情绪补充道:"法官大人,我们一致希望,考虑到导致这场麻烦的运动背后的动机无疑是纯粹的,请您在处理此案时给予最大限度的仁慈与宽大。"

在这一请求提出后,全场爆发出一阵掌声。接着,佩西克·劳伦斯先生起身,要求在宣判前说几句话。他说,抛开陪审团的建议不谈,显而易见,我们是受政治动机驱使的,我们实际上是政治犯。英国法院已经决定,政治犯与普通罪犯不同,劳伦斯先生援引了一个瑞士人的案例,此人的引渡因其罪行的政治性质而被拒。法院当时宣布,即使罪行是出于政治动机而犯下的谋杀罪,也属于政治犯罪。劳伦斯先生还提醒法官想想已故的 W.T.斯特德先生的案例,他被判有罪,但由于犯罪动机不同寻常,被批准住在一等监狱,并能够完全自由地接待家人和朋友。最后提到了詹姆森博士的案例。虽然他的突袭造成了 21 人死亡,46 人受伤,但考虑到他所犯罪行的政治性质,他被判定为一等监狱囚犯。

他们是在男人的斗争中战斗的男人。而我们妇女社会政治联盟中，都是在女人的斗争中战斗的女人。因此，柯勒律治勋爵只把我们看作不计后果的犯罪分子。柯勒律治勋爵说："你们已经被判了法律裁决的罪行，如果我选择强制执行，你们将被判处两年需服苦役的监禁。陪审团恰如其分地提请我注意与你们的案件有关的一些情况，而你们三人都要求我将你们视为一级轻犯。如果在本案审理过程中，我看到你们对所犯罪行有任何悔悟或否认之意，或者任何今后不愿再犯的意思，那么我会被你们向我提出的论据说服。"

我们没有表现出任何悔意，于是法院判决我们在二等监狱中接受九个月监禁，并支付诉讼费用。

第三章

九个月的刑期令我们无比震惊,特别是想到最近发生的一些事情,其中一件是一些水手发动叛乱的案子,他们这么做只是为了让人们关注他们认为会危及自己和所有海员的事情。他们接受了审判并被判有罪,但由于他们叛变背后的动机,他们被无罪释放。或许与我们的情况更相似的是劳工领袖汤姆·曼的案例,他不久前写了一本小册子,呼吁国王陛下的士兵在接到上级军官的命令时不要向罢工者开火。在政府看来,这是一种比我们的运动严重得多的煽动,因为一旦它得到响应,当局在维持秩序方面就会无能为力。此外,拒绝服从命令的士兵会被判处死刑。而汤姆·曼只是被判了六个月监禁,自由党媒体和自由党政客还对此表示强烈抗议,以至于这名囚犯两个月后就被释放了。所以,即使在被送往监狱的路上,我们也告诉彼此,对我们的判决经不起推敲。公众舆论绝不会允许政府把我们在监狱里关九个月的,也绝不会允许让我们在二等监狱里服刑的。我们一致同意等七个议会工作日后再开始绝食抗议。

在这七个议会工作日里,等待的时光无比沉闷,因为我们不知道外面发生了什么,也不知道议院里正在讨论什么。牛津大学和剑桥大学的同人、学术团体成员、各行各业的杰出人士,不仅有英国的,而且有欧洲各国的，甚至印度的，都纷纷代表我们提出抗议和请愿，而我们对此一无所知。俄国国家杜马立宪民主党领袖帕维尔·米留可夫教授、意大利下议院的西格诺尔·恩里科·费里、德意志帝国议会的爱德华·伯恩斯坦以及乔治·布兰德斯、爱德华·韦斯特马克、居里夫人、爱伦·凯、莫里斯·梅特林克等许多社会名流签署了一份请愿书，要求将我们作为政治犯对待。下议院也表达了最强烈的愤慨，基尔·哈迪和乔治·兰斯伯里先生带头要求大幅修改对我们的判决，并立即把我们转到一等监狱。压力如此之大，以至于内政大臣在几天内就宣布，他认为有责任立即调查此案的情况。他解释道，不管什么时候都没有人强迫囚犯们穿囚服。最终，在提及的七个议会工作日结束前不久，我们三人都被关进了一等监狱。佩西克·劳伦斯夫人被安排到了詹姆森博士以前住过的那间牢房，而我就住在隔壁。布里克斯顿监狱里的佩西克·劳伦斯先生也得到了同样的安置。我们都有为自己的牢房配备舒适的桌椅、床上用品和毛巾等物品的特权。我们吃的饭菜是从外面送进来的，我们穿着自己的衣服，能够得到我们需要的书报和书写材料。除了两个星期的例行活动外，我们不能写信或收信，也不能见朋友。尽管如此，我们的观点也算得到了认可，即选举权囚犯是政治犯。

我们的观点得到了认可，但事实证明，这种认可只是针对我们自己的。当我们询问"我们所有的女性都转到一等监狱了吗"时，得到的回答是，转移的命令只是针对我和佩西克·劳伦斯夫妇的。不用说，我们立即拒绝接受这种不公平的优待，在我们用尽一切办法说服内政大臣给予其他选举权囚犯与我们同样的公正待遇后，我们采取了绝食抗议的方式。这个消息很快传遍了霍洛威，并以某种神秘的方式传到了布里克斯顿、艾尔斯伯里和温森格林,所有其他的选举权囚犯立即跟上了我们的步伐。当时,政府要应付八十多名绝食者,而且和以前一样,他们只准备用暴力说话,也就是令人作呕而残酷的强迫喂食。霍洛威成了一个恐怖又折磨人的地方。恶心的暴力场面几乎每时每刻都在发生,医生们从一间牢房来到另一间牢房,履行着他们骇人听闻的职责。其中有个男人工作时极其残暴,以至于人们一看到他就会恐惧而痛苦地呼喊。在我有生之年,我都永远不会忘记在那些哭喊声不绝于耳的日子里我所经历的痛苦。一个女人痛苦得发了狂,从她牢房门外的走廊上跳了下去。八英尺下的铁丝网挡住了她,让她没有掉到下面的铸铁楼梯上,否则她肯定命丧黄泉了。当然,她还是受了重伤。

大规模的绝食抗议在整个英国引发了巨大的波澜,议会中的大臣们每天都被各种质疑声困扰着。抗议在第三天还是第四天达到了高潮,下议院中发生了群情激愤的一幕。人们毫不留情地质问副内政大臣埃利斯·格里菲斯先生,强迫喂食是在什么条件下进行的,紧接着,一位妇女参政论者就呼吁首相本人,要求他下令释放所有囚犯,令人动容。违心地参与了这场争论的阿斯奎斯先生起身说,他无权干涉同僚麦肯纳先生的行动,他还带着他特有的圆滑、虚伪补充道:"我必须指出这一点,只要按照内政大臣的要求作出保证,所有囚犯今天下午都能出狱。"意思是让她们保证从此以后不再采取激进行动。

乔治·兰斯伯里先生立刻跳了起来,大叫道:"你明知道她们不可能这样做!英国首相竟然发表这样的言论,真是太可耻了!"

阿斯奎斯先生漫不经心地瞟了一眼愤愤不平的兰斯伯里,但没有屈尊回应,而是瘫坐在座位上。兰斯伯里先生对我们女性受到的侮辱深感震惊，他大步走向政府部员席，与首相直接对峙，再次说道："先生，您说这样的话真是太可耻了。您和您的同僚们都令人不齿。你们自称是绅士，却用这种方式强迫喂食和杀害女性。你们应该被赶下台。说说抗议吧。这是英国历史上最不光彩的事情。你们将作为折磨无辜女性的人被载入史册。"

这时下议院中已经群情鼎沸了，愤怒的工党议员不得不扯着嗓子大喊，以便在喧闹声中被人听见。那天阿斯奎斯先生要求兰斯伯里先生离开下议院的傲慢命令在第二天见诸报端前可能都没什么人知道。不管怎样，兰斯伯里先生又继续抗议了五分钟。他喊道："你们杀害、折磨、逼疯女性，然后却告诉她们可以离开了。你们应该为自己感到羞耻。你们谈论原则——你们谈论阿尔斯特①的斗争——你们，也——"他转向统一派议员，"你们也应该被赶出公共生活。这些女性正在告诉你们什么是原则。你们应该尊重她们为自己的女性身份挺身而出。英国的下院议员们，我告诉你们，你们应该为自己感到羞耻。"

最后还是议长来给阿斯奎斯先生解了围，他要求兰斯伯里先生务必服从首相的命令离开下议院，说这种扰乱秩序的行为会让人们不再尊重下议院。"先生，"兰斯伯里最后义愤填膺地喊道，"人们已经不再尊重它了。"

这种对政府前所未有的愤怒和蔑视的爆发在当时引发了轰动，各方都认为应该下令释放囚犯，或者至少应该停止强迫喂食，这其实是一回事。妇女参政论者每天都成群结队地向霍洛威进发，为囚犯

---

① 阿尔斯特，爱尔兰北部地区的旧称。

演唱小夜曲,并在簇拥的人群中举行抗议集会。隐约飘入我们竖起的耳朵中的音乐和欢呼声悦耳得无以言表。然而,就是在听着其中一首小夜曲的时候,我经历了狱中最可怕的时刻。我躺在床上,饥饿让我无比虚弱,这时我听到劳伦斯夫人的牢房里突然传来一声尖叫,随后是一阵持久而激烈的扭打声,我就意识到他们竟敢把残忍的勾当带到我们门口了。我一下子从床上跳了起来,虚弱和愤怒让我不住颤抖,我背靠着墙,等待着可能发生的事情。不一会儿,他们就折磨完了劳伦斯太太,猛地推开我牢房的门。我看到医生到了门口,他们身后是一大群女看守。"潘克赫斯特夫人。"医生开口说道。我立刻从旁边的桌子上拿起一个沉重的陶制水壶,用已不再感觉虚弱的双手把水壶高高举起。

我大喊道:"如果你们中有谁敢踏进这间牢房一步,我就要自卫了。"有那么几秒钟,没有人动,也没有人说话,接着医生含糊不清地嘟囔了几句,说明早再干这事儿也一样,然后大家都退了出去。

我要求他们让我进劳伦斯夫人的牢房,在那里我发现我的同伴已经陷入绝境。她是位坚强的女性,意志非常坚定,需要九名女看守合力才能制服她。他们毫无征兆地冲进了牢房,在她毫无防备的情况下抓住了她,否则他们可能根本不会得逞。由于她反抗得如此激烈,医生都无法使用听诊器,而且费了好大劲才把管子插进去。这场惨剧结束后,劳伦斯夫人昏了过去,之后几个小时都病得很重。

这是他们最后一次尝试对我和劳伦斯夫人进行强迫喂食,两天后,我们因医疗理由被下令释放。其他绝食抗议者也被分批释放,因为每天都有一些胜利的反叛者让政府差点就真的成了谋杀犯。在连续十多天、每天被强迫喂食两次后，劳伦斯先生在7月1日获释，当时他已完全崩溃。那之后的几天里，最后一批囚犯也获得了自由。

我一完全康复，就去了巴黎，有幸再次见到了我女儿克丽斯特贝尔，在所有充满纷争和痛苦的日子里，她一直把个人的焦虑置于脑后，坚定地开展领导工作。佩西克·劳伦斯夫妇缺席不在时，我们的报纸《给妇女投票权》的编辑工作全部落在了她的肩上，而她总能勇敢承担新的责任，她娴熟而又谨慎地主持着报纸的工作。

我们有很多事情要谈、要考虑，因为很明显，不能像其他选举权团体建议的那样放弃斗争，而是必须比以前更加积极地继续斗争。这场斗争已经拖得太久了。我们必须设法速战速决，把它推向高潮，让政府承认必须做点什么。我们已经证明了我们的力量是坚不可摧的。我们不会被击败，我们不会被吓倒，我们甚至不会乖乖待在监狱里。因此，既然政府已经提前输掉了战争，我们的任务仅仅是让他们加速投降。

选举权问题在议会中颗粒无收。第三版《调解议案》未能通过二读，反对的多数票为14票。

许多自由党议员不敢给这项议案投赞成票，因为劳合-乔治先生和刘易斯·哈考特先生一直在散布谣言，说在那个时候通过这项议案会导致内阁分裂。爱尔兰民族主义议员对这项议案怀有敌意，因为他们的领袖雷德蒙德先生是反妇女参政论者，并且拒绝在《地方自治议案》中加入妇女选举权的条款。我们昔日的支持者工党议员对他们自己的某些议案如此冷漠，或者说如此害怕，以至于在议案二读的那天，他们中的大多数人都远离了议院。议案就这样失败了，而因此受到指责的却是激进分子！6 月，政府宣布很快将提出阿斯奎斯的男性选举权议案，此后不久，确实出现了这样一项议案。它简化了登记机制，将居住期限要求缩短为 6 个月，并废除了财产要求、多次投票和大学代表权。总之，它赋予所有 21 岁以上的男性选举权，却拒绝赋予所有女性同样的权利。在选举权运动的历史上，女性从未受到过如此的侮辱；在英国历史上，女性的自由也从未受到过如此的打击。诚然，首相曾承诺提出一项可以修正的议案，以纳入妇女选举权，并允许通过二读的修正案成为议案的一部分。但是我们不相信会有修正案，也不相信任何从一开始就不是政府正式措施的议案。阿斯奎斯向女性做出的承诺没有一项是兑现的，而这项新的承诺也根本没有打动我们。我们都知道他这样做只是为了掩盖他破坏《调解议案》的背叛行为，希望能安抚妇女参政论者，或许能够让激进行动再次告一段落。

如果最后这一点是他所希望的，那他要彻底失望了。不断出现的迹象表明，女性不再满足于打破窗户这类象征性的激进行为。比如说，在白厅的内政大臣办公室发现了纵火未遂的痕迹。在另一位内阁大臣的家门前也发现了类似的痕迹。如果政府因为这些警告而采取行动，给予妇女投票权，那么此后发生的所有后果严重的激进行动都可避免。但是，就像法老的心一样，政府的心也变刚硬了①，激进行动接二连三地发生了。7 月，妇女社会政治联盟发表了一份宣言，阐明了我们在这方面的打算。宣言的部分内容如下：

---

① "法老的心刚硬"这一典故出自《圣经·旧约·出埃及记》，其中讲到，摩西奉耶和华之命用十种灾祸打击埃及人，希望迫使法老放走在埃及为奴的以色列人，但法老十分固执，不肯让步。

"妇女社会政治联盟的领导人经常警告政府，除非赋予妇女投票权，作为对过去温和斗争的回应，否则将唤起更猛烈的反抗精神，到时就无法控制了。政府盲目地无视这一警告，现在他们要为自己缺乏政治家眼界的愚蠢行为付出代价。"

这是在阿斯奎斯先生访问都柏林后立即发布的。这个场合本来应该盛况空前，为向地方自治发起人致敬而举行声势浩大的群众示威游行，但妇女参政论者把这变成了你能想象到的最让人不快的尴尬场面。从阿斯奎斯先生企图秘密离开伦敦到他返回，他时时刻刻都生活在对妇女参政论者的恐惧中。他每次进出火车车厢或轮船时，都会撞上女性。他每次站起来讲话都会被女性打断。他每次公开露面都被女性搞得一团糟。当他离开都柏林时，有个女人朝他坐的汽车扔了一把斧头，不过他没有受伤。作为对爱尔兰人接待他的终极抗议，两个女人放火烧了皇家剧院。当时剧院几乎是空的，演出已经结束，造成的损失相对较小，然而涉事的两名女性，利夫人和埃文斯小姐，却被残暴地各判了五年。她们是我们运动历史上第一批被判苦役的女性。当然，她们并没有服刑。一进入蒙特乔依监狱，她们就像往常一样要求一等监狱待遇，但遭到了拒绝，她们立即绝食抗议。当时，许多爱尔兰妇女参政论者因抗议《地方自治议案》将女性排除在外而进了蒙特乔依。她们在一等监狱，本来马上就要获释了，但不屈不挠的战斗精神让她们展开了一场表示支持的绝食抗议。她们获释了，但政府禁止释放利夫人和埃文斯小姐，也就是说，政府命令当局，只要通过强迫喂食还能维持生命，就继续扣留这两名女性。经过一场在我们历史上几乎前所未有的激烈而残酷的斗争，这两名女性终于杀出了一条血路。

一名妇女参政论者在切斯特向阿斯奎斯
先生扔了一袋面粉

　　那年整个夏天，英国上下都涌动着激进的情绪。一系列针对高尔夫球场的攻击开始了，这完全不是肆无忌惮的恶作剧，而是为了一个直接而非常实际的目的，那就是提醒那些迟钝而自满的英国公众，当英国妇女的自由被剥夺时，根本没时间考虑体育运动。女性们选择了著名的自由党政客周末常去的乡村俱乐部，用酸性物质烧毁了大片草皮，高尔夫球场暂时没法使用了。她们在有的地方烧出了"给妇女投票权"的字样，而且总是留下一些东西提醒人们，妇女在为自己的自由而战。有一次，当王室在苏格兰的巴尔莫勒尔堡时，妇女参政论者侵入了皇家高尔夫球场，到了星期天早晨，人们发现所有的标志旗都换成了妇女社会政治联盟的旗帜，上面写着"给妇女投票权就是给大臣们和平""强迫喂食必须叫停了"等。妇女参政论者经常光顾高尔夫球场，去质问那些畏首畏尾的大臣们。两名女性跟随首相去了因弗内斯，当时他正在那里与麦肯纳先生打高尔夫。一名妇女参政论者走近那些人，喊道："阿斯奎斯先生，你必须停止强迫喂食——"她没能靠得更近，或许是因为阿斯奎斯先生气得脸色发白——退到了内政大臣身后，而内政大臣完全把礼貌抛到了脑后，一把抓住这位妇女参政论者，大声嚷嚷着要把她扔进池塘。"那我们就带你一起进去吧。"两名女性回嘴道，接着发生了一场激烈的混战，她们没被扔进池塘。

这次高尔夫球场上的活动确实比所有的破窗行动都更能引起人们对我们的敌意。报纸上的文章呼吁我们不要干涉这项有助于疲惫的政治家清晰思考的运动，但我们的回应是，它对首相和劳合-乔治先生没有任何效果。我们已经毁了他们以及一大批安逸男人的体育运动，好让他们不得不好好想想女人的问题，以及她们争取正义的坚定决心。

秋天，我在阿尔伯特音乐厅举行的妇女社会政治联盟大会上发表了讲话，从而重新投入积极的工作中。在那次会议上，我不得不宣布，佩西克·劳伦斯夫妇与妇女社会政治联盟的六年合作已经结束了。

妇女社会政治联盟从来没有讨论过个人的分歧，从来没有允许个人分歧中断运动的进行，哪怕只是占用一个小时干扰运动的进展，所以除了 10 月 17 日假期后在阿尔伯特大厅举行的第一次大会上说

佩西克·劳伦斯和克丽斯特贝尔·潘克赫斯特

过的,在这里我就不再多谈这个重要分歧了。那天,有一份新报纸在街头出售。它的名字叫《妇女参政论者》,由克丽斯特贝尔·潘克赫斯特编辑,自此成为联盟的官方报纸。在这份新报纸和《给妇女投票权》上都登载了如下声明:

领导人的严正声明

在被迫休假后的第一次领导人聚会上,潘克赫斯特夫人和克丽斯特贝尔·潘克赫斯特小姐概述了一项新的激进政策,佩西克·劳伦斯夫妇发现自己完全无法赞同这项政策。

潘克赫斯特夫人和克丽斯特贝尔小姐表示,她们不准备改变自己的打算，并建议佩西克·劳伦斯夫妇继续掌管《给妇女投票权》这份报纸，退出妇女社会政治联盟。

佩西克·劳伦斯夫妇同意这样做，而不是在联盟队伍中制造分裂。

四人都在声明上签了字。那天晚上，我在会上进一步向成员们解释说，虽然与老朋友和战友的别离无疑是艰难的，但我们必须记住，我们是在一支部队中作战，目标一致和政策一致是绝对必要的，因为没有这些，军队就会被无可救药地削弱。我说："那些在政策上意见不一致的人，应该让他们获得自由，分离出去，自由地按照他们自己的方式继续执行他们的政策，而不是受那些他们不再赞同的人的束缚，这样更好。"

我接着说："对于佩西克·劳伦斯夫妇为争取妇女选举权的激进运动所做出的不可估量的贡献，我的赞赏和感激无以言表，我坚信，如果他们今后能够按照自己认为最佳的方式自由地为争取妇女选举权而努力，那么妇女运动的力量会更加强大，而我们妇女社会政治联盟将继续进行激进运动，这是由我和我女儿以及一些女性在六年多前发起的。"

然后，我继续审视了妇女社会政治联盟目前所处的形势，并概述了它所决定的新的激进政策。首先，这项政策是不懈的反对，不仅反对执政的自由党，而且反对联合政府中的所有政党。我提醒女性，这个曾经欺骗和背叛我们、如今又密谋使我们在取得公民身份方面的进程加倍困难的政府，是通过三个政党联合执政才得以维持的。自由党名义上是执政党，但如果没有民族主义者和工党的联合，他们一天也维持不下去。因此我们不仅要对自由党说，也要对民族主义者和工党说："只要你们让一个反选举权的政府继续执政，你们就是参与他们罪行的人，从今以后，我们会像反对那些在你们支持下继续执政的人一样反对你们。"我又说："我们已经呼吁工党按照自己的纲领履行职责，在每一个问题上都反对政府，直到政府公正对待妇女为止。他们显然不愿意这样做。他们中有些人告诉我们，其他事情比妇女的自由，比职业女性的自由，更重要。我们说：'既然如此，先生们，我们必须让你们明白你们自己的原则的价值观，在你们准备好支持妇女决定她们生活的权利以及她们生活所依据的法律之前，你们和阿斯奎斯先生一行人一样，对女性在争取解放的斗争中已经发生和正在发生的一切负有同等的责任。'"

我进一步勾勒了我们更强有力的进攻新政策，我说："女士们，先生们，人们对这场运动有诸多批评。在我看来，政府中反对选举权的成员批评女性好斗，无异于猛兽责备那些在死亡关头奋起反抗的温顺动物。那些毫不犹豫地命令军队屠杀反对者的绅士们，那些毫不犹豫地鼓动党内暴徒在公众集会上攻击手无寸铁的女性的绅士们——来自他们的指责很难有说服力。我还收到一些人的来信，他们告诉我，他们是热心的妇女参政论者，但他们说，他们不喜欢激进运动最近的发展，并恳求我力劝成员们不要罔顾人命。女士们，先生们，激进的妇女参政论者的罔顾人命都是对自己生命的罔顾，而不是对他人生命的罔顾，此时此刻，我要说，妇女社会政治联盟的政策从来没有，也永远不会不顾一切地危害人的生命。我们把它留给敌人了。我们把它留给打仗的男人了。这不是女人的方法。不行，即使从公共政策的角度来看，影响人类生命安全的好战行为也是不合时宜的。政府对有些东西的关心超过了对人命的关心，那就是财产的安全，因此我们要通过财产来打击敌人。从今以后，赞同我的女性会说：'先生们，我们无视你们的法律，我们把女性的自由、尊严和福祉置于这些事项之上，我们将像过去那样继续这场战争；财产的牺牲或损失都不是我们的错。这是政府的错，他们承认我们的要求是正义的，但在没有证据的情况下又拒绝让步，他们是这样告诉我们的，对过去的政府来说，那些要求自由的人，他们的需求是真切的！'"

我号召与会的女性同我一起投入到这场新的战斗中来，我再次提醒她们，在妇女选举权队伍中战斗的女性肩负着一项伟大的使命，一项世界上有史以来最伟大的使命——解放人类中的一半，并通过这种解放来救赎人类中的另一半。我对她们说："用你们自己的方式去战斗。你们中有些人可以去下议院并且不满意就不离开，从而表达你们的斗志，就像我们早期所做的那样——就这样做吧。你们中有些人可以加入我们反政府补选政策的活动，从而表达你们的斗志——就这样做吧。你们中有些人可以打破窗户——那就去打破吧。你们中有人可以进一步攻击财产暗中设立的偶像①，以使政府认识到，财产受到妇女选举权极大的威胁，就像过去受到宪章主义者的威胁一样——就这样做吧。我最后的话是对政府说的：我在这次会议上煽动叛乱。我要对政府说：你们不敢因为阿尔斯特的领袖们煽动叛乱就拿他们开刀。如果你们敢的话就抓走我吧，不过你们敢的话，我告诉你们，只要那些在阿尔斯特煽动武装叛乱和草菅人命的人还逍遥法外，你们就不会把我关在监狱里。只要男叛乱者和选民

---

① 暗中设立的偶像，典出《圣经・旧约・申命记》："有人制造耶和华所憎恶的偶像，或雕刻，或铸造，就是工匠手所作的，在暗中设立，那人必受咒诅。"

还是自由的,我们就不会一直被关在监狱里,不管是不是一等监狱。"

我请求我的读者们——其中有些人无疑会对我如此坦率地说出这些话感到震惊和不满——把自己放在下面这些女性的位置想一想:这些女性多年来为争取妇女的政治自由而无私献出生命;她们让很大一部分选民相信,如果下议院是一个自由的机构,我们早在几年前就赢得自由了;她们眼睁睁地看着自己因为背叛和权力的滥用而失去自由。我请你们考虑一下,在我们的鼓动运动中,在我们看清和平手段完全无济于事前,我们只使用了和平手段,在那之后的好几年我们也只使用了最温和的激进手段,直到我们受到内阁大臣们的奚落,他们告诉我们,除非我们使用和男人们在争取选举权的鼓动中使用的同样的暴力,否则我们永远也得不到选举权。在那之后,我们使用了更猛烈的激进手段,但即便这样,与男人们在劳资纠纷中使用的激进手段相比,也算不上暴力。在我们鼓动运动的各个阶段,我们都受到了最严厉的惩罚,像普通罪犯一样被送进监狱,近年来还遭受了一个世纪以来在世界各文明国家从未有过的酷刑的折磨。这些年里,我们目睹了灾难性的罢工,这些罢工造成了痛苦和死亡,更不要说巨大的经济浪费了,我们从未见过一个罢工领袖受到如我们一般的惩罚。曾因煽动妇女温和叛乱而被判处九个月监禁的我们,现在却看到一个不遗余力煽动军队哗变的劳工领袖在两个月内就被政府从监狱里放出来了。现在,我们已经到了眼看着就要爆发内战的地步,我们每天在报纸上读到的报道都比我们曾经说过的话要一千倍地煽动人心。我们听到知名的议员公开宣称,如果阿尔斯特人争取的《地方自治议案》获得通过,那阿尔斯特人就是正确的。这些人没有一个被捕。相反,有人还为他们喝彩。我们最严厉的批评者之一塞尔伯恩勋爵在谈到阿尔斯特人全副武装操练的事实时公开表示：“阿尔斯特人民为表明他们信念之深、感情之强而采取的方法会深深镌刻在整个国家的想象中。”但塞尔伯恩勋爵没有被捕。那些叛变的军官也没有被捕，他们在接到对付阿尔斯特人的命令时没有履行自己的职责，而这些阿尔斯特男人实际上正在准备内战。

这一切意味着什么呢？为什么男人们流血的战斗会受到赞扬，而女人们象征性的战斗却要受到监禁和强迫喂食的恐怖惩罚？简而言之，就是男人在性道德上的双标——他们欲望的牺牲品被视为弃子，而男人自己却逃脱了一切社会的谴责，生活中的方方面面的道德准则都是这样。男人制定道德准则，他们要求女人接受它。他们已经裁定，男人为自己的自由和权利而战是完全正确和恰当的，而女人为自己的自由和权利而战却是不正确和不恰当的。[1]

他们判定，当专横的统治者将奴役的枷锁强加给男人时，男人保持沉默是懦弱和丢脸的，但女人做同样的事情却不懦弱也不丢脸，而只是值得尊敬的。哎呀，妇女参政论者绝对反对这种道德上的双标。如果说男人为他们的自由而战是正确的，并且天知道如果自古以来男人都没有为他们的自由而战，今天的人类会是什么样子，那么女人为自己和她们所生的孩子的自由而战也是正确的。英国的女性激进主义者的立场就是建立在这一信条基础之上的。

---

[1] 毫无疑问，在 1913 年到 1914 年间，政府对我们的敌意很大程度上是由于克丽斯特贝尔·潘克赫斯特在《妇女参政论者》上发表的一系列文章所激起的性别怨恨。这些文章无畏而权威地揭露了性别不道德的罪恶，及其对无辜妻儿的毁灭性影响，它们后来被编入一本名为《大祸害，以及如何终结它》的书中出版，由伦敦西区新牛津街的戴维·纳特发行。——原注

第四章

我曾号召女性和我一起通过政府真正关心的唯一东西——财产——来发起抗议，而这立即得到了响应。几天之内，报纸上就铺天盖地都是伦敦、利物浦、伯明翰、布里斯托和其他六个城市的信箱遭到袭击的消息。有的地方邮差一打开信箱，信箱就莫名其妙地燃烧起来；有的地方信件被腐蚀性物质破坏；还有的地方，信件的地址被黑色液体弄得难以辨认。据估计，总共有 5 000 多封信被彻底销毁，还有数千封信在运输中被耽搁。

这些焚烧信件的抗议活动是十分严肃的，但我们认为还必须采取一些极端的行动，以消除英国男人对受不公正法律压迫的女性的苦难的冷漠态度。正如我们所指出的，信件虽然珍贵，却不如人的肉体和灵魂珍贵。泰坦尼克号沉没时，人们普遍认识到了这一事实。信件和贵重物品灰飞烟灭了，但比起更可怕的生命的陨灭，这些损失都不值一提。因此，为了唤起人们对更严重的反人类罪行的关注，我们继续焚烧信件。

只在少数几起案件中，制造麻烦的人被捕了，其中一名被捕的女性是一个无助的瘸子，她只能坐在轮椅上活动。她被判在一等监狱中服刑八个月，坚决绝食的她被以异乎寻常的残忍方式强迫喂食，狱医故意打掉她的一颗牙，以便塞进喂食管。尽管这个跛脚女孩身体残疾又虚弱，但她坚持绝食抗议，反抗监狱的规定，很快她就被释放了。由于囚犯们的反抗，其他信箱破坏者的过长的刑期都缩短了，他们人人都进行了绝食抗议。

当我们宣布将采取游击战而且不会继续待在监狱里时，我们已经向政府表明我们是非常认真的了，我们宣布休战，以便政府有充分的机会履行他们对《选举权议案》中关于妇女选举权修正案的承诺。我们从来都没有相信过阿斯奎斯先生会遵守诺言。我们知道，他一旦有可能就会违背诺言，但他几乎找不到这种机会。不管怎样，我们宣布休战的主要原因是，我们认为首相会想办法逃避承诺，我们决心把责任归咎于真正的叛徒，而不是激进分子。我们回顾了从前的选举权议案的历史：1908 年，议案以 179 票的多数通过了二读，后来阿斯奎斯先生拒绝继续让它进行下去；1910 年，《调解议案》以 110 票的多数通过了二读，阿斯奎斯先生又一次阻挠了它的进展，还许诺说，如果这项议案在 1911 年以一种能够自由修正的形式重新提出，就会给予它成为法律的充分便利；1911 年，这些条件都得到了满足，我们看到这项议案在又多得了 167 票的多数票后是如何被政府提出的男性选举权议案破坏的。这一次，阿斯奎斯先生许诺，这项议案的架构将能够让妇女选举权修正案加入，他还许诺，如果这样一项修正案通过二读，他将批准它成为议案的一部分。至于政府这次究竟要如何设法逃避他们的承诺，这激起了人们的猜测。

各种谣言满天飞，有的透露首相要辞职，有的暗示可能要举行大选，还有的猜测修正后的议案将带来一次关于妇女选举权的强制全民公决。也有人说，政府是想着让这项议案拖得足够久，以至于在下议院通过后，它就会被排除在《议会法》的适用范围之外，根据这项法律规定，一项议案如果延迟通过的时间超过一届议会任期的头两年，就没有机会得到上议院的审议了。未经上议院批准的议案必须在下议院通过三次才能成为法律。妇女选举权议案能做到这一点的可能性几乎为零。

对于这些传言，阿斯奎斯先生都没有明确否认，事实上，他对《选举权议案》所作的唯一正面表态是，他认为下议院极不可能通过妇女选举权修正案。为了打消下议院中支持妇女选举权的念头，劳合-乔治先生和刘易斯·哈考特先生又一次忙于散布使人丧气的预言，说一旦修正案获得通过，内阁就会分裂。他们很清楚，没有什么别的威胁能让后座的自由党议员更胆战心惊的了，这些人除了对党派盲目忠诚外，还害怕在这种分裂后的大选中失去席位。他们宁愿牺牲一切原则，也不愿冒丢掉政治饭碗的风险。当然，内阁分裂的暗示纯属无稽之谈，也没有唬住多少议员。但它清楚地证明了一件事，那就是阿斯奎斯先生的承诺，即让下议院完全自由地决定选举权问题，而且内阁随时准备服从下议院的决定，永远不会兑现。

未经修正的《选举权议案》从措辞上就明确拒绝承认任何妇女有选举权。爱德华·格雷爵士提出了一项修正案，将"男性"一词从议案中删除，从而为妇女选举权修正案留出了余地。有两项这样的修正案提了出来，一项规定成年男女均享有选举权，另一项规定女性业主和业主的妻子享有完全选举权。后者将妇女的投票年龄推迟到25 岁，而不是男性的 21 岁。1913 年 1 月 24 日，关于第一条修正案的辩论开始了。有一天半的时间用来审议爱德华·格雷爵士的修正案，如果这项修正案获得通过，就可以腾出时间来审议另外两项修正案了，其中每项可分配到三分之一天的时间。

在辩论期间，我们每天安排举行大型集会。在辩论开始的前一天，我们派出了由德拉蒙德夫人和安妮·肯尼小姐率领的职业女性代表团，去会见劳合-乔治先生和爱德华·格雷爵士。我们曾请求阿斯奎斯先生接待这个代表团，但他像往常一样拒绝了。这个代表团由2名领导、4名兰开夏郡的棉纺厂工人、4名伦敦血汗工厂工人、2名坑口女工①、2名教师、2名训练有素的护士、1名商店营业员、1名洗衣工、1名鞋靴工、1名家政工组成，总共20人，这正是劳合-乔治先生指定的人数。数百名职业女性护送代表团前往财政大臣官邸，在街上焦急地等待听取这次会见的结果。

当然，结果又是一无所获。劳合-乔治先生油腔滑调地重复着他对《选举权议案》所提供的"大好机会"的信心，爱德华·格雷爵士则提醒女性注意内阁成员在选举权问题上的意见分歧，并向她们保证，她们取得成功的最佳机会在于对现行议案进行修正。这些女性极其坦率地与两位大臣交谈，并尖锐地质问他们，如果修正案通过，首相会接受它的承诺是否真实可信。英国政治已经堕落到如此可耻的地步，竟有可能让女性公开质疑国王首席大臣的承诺了！不敬畏任何人的德拉蒙德夫人直截了当地邀请狡猾的劳合-乔治先生洗刷对他本人的"诽谤"。她在演讲的最后几句话中清楚地向他抛出了整个问题，她说："现在，劳合-乔治先生，您一直固执地坚持您的养老金和保

---

① 坑口女工，1842年英国出台《矿井法》禁止10岁以下的儿童以及所有女性从事地下采矿工作，但此法并未禁止女性从事矿坑地上的工作，于是出现了"坑口女工"，她们从事装车、分拣煤矿等各种地上工作，19世纪中期英国的很多明信片和照片中都可看到她们的身影。

险议案,并且确保了它们的通过,您为这些议案所做的一切,也可以为妇女们做。"

　　第二天下午,下议院开会辩论爱德华·格雷爵士提出的非强制性修正案,但辩论一开始,一颗名副其实的重磅炸弹就被投了进来。博纳·劳先生站了起来,要求就在这项议案中加入妇女选举权修正案是否符合宪法作出裁决。既是下议院主持官员又是正式议员的议长回应说,他认为这样一项修正案会对议案产生巨大的影响,他不得不在辩论的后期仔细考虑,如果妇女选举权修正案获得通过,是否会让议案产生实质性的变更,以至于不得不将其撤销。尽管有这一不怀好意的声明,但下议院仍继续就格雷的修正案进行了辩论,这项修正案得到了休·塞西尔勋爵、约翰·罗尔斯顿爵士等人的有力支持。

　　在周末假期期间,举行了两次内阁会议,周一下议院开会时,首相要求议长作出裁决。议长宣布,他认为任何一项妇女选举权修正案的通过都会改变《选举权议案》的适用范围,实际上相当于制定了一项新议案,因为这项议案制定的主要目的并不是赋予一个迄今仍被排除在外的阶层选举权。如果它是为此制定的,妇女选举权修正案是完全妥当的。但这项议案的主要目标是改变议会选举的选民资格要求或者说登记的依据。这会增加男性选民的人数,但这只是改变资格要求的间接结果。在议长看来,一项取消选举法中的性别藩篱的议案修正案是不妥的。

　　首相随后宣布了内阁的打算,即撤销《选举权议案》,并在本届会议期间避免提出一项多次投票制的议案。阿斯奎斯先生轻描淡写地承认,他已无法兑现他关于妇女选举权的承诺,他说他感到有必要做出新的承诺来代替它。他只能再给出两项承诺。第一,政府应提出一项赋予妇女选举权的议案，但政府不会这样做。第二，政府同意在下届议会会期内，在时间上给予一项私人议员的议案充分便利，使其起草后能够自由修正。这就是政府决定采取的方针。阿斯奎斯先生厚颜无耻地总结道，他认为下议院会一致认为，无论在形式上还是内容上，他都已经努力并成功地兑现了政府做出的每一项承诺。

下议院中只有亨德森先生和基尔·哈迪先生两名议员有勇气站出来谴责政府背叛，政府毫无疑问就是背信弃义。阿斯奎斯先生曾以他神圣的名誉承诺，要提出一项能够纳入妇女选举权修正案的议案，而他却制定了一项无法进行此类修正的议案。他究竟是出于出卖妇女的明显意图而故意为之，还是由于不了解议会的规定而导致议案夭折，这都无关紧要。这项议案可不是在一无所知的情况下起草的。议长先生所代表的睿智之人本可以在议案进入辩论阶段时就进行商讨，这和在它构思时进行讨论一样容易。我们的报纸社论代表并完美表达了我们成员的观点："要么是尸位素餐的政府对议会程序一窍不通，要么他们就是最恶劣的无赖。"

我认为后人的判断会更倾向于后一种结论。如果阿斯奎斯先生是一个正直的人，他就会重新拟定《选举权议案》，使其能够纳入一项选举权修正案，否则他就要弥补自己犯下的惊人错误——如果这算是个错误的话——提出一项妇女选举权的政府议案。他一样都没有做，而是通过承诺为一项私人议员的议案提供便利草草了结了此事，而他和所有人都知道，这种私人议案是不可能通过的。

出于种种原因，即便有了便利条件，私人议员的议案也不可能通过，而主要的原因是《调解议案》的破产彻底摧毁了和解精神，下议院的保守党人、自由党人以及整个王国激进和不激进的女性都曾在这种精神下搁置各自的意见分歧,同意共同制定一项折中的议案。在1911年第二项《调解议案》得到讨论时,李顿勋爵曾说:"如果这项议案不能通过,妇女选举权运动就不会停息,而这项议案所体现的和解精神将被摧毁,全国各地将爆发战争,猛烈、痛苦的冲突肆虐横行,尽管没人希望这样。"

李顿勋爵的话很有预见性。政府这一厚颜无耻的诡计让举国上下都怒不可遏。所有选举权团体都联合起来,要求政府立即提出一项妇女选举权议案。为私人议员议案提供便利的空洞承诺遭到了谩骂和蔑视。自由党中的妇女执行委员会召开会议,极力想通过一项决议,以退出整个联合会的政党工作作为威胁,但这项尝试失败了,执行委员会只通过了一项软弱无力、充满遗憾的决议。

当时,妇女自由联合会的成员接近 20 万人,如果执行委员会通过了那项强有力的决议,在政府议案出台之前拒绝为党派做任何工作,政府就会被迫让步。如果没有妇女的支持,他们不可能应付整个国家的运转。但是,这些女性中很多人是自由党中有偿服务人员的妻子。她们中的许多人是自由党人的妻子。她们缺乏作为一个整体向政府宣战的勇气、智慧和洞察力。确实有大量女性,甚至许多男性,退出自由党,但这些叛离还没有严重到影响政府。

激进分子宣布并立即展开了不屈不挠的战斗。我们宣告,不给我们一项政府议案,就让内阁分裂——内阁中那些自称妇女参政论者的男人都退出了——否则我们将再次拿起剑,在英国妇女获得选举权之前绝不放下。

正是在这个时候,1913 年 2 月,就在我写下这些文字的不到两年前,公众现在普遍理解的激进行动,那种通过破坏私有财产对政府展开持续的、破坏性的游击战的激进行动开始了。在此之前，已经有一些财产遭到破坏，但袭击都是零星的，目的是对可能成为既定政策的事情发出警告。现在，我们确实点燃了火炬，而且我们坚信，在我们前方已经没有别的路可以走了。我们已经尝试了所有其他办法，我想我已经向我的读者们证明了这一点，多年的工作、苦难和牺牲告诉我们，这个政府不会向下议院大多数议员都承认的正义与公平让步，但这个政府会像其他政府一样向权宜之计让步。现在我们的任务是向政府表明，向妇女的正当要求让步是权宜之计。为了做到这一点，我们必须让英国和英国人生活的方方面面都变得不再太平。我们不得不把英国法律和法庭搞得一团糟；我们不得不让政府和议会在世人眼中失去信誉；我们不得不破坏英国的体育运动，损害商业，毁坏宝贵的财产，败坏社会风气，使教会蒙羞，扰乱井然有序的生活——

也就是说，我们不得不在英国人民所能容忍的范围内发动尽可能多的游击战。等到他们直截了当地和政府说"停止这一切吧，唯一能让它停止的办法就是给予英国妇女代表权"，我们才会熄灭我们的火炬。

所有人中，美国人应该最明白我们这套论证的逻辑。有一段深受学生喜爱的美国人的演说，频频被激进人士在讲台上引用。美国伟大的政治家帕特里克·亨利在一次演讲中总结了导致美国革命的原因，这篇演说词现已成为英语的经典作品。他说："我们曾请愿，我们曾抗议，我们曾恳求，我们曾匍匐在王座下，但这一切都是徒劳的。我们必须战斗——我再说一遍，先生，我们必须战斗。"

别忘了，帕特里克·亨利提倡将杀人和破坏私有财产作为保障男人政治自由的适当手段。妇女参政论者从没有这样做过，也永远不会这样做。事实上，这种感人的激进精神是对人类生命深沉而持久的敬畏。在我们后期的宣传鼓动中，我曾应邀与包括政治家、文学家、律师、科学家和教士在内的许多知名人士讨论我们的政策。其中最后提到的教士中，有一位英国国教显要人物告诉我，虽然他是一位坚定的妇女参政论者，但他认为，我们做了错误的事情后，正确的事情不可能随之而来。我对他说："我们没有做错误的事情，我们用革命的方法反对私有财产，这是正确的事情。我们的工作是恢复正确的价值观，强调人权的价值，而不是财产权的价值。先生，您很清楚，财产在人们的眼中和在法律角度已经具有了它本不该具有的价值。它被置于所有人类价值观之上。生命、健康和幸福，甚至妇女和儿童——也就是说人类本身，每天都被无情地牺牲在财产之神面前。"

对此，我的教士朋友表示同意，我说："如果我们女性为了恢复人类的价值而破坏私有财产是错误的，那么恕我直言，基督教的创始人破坏私有财产也是错误的，比如说他把兑换银钱的人赶出圣殿，把加大拉的猪群赶进海里。①"

正是本着这种精神，我们的女性参与了战斗。在游击战的第一个月里，大量财产遭到破坏和损毁。1月31日，许多小高尔夫球场被酸性物质烧毁；2月7日和8日，一些地方的电报和电话线路被切断，伦敦和格拉斯哥之间的所有通信中断了数小时；几天后，伦敦多家高档俱乐部的窗户被打破，邱园②的兰花馆被毁，许多珍贵的花朵被寒冷摧残。伦敦塔的珠宝馆被入侵，一个陈列柜被打碎。克里斯

---

① 把兑换银钱的人赶出圣殿的故事出自《圣经·新约·马可福音》，而把加大拉的猪群赶进海里的故事出自《圣经·新约·马太福音》。

② 邱园，即英国皇家植物园，是一座世界闻名的植物园和科学机构。

蒂安王子殿下的住所和坎特伯雷大主教的住所兰贝斯宫都被光顾了，窗户被打破。2月12日，摄政公园的茶馆被夷为平地；2月18日，在山旁沃尔顿为劳合-乔治先生修建的一所乡间别墅部分被毁，清晨在工人到达前，一枚炸弹爆炸了。在房屋附近捡到的一枚帽针和一个发夹，再加上作案时避免危及任何人生命的小心翼翼，使警察相信这是劳合-乔治先生的女性敌人干的。四天后，我被逮捕，并被送上了埃普索姆治安法庭，在那里我被指控"怂恿"制造破坏的人。我当晚就获准被保释，第二天早上我出庭，案件得到了全面审查。他们阅读了我的演讲词，其中一篇是在1月22日举行的一次会议上发表的，在那次会议上，我寻找和我一起执行一项特殊任务的志愿者；另一篇是在爆炸发生后的次日发表的，我公开承认对过去所发生的一切激进行为负责，甚至也对在沃尔顿发生的事情负责。审讯结束后，我被送往吉尔福德五月巡回法庭受审。据说，如果我同意按惯例承诺不从事也不煽动任何激进行动，就可以获准保释。

我请求将此案交由当时正在进行的巡回法庭迅速审理。我说，我非常愿意作出短期的，一个星期，甚至两个星期的承诺，但我不可能承诺在更长的时间内这样做，因为议会的新一届会议将在3月开始，而这与妇女的利益息息相关。我的请求被拒绝了，有人下令把我送到霍洛威。我警告治安法官，我会立即绝食抗议，我还告诉他，如果我真能活到夏天，接受审判的也是一个奄奄一息的女人。

到达霍洛威后，我实施了我的计划，但不到24小时，我就听说当局安排在4月1日而不是6月底对我进行审判，而且是在伦敦中央刑事法院而不是吉尔福德法院进行审判。于是，我按要求做了承诺，并立即获得了保释。

第五章

1913年4月2日，那是个值得纪念的星期三，当我走进"老贝利"准备接受煽动重罪的审判时，法庭上挤满了女性。一大群弄不到入场券的女性在楼下的街道上停留了几个小时，等待审判的消息。大批苏格兰场的警探和更多身穿制服的警察在法庭内外执勤。我不明白为什么他们认为需要在现场部署如此多的警力，因为当时我还没有意识到，新发展起来的激进运动使当局陷入了多么骇人的境地。

博德金先生和特拉弗斯·汉弗莱斯先生代表王国出庭起诉，而我在与我的律师马歇尔先生协商后决定自行辩护。法官勒什先生就座后，我走上被告席，听取起诉书的宣读。我为自己作"无罪"辩护，不是因为我想逃避爆炸的责任——我已经承担了这个责任——而是因为起诉书指控我邪恶蓄意地煽动妇女犯罪。我的所作所为并非出于邪恶的目的，而恰恰相反。因此，我不能如实认罪。审判开始后，法官礼貌地问我是否愿意坐下。我谢过了他，并问他能否给我一张小桌子，让我把文件放在上面。法官命人给我搬来了一张桌子。

博德金先生在开庭时解释了1861年的《恶意破坏财产法》，对我的起诉是根据此法提起的，在描述了炸毁劳合-乔治位于沃尔顿的房屋的爆炸事件后，他说我被指控为这件事中的事前从犯①。他说，没有证据显示犯罪实施时我在场，但有人指控我动员、煽动、建议和唆使姓名不详的女性实施犯罪。在证据呈上之后，应由陪审团来决定，事实是否清楚地指向这样一个结论：实施犯罪的女性（可能有两名）是妇女社会政治联盟的成员，该联盟在伦敦金斯韦设有办事处，而被告是联盟的头目、策划者和公认的领袖。

随后，有人详细描述了劳合-乔治先生房屋被炸毁的经过。博德金先生说，从犯人对劳合-乔治发出的恶言来看，这次破坏行为显然是针对他的。他出示了一封我写给一位朋友的私人信件，在信中我为激进行为辩护，并说这不仅是一种义务，而且在当时的情况下，也成为一种政治需要。博德金先生说：

"这样一封信清楚地证明了几件事。它表明她是领导者。它表明她对这个组织中感情用事的成员之影响力。它表明，按照她的说法，可以暂时克制激进行为，另择他日再向社会释放。它进一步表明，沉溺战斗（这只是对社会犯罪的一种形象的表达）的任何人或者说任何女人，都必须通过口头或信件与她沟通，而且是只与她沟通。这无异于发给该组织成员的宣言。这封信用简单明了的话来说就是，'如果我们得不到我们想要的东西，政府及其成员将为此负责，政府和公众将被逼着给予我们想要的东西'。"

有人朗读了我在1月和2月演讲的许多片段，以及我在切尔西被捕前发表的最后一次演讲的内容。而在他们读之前，我说：

"我现在要对警方对于我演讲的报道提出异议。这些报道已经

---

① 事前从犯，指促成或建议或命令实施犯罪但在犯罪实施时不在场的人。

提供给我了,我唯一接受的是加的夫记者的报道,这名记者是目击者之一。他对我在那座城市所说的话作了相当准确的报道。我不接受警方的报道。这些报道严重失实、无知、颠三倒四,而且在许多方面让人们对我说的话留下了完全错误的印象。"

随后对证人进行了讯问:听到并报告爆炸的车夫;负责修建这座受损房屋的工头,他说明了这些损失的费用,并描述了在房屋内发现的爆炸物等;几名说自己在房屋中发现发夹和一双女人的橡胶套鞋的警察。没有任何证据表明妇女参政论者与这件事有关。法官注意到了这一点,他对博德金先生说:

"我不太清楚你要如何陈述案情。有两种看法。你是只要求陪审团说被告特地建议了这次犯罪的实施,还是说从你读到的她的讲话来看——假设你证明她说过这些话——她使用的语言是广泛煽动破坏财产的,任何听她怂恿犯下这种暴行的人都是受到了她的煽动?"

博德金先生回答说,后一种假设是正确的。

"我认为,这些演说一般都是在煽动各种侵害财产的暴力行为,它们提供了侵害财产和攻击特定之人的证据。在读到的那些演说中,有证据可以证明,潘克赫斯特夫人承认自己与这起暴行有关,因此在法律上,她是事前从犯。"

"可是你并不认为此事只适用于后一种说法吧?"

"是的。"博德金先生回答道。

法官说:"即使陪审团确信潘克赫斯特夫人并没有通过怂恿暴行而与这起暴行直接相关,你仍然要求陪审团说,通过你所说的她在演讲中怂恿破坏财产,特别是属于某位绅士的财产,任何据此行事并犯下这种暴行的人都是受到了她的煽动?"

"是的,法官大人。"

"我想,潘克赫斯特夫人,你现在理解他的意思了吧?"

"我完全理解了,法官大人。"我回答道。

第二天,诉讼程序再次开始,对原告证人的讯问继续进行。讯问结束时,法官问我是否需要传唤证人。我回答说:

"我不想提供证据,也不想传唤证人,但我想对阁下说一些话。"

我先是反对博德金先生在发言中所说的一些与我私人相关的事。他提到我——或者至少他的言辞中传达了这样的意思——说我一个开着车四处游荡的女人,煽动其他女人做一些可能会被打进监狱或遭受巨大痛苦的事情,而或许沉湎于某种奇怪乐趣的我,却受到保护,或者说自认为受到保护,免于遭受严重后果。我说,博德金先生非常清楚,我和其他女人一样面临着种种危险,我进过三次监狱,其中两次服满了刑期,遭受了像普通重刑犯一样的对待——被搜身,穿囚服,吃囚饭,单独监禁,还要遵守强加给英国女罪犯的所有令人憎恶的规定。我想我不得不说,不仅博德金先生,还有下议院的政府成员都指出,我生活奢侈,这其实是妇女社会政治联盟资助我的,我想我不得不说,我现在没有汽车,也从来没有过汽车。我偶尔乘坐的那辆车是组织所有的,用于一般的宣传工作。在那辆车里,还有朋友们的车里,我作为妇女选举权运动演讲者开展我的工作。我要说,说我们中的一些人每年能从选举权运动中赚取 1 000 至 1 500 英镑的收入也是不实的,在下议院辩论中,议员试图以此压制激进主义。在我们的组织中,没有一名女性能挣到这么多钱或者类似的收入。就我自己而言,我已经牺牲了相当一部分收入,因为我不得不放弃其中非常重要的一部分，以便能够自由地履行我认为自己在运动中的职责。

在为自己辩护时，我告诉法庭，当一大批受人尊敬、生性守法、生活正派的人开始蔑视法律，开始真的认为他们违法是正当的，情况就非常严重了。

我说："良好的政府整体建立在接受法律、尊重法律的基础上，而我要郑重地对你们说，法官大人，还有陪审团的先生们，有才智的女性、有教养的女性、生活正派的女性，已经不再尊重这个国家的法律很多年了。这是不争的事实，如果你看看这个国家的法律对女性的影响，就不会感到奇怪了。"

我花了很长时间研究这些法律，根据这些法律，如果我被判有罪，法官可以判处我十四年监禁，而对小女孩犯下最恶劣的罪行，最高刑罚也不过是两年监禁。继承法、离婚法、子女监护法——所有这些对女性极其不公正的法律，我都做了简要概述，我说，除了这些法律和其他法律本身，它们的执行也不尽如人意，女性感到必须让她们分担清理整个局面的工作。在这里，我试着讲述我作为一名辩护律师的妻子所了解到的某些可怕的事情，一些身居高位、受命执法的男人的事情，这位巡回法庭法官审理了许多针对女性的骇人听闻的罪行，有一天早上，有人发现他本人死在一家妓院里，但法庭不允许我详细讨论他所说的"杰出人物"的品性，告诉我陪审团要解决的唯一问题就是我是否犯有被指控的罪行。我只能谈论这个问题，不能谈别的。

经过一番艰苦的斗争，我终于获准告诉陪审团，为什么女性不再尊重法律，为什么她们为了成为立法者而进行这样的斗争，最后我说了这样一席话：

"在这场骚动中，有一千多名女性被关进监狱，她们遭受监禁之苦，出狱时健康受损，身体虚弱，但精神未受挫。我是从我一个女儿的病床边离开前来接受审判的，她刚从霍洛威监狱出来，因为和另外四人一起打碎了一小块玻璃而被送去服了两个月的苦役。她在狱中绝食抗议。在五个多星期的时间里，她经受了强迫喂食的可怕折磨，出狱后体重减轻了近两英石①。她虚弱得下不了床。先生们，我告诉你们，这就是你们对我或任何其他可能被带到你们面前的女性施加的惩罚。我问你们，你们是否准备好把不计其数的女性送进监狱？——这是我代表其他同样处境的人对你们说的——你们是否准备好无限期地做这种事情，因为这就是将要发生的事情啊。这绝对是毫无疑问的。我想你们已经看到了足够多的事情，让你们相信，我们并不是追名逐利的女人。天知道，如果我们要追求名利，我们可以以更低的成本得到它。无论对错，我们都是女人，我们深信，这是我们赢得权力来改变我们完全无法忍受的状况的唯一途径。就在前几天，伦敦的一位教士还说，他所在教区 60% 的已婚妇女都是养家糊口的人，不仅要养活孩子，还要养活丈夫。当你们想到女性赚的薪水时，当你们想到这对这个国家孩子们的未来意味着什么时，我请你们非常、非常认真地对待这个问题。就在今天上午，我才知道一个有宣誓证词可以证明的消息：在这个国家，就在我们这座伦敦城里，不仅成年女性，还有小孩子，他们被买卖，被诱骗，被训练，去满足那些在自己所处位置上本应明辨是非的人的恶趣味。

---

① 1 英石约等于 6.35 千克。

"正是这些事情让我们女性下定决心继续下去，下定决心面对一切，下定决心不管付出什么代价，都要把这件事进行到底。如果你们判我有罪，先生们，如果你们觉着我有罪，我要非常诚实坦率地告诉你们，无论刑期是长是短，我都不会服从。从我离开法庭的那一刻起，如果我被送进监狱，无论是做苦役还是较轻的监禁——我还不够精通法律，不知道法官大人会作出什么判决，但不管对我的判决是什么，从我离开法庭的那一刻起，我都会故意拒绝进食——我会加入已经在霍洛威绝食的女性的行列。无论生死，我都要尽早出狱；出狱后一旦身体恢复，我就会再次投入这场战斗。生命对我们所有人来说都是非常珍贵的。正如内政大臣所说，我不是在寻死。我不想自杀。我想看到这个国家的女性获得选举权，我想活到那一刻。这些就是让我们受到鼓舞的情感。我们就像你们的先辈一样，把自己当作这一事业的祭品，我请你们大家问自己这样一个问题：作为人类，你们有权利判处另一个人死刑（因为这无异于死刑）吗？你们会扔出第一块石头吗？你们有权利审判女性吗？

"根据人类的正义，根据这个国家的宪法，如果两者得到正确的阐释的话，你们没有权利来审判我，因为你们和我处境不同。你们每个人都知道，我不应该站在这里，我本不会违反任何一条法律——如果我拥有你们所拥有的权利，如果我也有权选举那些我必须遵守的法律的制定者，如果我在掌控我必须缴纳的税款方面有发言权，我就不应该站在这里。我告诉你们，这是一个非常严峻的局面。我要对你说，法官大人，这是一个非常严峻的局面，那些生活正派的女性，那些为公共福祉奉献了自己最好的年华的女性，她们努力纠正男人们在这个国家政府中所犯的一些可怕的错误，因为归根结底，男人们要对目前的局面负责——我告诉你，这是一个非常严峻的局面。你们在平时履行职责时不习惯与我这样的人打交道，而是被要求与那些出于自私动机而违法的人打交道。我违法并非出于自私的动机。我没有任何私心，过去几个星期里在法庭上像待宰羔羊一样的其他女性也没有。如果女性是不受束缚的，那这些女性中没有一个会违法。她们是这样的女性，她们真的相信自己所走的这条艰难的道路是通往选举权的唯一道路。她们真的相信人类福祉需要这种牺牲；她们相信，除非女性获得选举权，否则蹂躏我们文明的可怕罪恶永远无法消除。她们知道，生命之源正在惨遭毒害；她们知道，家园正在惨遭摧毁：这都是因为糟糕的教育，因为不平等的道德标准，甚至连母亲和孩子都被一种蹂躏人类的最卑鄙、最可怕的痼疾摧毁。

"只有一个办法可以制止这种骚动，只有一个办法可以平息这种骚动。不是驱逐我们，不是把我们关进监狱，而是还我们一个公道。因此，先生们，我请求你们，在我的这个案子中，不仅要对案子本身，也要对整场骚动作出裁决。我请求你们判定我恶意煽动违法的罪名不成立。

"下面是我最后要说的话。我的煽动不是恶意的。如果我有权力处理这些事情，我绝对会遵纪守法。我会对女性们说，'你们有宪法规定的途径来为自己的冤屈讨回公道；用你们的选票让你们的选民相信你们的要求是正当的。这是获得正义的方法。'我没有犯恶意煽动罪，我请求你们，为了国家的福祉，为了民族的福祉，在你们被要求审理的这个案子中作出无罪的判决。"

在概述了指控之后，法官总结道：

"有些话我几乎没必要和你们说了，被告在对你们的讲话中强调的话题，关于国家法律激怒她们的地方，以及女性因没有像男性一样获得投票权而遭受的不公，与你们需要裁定的问题没有任何关系。

"她内心深处的动机，或者说那些真正把火药放在那里的人内心深处的动机，都不能作为本案的辩护理由。我非常肯定，你们会根据证据来处理本案，而且只根据证据，不会考虑你们认为法律公不公正的问题。这与本案无关。我想你们可能毫不怀疑，这名被告，如果做了她被指控的这些事情，并不是出于（导致被告席上的大多数罪犯犯罪的）寻常的自私动机。尽管她相信这样做会改变社会状况，但如果她做了被指控的这些事情，她仍然是有罪的。"

陪审团退庭表决，下午开庭后不久，他们就鱼贯而入，在回答法庭助理书记员的例行提问时说，他们已经达成了一致的判决。书记员说：

"你们认为潘克赫斯特夫人有罪还是无罪？"

"有罪，"陪审团主席说，"强烈建议从宽处理。"

我又对法官说了一遍。

"陪审团判我有罪，并强烈建议从宽处理，我看不懂，既然人类法律不考虑动机，那么他们在你的总结后还能做什么。既然人类法律不考虑动机，既然我的动机不是寻常的动机，你们还要判我与那些出于自私动机的人接受同样的惩罚，我只能说：如果不可能有不同的判决，如果你们有责任像现在一样判处我，那么我想以一个普通公民的身份对你们说，以一个普通公民的身份对陪审团说，我站在这里，被我国的法律判定有罪，我要对你们说，作为普通公民，你们有责任尽你们所能来终结这种不可容忍的事态。我把这项责任交给你们。我还想说，无论你们怎么判我，我都将尽我所能，尽早终结这项判决。

我问心无愧。我觉得我已经尽到了我的责任。我把自己看作一名战俘。我在道德上没有义务服从或以任何方式接受强加给我的判决。我将采取其他女性所采取的孤注一掷的补救措施。你们很清楚，这场斗争将是一场不平等的斗争，但我要坚持下去——只要我还有一丝气力，我就一定要坚持下去。

"我要战斗，我要战斗，我要战斗，从我进入监狱的那一刻起，我就要与压倒性的困难作斗争。如果医生企图给我喂食，我就反抗。去年5月，我在这个法庭被判处九个月监禁。我在监狱里待了六个星期。有些人对绝食和强迫喂食嗤之以鼻。我只能说，而且医生也能证实我所说的，我之所以被释放，是因为如果我再待在那里，我就要死了。

"我知道里面是什么样的，因为我经历过。我的女儿①刚刚离开那里。那里仍有女性在面临这种磨难，每天要遭受两次。想想吧，法官大人，每天要进行两次这种斗争。一个弱女子要每天两次抵抗压倒性的力量，只要她还有力气，就战斗不止；用她的舌头、她的牙齿，反抗那些女人甚至男人的折磨。昨晚，下议院讨论了一些替代方案，更确切地说是一些额外的惩罚。这不是一件奇怪的事情吗，法官大人？在这个国家历史上，那些足以约束男人的法律，现在却不足以约束女人——那些体面的、可敬的女人吗？

"好吧，法官大人，我希望您能明白这一点。我不是在抱怨对我的惩罚，这是我自找的。我故意触犯法律，但这不是歇斯底里的，也不是情绪化的，而是出于严肃的目的，因为我真的觉得这是

---

① 西尔维亚·潘克赫斯特在因打破一扇窗户而被判处的两个月刑期中被强迫喂食了五个星期。——原注

唯一的办法。现在,我把接下来的责任推给你们,作为普通公民的法官大人,以及作为普通公民的陪审团的先生们,还有法庭上的所有人——你们打算用你们的政治权力做些什么来结束这种无法容忍的局面呢?

"对于我所代表的女性,对于那些因我的煽动而面临这些可怕后果、触犯法律的女性,我想对她们说,我不会让她们失望,而是要像她们一样去面对这一切,经历这一切,我知道,无论我是死是活,她们都会继续战斗下去。

"这场运动将一直持续下去,直到我们在这个国家拥有公民权利,就像我们殖民地的女性所拥有的那种公民权利,就像在这场女性战争结束之前整个文明世界的女性都将拥有的权利一样。

"我要说的就是这些。"

法官勒什先生在宣判时说:"埃米琳·潘克赫斯特夫人,考虑到陪审团强烈建议宽大处理,我有义务,而且是一项非常痛苦的义务,对你所犯的罪行作出我认为最适当最充分的判决。正如我已经说过的那样,我完全承认,促使你犯下这一罪行的并不是像大多数处在你这个位置的人所具有的自私动机,尽管你对此视而不见,我还是不得不向你指出,你被判定的罪行不仅是一项非常严重的罪行,而且,不管你动机如何,它实际上是一项邪恶的罪行。说它邪恶,是因为它不仅导致了对你没有任何过错的人的财产损失,而且不管你怎么处心积虑,它都可能会使其他人面临伤残甚至死亡的危险。说它邪恶,是因为你现在和过去一直在诱导其他人——可能是年轻女性——参与此类犯罪,这可能会毁了她们自己。说它邪恶,是因为只要你想一想,就会意识到是这么回事。

"你这是在给其他人树立坏榜样，他们可能有其他的不满，理所当然地也想通过实施与你类似的计划来纠正，并试图通过侵犯他人的财产（如果不是生命的话）来达到他们的目的。不幸的是，我知道——至少，我确信——你不会理会我说的话。我只求你能考虑一下这些事情。"

"这些我已经想过了。"我插话道。

这位至高无上的法律权威继续说道："请冷静地思考一下，哪怕只是短短的一个小时。我只能说，虽然我将作出的判决必定是严厉的，必须足以与你所犯的罪行相称，但如果你能认识到你所做的错事、所犯的错误，并承诺用你的影响力朝着正确的方向亡羊补牢，我将第一时间尽我所能为我将要作出的判决争取减刑。

"我不能，也不会把你的罪行看作小事一桩。事实并非如此。这是十分严重的罪行，而且不管你怎么想，这都是邪恶的罪行。我已经考虑了陪审团的建议。你自己也说了立法机关认为这项特殊的罪行应判处最高刑。我能判你的最低刑就是三年苦役了。"

判决一宣布，审判全程的沉默立即被打破了，观众席上乱成一片。起初只是混乱而愤怒的低语："可耻！可耻！"这些低语很快就变成了愤怒的呐喊，然后旁听席和法庭上响起了热烈而激昂的齐声叫喊。"可耻！可耻！"当我在两名女看守带领下走下被告席时，女性们一跃而起，很多人站在自己的座位上，高喊着"可耻！可耻！""把事业继续下去！"一位女性大声喊道。人们齐声响应："我们会的！万岁！为潘克赫斯特夫人喝彩三声！"这是我最后听到的法庭上的抗议。

后来我听说喧闹和混乱又持续了几分钟，法官和警察根本无力维持秩序。接着，女性们唱着《女子马赛曲》有序离开。

前进，前进，

向着黎明前进，

向着自由的曙光前进。

　　法官向着她们撤退的身影发出了可怕的警告，任何敢重演这一场面的女人都将面临牢狱之灾。监禁的威胁对妇女参政论者算什么！女性们的歌声越来越嘹亮，"老贝利"的走廊里回荡着她们的呼喊声。当然，这座庄严的建筑在其充满波折的历史中还从未见证过这样的场面。一大群正在执勤的侦探和警察似乎被这种抗议的大胆行为吓呆了，他们都没试图去进行干预。

　　到了3点，当我从新门街上的侧门离开法院时，我发现一群女性在等着为我喝彩。我跟随两名女看守上了一辆四轮马车，被送到霍洛威，开始了绝食抗议。几十名女性坐着出租车紧随其后，当我到达监狱门口时，又出现了另一场抗议——为事业欢呼喝彩，为法律发出嘘声。在这激动人心的气氛中，我穿过阴森的大门，进入了暮色笼罩的监狱，现在这里已经成了战场。

第六章

　　自从我们庄严地决定我们原则上不会屈服于那些约束普通罪犯的规则以来，监狱就实实在在地成了我们的战场。但是，当我在1913年4月的那一天走进霍洛威时，我十分清楚，摆在我面前的是一场比激进的妇女参政论者迄今所面临的任何斗争都要漫长得多的斗争。我已经描述过绝食抗议，那是我们屡次破除牢笼的可怕武器。政府对付绝食抗议者束手无策，为了摆脱这种使英国法律蒙羞的局面，只能采取一项措施，这无疑是现代议会所采取的最野蛮的措施。

　　同年3月，在我因密谋毁坏劳合-乔治先生乡间别墅的指控而等待审判期间，内政大臣雷金纳德·麦肯纳先生向下议院提出了一项议案，这项议案公开宣称的目标是瓦解绝食抗议。这项现在被普遍称为"猫鼠法案"的议案规定，当狱医证明绝食的选举权囚犯（坦率地承认此法只适用于选举权囚犯）有死亡危险时，可以下令让她凭假释证获释，以便恢复足够的体力来服完剩余的刑期。获释后，她仍是一名囚犯，这名囚犯，或者说病人，或者说受害者，随你怎么称呼她，始终处于警方的监视下。根据这项议案的条款，囚犯按规定的天数获释，天数一满，她应自行返回监狱。法案写道：

如果国务大臣认为合适,可在囚犯提出健康状况不适合返回监狱的申述后延长临时释放的期限。如囚犯提出这种申述,则须按要求接受上述狱医或国务大臣指定的其他注册医师的体检。

囚犯须将其获释后前往的住所通知大都会警察局长。如未提前一整日书面通知警察局长,说明其将前往的住所,则不得更换住所;在未发出类似通知的情况下,不得临时离开居所超过十二个小时。

让激进的妇女参政论者遵守这一类法律的想法简直可笑至极,然而,在人们为大臣感到同情之前,就笑不出来了,因为这项议案体现出他承认了失败。在这里,一个强大的政府软弱无力地决定不为女性伸张正义,明知不能强迫女性屈服,却甘愿向一项与它所宣称的原则完全相反的特定类别立法妥协。麦肯纳先生在下议院恳求推进他那可憎的议案时说:"目前,我无法让这些囚犯在不冒严重死亡风险的情况下服刑,我希望有强迫囚犯服刑的权力,我希望在囚犯采取绝食方式的所有情况下都有这种权力。目前,虽然我有放人的权力,但我不能在没有赦免的情况下释放囚犯,我不得不永久地释放她们。我希望有不经赦免就释放囚犯的权力,而判决仍然有效……我想执行这项法律,如果可能的话,我想在不强迫喂食的情况下执行这项法律,而且不用冒着危及他人生命的危险。"

在几名议员的讯问下,麦肯纳先生承认,"猫鼠"议案如果通过,不一定会废除强迫喂食,但他承诺,只有在"绝对必要"的情况下,才会采取这种可憎而恶心的做法。我们将在随后看到这种表述是多么虚伪。

从未有时间审议妇女选举权议案、让它超越最初阶段的议会却在几天内就经由两院通过了《猫鼠法案》。当我在1913年4月3日进入霍洛威时，它已成为法律，我遗憾地说，许多承诺支持妇女选举权的工党成员推动它成为法律。

当然，这项法案从一开始就受到了妇女参政论者的极度蔑视。我们丝毫无意帮助麦肯纳先生对自由之军的将士们执行不公的判决，所以当监狱的大门在我身后关上时，我就像以前预料的那样采用绝食作为我获得自由的一种手段。

那次斗争回想起来并不愉快。他们用尽了一切可能的办法来瓦解我的决心。最美味、最诱人的食物被放到我的牢房里。他们提出了各种对我不利的论点——抵制《猫鼠法案》是徒劳无益的，冒着自杀的风险是邪恶的——我就不把所有的论点都记录下来了。他们纯属白费口舌，因为我的思想已经远离了霍洛威和它的一切折磨。后来我才知道，在我入狱之后，英国爆发了自1832年以来最大规模的革命。从大不列颠岛的这头到那头，妇女革命的烽火日夜不息地燃烧着。许多无人居住的乡间别墅被烧毁，艾尔赛马场的大看台被夷为平地，一枚炸弹在伦敦奥克斯特德火车站被引爆，炸毁了墙壁和窗户，还有一些空火车车厢，曼彻斯特美术馆的十三幅名画上的玻璃被锤子砸碎——这些只是随便举的几个女性们发起的秘密游击战全面爆发的例子，她们通往自由的所有途径都被自由英格兰的自由党政府封锁了。政府唯一的回应是关闭大英博物馆、国家美术馆、温莎城堡和其他旅游景点。至于对英国人民造成的影响，正是我们所预料到的。公众陷入了一种不安又恐惧的期待状态。他们还没有表现出准备好通过要求政府给予妇女选举权来制止暴行的意愿，这是能制止暴行的唯一办法了。我就知道会是这样。躺在霍洛威孤寂的牢房中，痛苦折磨着我，日渐虚弱的我感到压抑，对未知事件的沉重责任让我感到沮丧，我悲哀地意识到，我们只是在接近一个遥远的目标。终点虽然是确定的，但仍然遥远。耐心再耐心，自信再自信，好吧，我们曾寻求过这些人的帮助，在这最大的危机面前，他们肯定不会让我们失望的。

就这样，我身心极度痛苦地度过了可怕的九天，每一天都比前一天更漫长、更痛苦。不幸中的万幸是，到最后那会儿，我已经对周围的环境几乎失去感知。一种奇怪的冷漠占据了我过度焦虑的头脑，在第十天早上，当听说为恢复健康我将暂时获释时，我几乎无动于衷。监狱长来到我的牢房，宣读了给我的许可，命令我在十五天内返回霍洛威，同时要遵守所有卑躬屈膝的条款，把我的行踪通知警方。我用尽双手仅存的力气把这份文件撕成了碎片，扔在牢房的地板上。我说："我没打算遵守这项臭名昭著的法律。你们心里很清楚，放了我，我再也不会自愿回到你们的任何监狱了。"

1913 年，经历绝食抗议后恢复中的
埃米琳·潘克赫斯特

他们把我打发走了，我直挺挺地坐在一辆出租车里，完全没有意识到我的身体已经虚弱到了危险的地步，体重减轻了两英石，心脏功能也严重失调。当我离开监狱时，我欣慰地看到我们一群群的女性勇敢地站在监狱门口，好像守候了长长的一夜。实际上，在我被监禁的全程，都有大批女性夜以继日地在这里站岗。第一批"哨兵"被捕了，但随着其他人不断前来补位，警察最终让步了，允许这些女性举着旗帜在监狱前来回走动。

我被送到疗养院后，在那里得知，安妮·肯尼、德拉蒙德夫人和我们坚定的支持者乔治·兰斯伯里先生①在我坐牢期间被捕，三人都进行了绝食抗议。我还亲身领会了政府是多么拼命地想让他们败局中的最后一搏——《猫鼠法案》取得成功。政府罔顾给本国不幸的纳税人带来的额外支出，专门为此增派了大批警力。当我躺在床上，在各种医疗资源的帮助下恢复健康和活力时，这些俗称为"猫"的特派警察守卫着疗养院，这里仿佛成了一座被围困的城堡。在我窗户紧临着的街道上，两名侦探和一名巡警日夜站岗。在与我的容身之处成直角的一栋房子里，还有三名侦探时刻监视着我。屋后的小巷里，有更多的侦探在路上勤勤恳恳地巡逻，仿佛在期待着援军的到来。有两辆出租车，每辆都载着一定数量的侦探，驻守着大路。

这一切都让康复变得缓慢而艰难。而更糟的还在后面。4月30日，就在我开始振作起来的时候，传来消息说警察突袭了我们位于金

①　在此前不久，兰斯伯里先生辞去了他在议会中的席位，并就妇女选举权问题去见了他的选民。自由党和保守党联合起来反对他，结果一名统一派候选人取代了他的位置。劳合-乔治先生对这次选举的结果公开表示欣喜，他说保守党候选人马什先生是他的最佳人选。议会内外的工党温顺地接受了自由党的这一诡计，没有提出抗议。——原注

斯威的总部，并逮捕了所有工作人员。《妇女参政论者》副主编巴雷特小姐、助理编辑伦诺克斯小姐、业务经理莱克小姐、办公室经理克尔小姐、联盟财政秘书桑德斯夫人都被捕了，而她们中没有一人参与过激进行动。药剂师 E.G.克莱顿先生也被捕了，他被控向妇女社会政治联盟提供爆炸物。办公室被彻底搜查了一遍，和以前一样，所有的书籍和文件都被搜刮走了。与此同时，另一队警察带着一纸特别搜查令来到了出版我们的报纸《妇女参政论者》的印厂。印刷商德鲁先生被捕，为次日出版的报纸准备的材料也被没收了。到下午 1 点，整个工厂和联盟总部都被警察控制了，从表面上看，激进运动——至少暂时——画上了句号。在我身体还很虚弱的状态下，起初我觉得最好本周先暂停报纸的发行，但转念一想，我决定连投降的样子都不做了。我们是如何做到这一点的在此不必多说，但我们确实做到了，在除了克丽斯特贝尔那篇头条文章外几乎没有任何材料的情况下，在匆忙召集的助手的帮助下，我们在一夜之间照常出版了报纸，和那些头版新闻刊登镇压妇女参政论者机构的晨间刊物摆在一起，我们的报纸销售商售出了《妇女参政论者》。头版上没有像通常那样放漫画，而是用粗体字写着几个大字——

遭遇袭击！

　　警方搜查和逮捕的全部经过在另一页有详细报道。我顺便提一句，我们的总部只关闭了不到四十八个小时。我们是如此有条不紊，领导人被捕并不会让我们元气大伤。每个人都有人替补，当一个领导人退出时，她的替补人员就会马上顶上。

在这种紧急情况下，格蕾丝·罗小姐代替肯尼小姐担任了主要组织者，她是位年轻的妇女参政论者，我作为老一辈的一员为她感到自豪。面对政府可能对她们制造的巨大困难，罗小姐立即表现出了从容不迫的态度，她既有坚定不移的忠诚，又有对事物和人敏锐的判断力。协助她的是达克尔·福克斯夫人，这位夫人担任《妇女参政论者》助理编辑，管理办公室的大量事务，还主持我们每周的例会，她这些方面的惊人能力让我们惊喜。另一位在这场危机中挺身而出的联盟成员是曼赛尔夫人。

两天后，办公室照常运营，我们丝毫没有显露出对被监禁的战友的悲愤之情。他们中的大多数人拒绝保释，并立即开始绝食，三天后以十分可怜的状态出现在法庭上。德拉蒙德夫人显然病得很重，需要医治，于是她被释放了，不久就做了手术。印刷商德鲁先生被迫签署了一份不再出版那份报纸的保证书。其他人被判 6 到 18 个月不等的刑期。克莱顿先生被判处 21 个月监禁，在经历多次强迫喂食中的顽强抵抗后，他逃出了监狱。其他人也效仿他的做法，通过饿肚子获得了自由，自此以后，他们不时遭到追捕，并根据《猫鼠法案》再次被逮捕。

4 月 12 日获释后，我一直住在疗养院，直到稍稍恢复，然后，在警察的监视下，我驱车前往沃金，我朋友埃塞尔·史密斯博士的乡间别墅就在那里。这栋房子和疗养院一样由一小群警察把守。我始终没有走到窗前，也没有在花园里透过气，否则就会被人盯上。这种情况已经到了忍无可忍的地步，我决定结束它。5 月 26 日，伦敦馆有一次盛大的会议，我发出通知说我会出席。在弗洛拉·默里医生、埃塞尔·史密斯博士和我忠实的护士的搀扶下，我走下楼梯，在门口遇到了一名侦探，他问我要去哪里。我的身体很虚弱，比我想象的要虚弱得多，在拒绝给予一个男人询问我行踪的权利这一过程中，我耗尽了最后一丝气力，晕倒在朋友们的怀里。我一恢复过来就钻进了车里。侦探立刻在我身边坐下，吩咐司机把车开到弓街火车站。司机回答说，他只听从潘克赫斯特夫人的命令，于是侦探叫来一辆出租车，把我押送到弓街。

潘克赫斯特夫人在沃金再次被捕，
1913 年 5 月 26 日

根据《猫鼠法案》，可以在没有逮捕令的情况下逮捕假释的囚犯，她为恢复健康而获得的自由时间也不计入刑期。因此，弓街的治安法官命令我回到霍洛威完全属于他的合法权利。不过，我觉得我有责任向他指出他的行为是不人道的。我对他说："我是因为健康原因被从霍洛威释放的。在那之后，我受到了像在狱中一样的对待。在这样的条件下，任何人都绝不可能恢复健康，今天上午，我决定对这种文明国家中前所未有的状况提出抗议。"

治安法官一本正经地回答道："你很了解现在的情况啊。你是因为这份逮捕令被捕的，我所要做的就是下令把你送进监狱。"

我说："我认为，你应该带着充分的责任感这样做。如果我按照你发出的逮捕令被带到霍洛威，我将继续我之前的抗议，那次抗议让我获释，我会无限期地抗议下去，一直到死，或者一直到政府决定，既然他们已经雇用你和其他人来执法，他们必须承认妇女也是公民，并给予她们对这个国家法律的一定程度的控制权。"

这一次绝食了五天，因为我的身体极度虚弱，无法坚持更长的时间。5 月 30 日，我获得了七天的假释证，在半死不活的状态下，再次被送往疗养院。还没到一个星期，在我还卧床不起时，发生了一件可怕的事情，这件事本应使麻木的英国公众认识到政府所促成的局势的严重性。自 1906 年起就与激进运动结下不解之缘的艾米丽·怀尔丁·戴维森，为妇女事业献出了自己的生命，她倒在了一项对英国男人来说仅次于财产的神圣项目——体育运动中。

戴维森小姐到埃普索姆去看赛马，她冲破了分隔人群与赛马场的栅栏，冲进了马群奔腾的赛道上，抓住了国王那匹领先的马的缰绳。那匹马摔倒了，把骑手摔了出去，戴维森小姐被压伤了，场面十分可怕，她被抬出跑道时已经奄奄一息。为了挽救她的生命，人们想尽了一切办法。伟大的外科医生曼赛尔·穆林先生抛开一切，全身心地投入到对她的治疗中，尽管他的手术手法技艺非常精湛，但戴维森小姐所受的伤太骇人了，四天后，她还没有恢复知觉就去世了。6 月 8 日她咽下最后一口气的时候，联盟成员就在她身边，6 月 14 日，她们在伦敦为她举行了盛大的公众葬礼。路边站满了人，殡仪车在数千名女性的跟随下缓慢而悲伤地驶向布鲁姆斯伯里的圣乔治教堂，追悼会在那里举行。

戴维森小姐冲进赛马场

艾米丽·怀尔丁·戴维森是在我们这样的斗争中必然会崭露头角的人物。她是伦敦大学文学学士,并在牛津大学获得了英语语言文学一等荣誉学位。她的理智和同情心还是被妇女事业所召唤,于是她把一切精神和社会诉求都放在一边,不知疲倦、无所畏惧地投身联盟的工作。她曾多次遭受监禁,被强迫喂食,并受到了十分残暴的对待。有一次，她把牢房堵住，不让狱医进来，有人从窗户里用水管对准她，她浑身湿透，在工人们拆毁她的牢门时，她差点溺死在冰冷的水里。在这次经历之后，戴维森小姐向她的几位朋友表示，她深信，现在，就像处在所谓的未开化时代，只有在一个人牺牲生命的时候，人们的良知才会被唤醒。有一次，在狱中，她试图从上面的走廊里跳楼自杀，但她只是受了重伤。从那以后，她一直坚信，只要发生一场故意置人于死地的巨大悲剧，就能结束女性所受的难以忍受的折磨。于是，她在国王和王后以及众多臣民的见证下，纵身扑向国王的赛马，献出了自己的生命作为向国王的请愿，祈求解救英国乃至全世界受苦受难的女性。没有人会怀疑她的祈求仍永远得不到回应，因为她直接把它带到了万界之王上帝的宝座前。

戴维森小姐的死对我来说是一个巨大的打击，也是无比悲痛的事情，尽管我几乎无法离开我的床，但我还是决定不惜冒着一切风险去参加她的葬礼。然而，这是不可能的，因为当我离开家时，我又被埋伏在一旁的侦探逮捕了。他们再次上演了让我服刑三年的闹剧。但现在，这些斗志满满的女性发现了一种更可怕的新武器，可以用来反抗英国不公正的法律，这种武器就是绝水，我用它来对付看守我的人，结果他们被迫在三天之内释放了我。

我已经把绝食描述为一种可怕的折磨，但与绝水相比，这都只算是温和的体验了，绝水才是彻头彻尾纯粹的折磨。绝食能够迅速减轻囚犯的体重，而绝水减轻体重的速度更是快得惊人，以至于狱医一开始都吓得手足无措。后来，他们心肠变硬了一点，但即便到现在，绝水也会让他们感到恐惧。我不确定我能否向读者传达一连几天滴水不进的后果。身体无法承受水分的流失。它的每一根神经都在抗议。肌肉萎缩，皮肤松弛，面容发生了可怕的变化，所有这些外在症状都表明整个身体正在遭受剧烈的痛苦。当然，一切自然而然的功能都暂停了，无法排出身体的毒素被保留和吸收。身体变得冰冷颤抖，会持续头疼和恶心，有时还会发烧。口腔和舌头黏稠肿胀，喉咙像堵着痰，声音变得喑哑。

在我第一次绝水的第三天结束时，我被送回了家，那时起我就患上了黄疸，一直没有完全恢复。我的病情很严重，以至于在获释的近一个月里，监狱当局都没想来逮捕我。7月13日，我又感觉有足够的力量来抗议可恶的《猫鼠法案》了，我和同样因"医疗原因"获得自由的安妮·肯尼小姐一起参加了伦敦馆举行的一次会议。在会议结束时，肯尼小姐的监狱假释证以12英镑的价格被拍卖，我们第一次试图公开越狱，从那以后，我们经常这么做。肯尼小姐在讲台上宣布，我们应该大大方方地离开大厅，她随即冷静地走进观众席。警察排山倒海地冲了进来，经过一番殊死搏斗，终于把她抓住了。其他侦探和警察急忙跑到大厅侧门去拦我，但让他们失望了，我从前门离开，坐出租车逃到了一个朋友家。

警察很快就追我追到了我朋友——著名科学家赫莎·艾尔顿①的家，这里立刻变成了一座被围困的堡垒。这栋房子日夜被包围着，围住它的人不仅有警察，还有成群的女性支持者。在我出现在伦敦馆之后的那个星期六，我们给了警察一点他们不喜欢的刺激。一辆出租车开到了艾尔顿夫人的门前，联盟的几名知名成员下了车，匆匆进了屋。一时间，有人正在设法展开营救的消息不胫而走，警察果断

---

① 赫莎·马克斯·艾尔顿(1854—1923)，英国物理学家，第一位被提名为英国皇家学会院士的女性。

地包围了出租车。很快，一位蒙着面纱的女性出现在门口，妇女参政论者团团围住了她，当她想要上车时，她们竭力抵抗警察伸手抓她的企图。四面八方都传来了呼喊声："他们要抓潘克赫斯特夫人！"接着发生了一场混战，引起了不在出租车附近的警察的全部注意力。围着那辆摇摇晃晃的车的男人们成功把那位蒙着面纱的女士从其他女性的怀里拽了出来，塞进了车里，命令司机全速驶向弓街。可是，还没等他们到达目的地，那位蒙纱的女士就撩起了面纱——哎呀，她不是潘克赫斯特夫人，此时潘克赫斯特夫人正坐着另一辆出租车朝完全不同的方向疾驰而去。

我们的诡计激怒了警察，他们决定我一公开露面就逮捕我，那是在刚刚提到的这件事发生后的星期一。当我到达伦敦馆时，我发现那里已经被数百名警察包围了。我设法混过了外面的警戒线，但苏格兰场把精兵强将都安排在大厅里，不让我上讲台。我被便衣男子围住，他们拔出警棍，我无法逃脱，不过我向女性们大喊，说我被带走了，她们英勇地冲上来营救，警察忙活了近半个小时才把我弄进一辆开往霍洛威的出租车。那天有六名女性被捕，还有超过六名警察暂时丧失了执勤能力。

此时，我已经下定决心，我不仅要拒绝待在监狱里，还要竭尽全力地拒绝进监狱。因此，当我们到达霍洛威时，我拒绝下车，并向逮捕我的人宣布，我再也不会默许政府对女性进行慢性司法谋杀了。我被抬了出来，关进了监狱犯人医院侧室的一间牢房。在那里执勤的女看守和善地对我说，显然我已经筋疲力尽了，而且病得不轻，应该脱掉衣服上床睡觉。我回答道："不，只要我还被关在这里，我就一次也不会上床睡觉的。我厌倦了这种残酷的游戏，我打算结束它。"

我没有脱衣服,就躺在床外侧。晚上晚些时候,狱医来看我,但我拒绝接受检查。早上他又来了,和他一起来的还有监狱长和女看守头头。由于我从前一天开始就没有进食和喝水,我的外表发生了很大的变化,医生显然非常不安。他恳求我,"做一点小小的让步",让他给我把把脉,但我摇了摇头,于是他们让我一个人待了一天。那天晚上我病得很厉害,我有点担心自己的病情,但我不知道除了等待还能做什么。星期三早上,监狱长又来了,他假装漫不经心地问我,我是否真的要不吃不喝。我说:"当然是真的了。"他粗暴地回答道:"养你太便宜了。"这仿佛并不是一场可笑的闹剧,随后他就宣布判我三天禁闭,剥夺一切特权,那之后他离开了我的牢房。

那天医生来看了我两次,但我不让他碰我。后来,来了一位内政部的医官,就像我向监狱长和狱医抱怨过的那样,我向他抱怨我在伦敦馆受到的粗暴对待仍然让我疼痛难忍。两位医生都坚持要我允许他们做检查,但我说:"我不会接受你们的检查的,因为你们的目的不是帮助我这个病人,而只是为了确定我在监狱里还能活多久。我不准备以任何这样的方式配合你们。我不准备免除你们在这件事上的任何责任。"我补充道,显而易见,我病得很重,不适合被关在监狱里。他们犹豫了一会儿,然后离开了。

星期三晚上我经历了一场漫长的噩梦,到星期四早上,我几乎变得像木乃伊一样。从监狱长和医生走进牢房看我时的表情来看,我以为他们会立即安排释放我。然而几个小时过去了,也没有接到释放的命令。我决定一定要逼着他们释放我了,于是我从一直躺着的床上爬起来,开始在牢房里跟跟跄跄地走来走去。当我浑身无力、双脚再也站不住时,我躺在了石板上,下午四点,他们在那里发现了我,我喘着粗气，已处于半昏迷状态。然后他们把我送走了。这次我的身体非常虚弱，不得不用生理盐水治疗来保住性命。不过，我觉着我至少暂时冲破了监狱的围墙，事实也证明了这一点。7 月 24 日，我获释了。几天后，我坐在一把病椅中被抬到了伦敦馆的讲台上。我说不出话来，但我还是如约来到了那里。这次我没有撕毁我的假释证，因为它具有了拍卖价值，被一个美国人出了一百英镑买走了。出狱时我曾告诉监狱长，我打算卖掉假释证，把钱花在激进运动上，但我没想到会筹到一百英镑这样一笔巨款。我将永远记住那位不知名的美国朋友的慷慨解囊。

1913 年夏天，伦敦举行了一次医学大会；8 月 11 日，我们在金斯威大厅开了一次大会，有数百名来访的医生参加了这次会议。我在会上发表了讲话，会议通过了一项反对强迫喂食的强有力的决议，我获准回家，没有受到警察的干涉。事实上，这是我这个月第二次在没有受到干扰的情况下公开发言。伦敦有这么多杰出的医界人士在场，这可能提醒当局，最好暂时不要打扰我。无论如何没人打扰我了，在这个月的下旬，我正大光明地去了巴黎，看望我女儿克丽斯特贝尔，并和她一起计划即将到来的秋季的活动。在过去五个月的奋力挣扎后，我需要休息，这期间我三年的刑期只服了不到三个星期。

第七章

1913 年夏天我和女儿在巴黎度过的两个月,几乎是我注定能享受的最后一段平静安宁的日子了。我把那段日子,或者说其中的一些时间,用在了准备这卷书的初步编写上,因为在我看来,我有责任向世人简明扼要地陈述英国妇女革命的前因后果。毋庸置疑,还有其他激进运动的历史将被书写:在未来的时日里,当世界上所有宪治国家中,女性投票权像现在男性投票权一样被普遍接受;当女性和男性以平等的地位,作为工作伙伴而非你死我活的竞争对手在业界占有一席之地时;总之,当现在存在于两性之间的一切可怕的、罪恶的歧视都被彻底废除(总有一天它们会被废除)时——历史学家就可以不慌不忙地坐下来,无比公允地讲述英国妇女如何拿起武器反抗盲目而顽固的英国政府、争取政治自由这个不寻常的故事了。我希望能够活到那时候,读到这样一部经过冷静思考、仔细分析、认真阐述的历史。那将比这本在战斗间隙写成的书更好读。不过,或许这本匆忙写就的书会让未来的读者更清晰地感受到战斗的艰苦卓绝与奋不顾身,还有女性前所未有、难以想象的勇气和战斗力,她们在领会到战斗的乐趣之后,丢掉了一切恐惧,继续抗争,直至跨越死亡之门,在途中的任何一步都不曾退缩。

　　自 1912 年 10 月那次会议我们明确向英国的风平浪静宣战以来，我们的每一步都充满了危险和困难，而这些危险和困难往往是意料之外、无法明说的。1913 年 10 月，我乘坐法国邮轮"普罗旺斯号"踏上我的第三次美国之旅。我的打算已在英国、法国和美国的公共媒体上发布了。我并没有企图隐瞒我的目的，事实上，苏格兰场有两个人眼睁睁地看到了我离开。有人提醒我，说纽约港的移民官员会试图把我作为不受欢迎的外国人拒之门外，但我并不相信这些传闻。美国朋友们写信和发电报为我打气，我就这样在船上度过了平静的时光，劳逸结合，以抵御巡回演讲带来的疲劳。

　　10 月 26 日，我们乘坐的船停泊在纽约港，令我吃惊的是，在那里，移民局通知我，让我奉命到艾利斯岛接受特别调查委员会的调

潘克赫斯特夫人和克丽斯特贝尔在克丽斯特贝尔巴黎家中的花园里

查。执行羁留令的官员都很有礼貌，甚至有些不情愿。他们允许我的美国旅伴蕾塔·柴尔德·多尔夫人陪我去岛上，但不允许任何人陪我接受特别调查委员会的调查，甚至连 O.H.P.贝尔蒙特夫人派来为我辩护的律师都不行。我要独自一人去面对三个男人，和许多没有朋友、没有我这些资源的可怜女人接受调查时别无二致。在我进入房间的那一刻，我就知道有人对我采取了非常的手段，因为在委员会的人座位后的桌子上，我看到了一份用英国法律文件写成的关于我的案件的完整卷宗。这些文件可能是苏格兰场提供的，也可能是政府提供的。当然，我也说不清楚。它们足以让特别调查委员会相信，至少可以说，我是一个品行可疑的人，有人告诉我，在华盛顿的上级部门审查完我的案件前，我都要被拘留在这里了。为让我感到舒适，一切都安排得很周到，移民专员的房间被腾出来给我和我的同伴住。那些认定我犯有道德诽谤罪的人——英国的陪审团还从来没有这样指控过我——千方百计地让我的拘留时光变得愉快。有人护送着我在岛上四处走动，穿过分配给被拘留移民（他们登陆美国的权利受到质疑）的区域。宽敞的餐厅、一尘不染的厨房、种类繁多的菜肴勾起了我的兴趣，也给我留下了深刻印象。英国的任何机构都没有这样的条件。

我在艾利斯岛待了两天半，足以让华盛顿的移民专员把我的案件报告给总统了，总统立即下令释放了我。对我的拘留负有责任的人完全忽视了这件事的宣传价值。我的巡回演讲因此变得更加成功，11 月下旬，我带着美国慷慨捐赠我们的战斗专款启程回英国，遗憾的是，我没有获准亲自把它带回去。

白星邮轮"雄伟号"抵达普利茅斯的前一天晚上，从总部发来一份电报，通知我政府决定在我抵达时逮捕我。第二天快到中午时，我在非常戏剧化的情况下被捕了。轮船停泊在外港，我们一眼就看到，平时船只熙熙攘攘的海湾已经一艘船也见不到了。在远处，那艘在别的时候经常接应轮船的补给船停在两艘巨大的灰色战舰中间。画面定格了一两秒，好奇的乘客们什么也没说，挤到甲板栏杆边，想看看接下来会发生什么。突然，一艘动力驱动的渔船冲过海港，直接驶到了那两艘令人不快的战舰跟前。两名浑身湿透的女性站在小船上，当船快速驶过我们的轮船时，她们对我喊道："'猫'来了，潘克赫斯特夫人！他们离您很近了——"她们的声音渐渐消失在迷雾中，我们再也听不到了。一两分钟后，甲板上冒出一个惊慌失措的船员，他带来了乘务长的口信，让我到他的办公室去。我回答说，我可不会这么做。接着，警察蜂拥到甲板上，我第五次听到他们要根据《猫鼠法案》逮捕我。他们从苏格兰场派了五个人，从普利茅斯派了两个人，从霍洛威派了一名女看守，这么多的人，只是为了从一艘停泊在海上两英里外的船上带走一个女人。

我下定决心不以任何方式协助执行这项臭名昭著的法律，我拒绝跟这些男人走，于是他们把我抱起来，带到了等在一旁的警船上。我们沿着康沃尔海岸航行了几英里，警察完全不告诉我他们要把我送到哪里，最后我们在布尔角下了船，这里是一个不对公众开放的政府登陆台。一辆车在此等候，在苏格兰场和霍洛威派来的保镖的陪同下，车载着我穿越达特穆尔到达埃克塞特，在那里我经历了四天还算可以忍受的监禁和绝食。从监狱长到女看守，每个人都公开表现了同情和善意，一位机密官员告诉我，他们扣留我只是因为他们奉命要在伦敦伯爵宫皇后剧场的盛大集会结束前这样做，而这次集会是为欢迎我回国而安排的。这场集会是在我被捕后的那个星期天举行的，15 000 英镑的巨款涌入了激进分子的金库。这包括我在美国之行期间筹集到的 4 500 英镑。

从埃克塞特获释数日后，我公开前往巴黎，与女儿商讨即将开始的运动事宜，并在假释证到期的前一天回国参加了妇女社会政治联盟的一次会议。然而，在多佛镇，两名侦探闯入了我和我的医生及护士乘坐的港口接驳列车车厢，他们告诉我，我已经被捕了。当这两个男人进来的时候，我们正在泡茶，但我们立即把它扔出了窗，因为绝食总是从被捕的那一刻开始的。我们从未妥协过，而是从遭受攻击的第一刻起就进行了抵抗。

我在多佛遭到无端逮捕是因为警察害怕女性组成的护卫队，她们当时组织起来，明确表示要抵制逮捕我的企图。警察和政府都害怕遇到不畏战斗的女性，我们的无所畏惧已经得到了充分证明。这一次我们当然也一如既往，因为当局知道护卫队在维多利亚车站等候，就切断了通往站台的所有通道，并让大批警察把守。在我被抬着从到达站台上警察和侦探排成的两队中间通过、扔进一辆四十马力的车里前，一个乘客都不许下车，车内有两名便衣和一名女看守把守，车外还有三名警察把守。这辆车周围有十二辆出租车，里面都是便衣，每辆车里面有四人，外面还有三人把守，更别提司机了，那也是警察局的雇员。骑着摩托车的侦探们在各处站岗，随时准备跟踪任何前来救援的出租车。

到达霍洛威后，我又被人从车里抬出来，带到了接待室，我躺在地板上，筋疲力尽。当医生进来，草草地叫我站起来时，我不得不告诉他我站不起来了。我完全拒绝接受检查，说我决心让政府对我的病情承担全部责任。我宣布："我拒绝接受你或者任何狱医的检查，我这样做是为了抗议对我的判决，抗议把我关在这里。我不再承认狱医是真正意义上的医务人员。我不再同意接受监狱规则的约束，我拒绝承认任何监狱官员的权威，这样政府就无法执行对我的判决。"

他叫来了女看守，我被放在一张病人椅上抬上了三层楼，关进了一间没有暖气的水泥地牢房。我不肯离开椅子，被抬到了床上，整夜躺在床上，没有脱下外套，也没有解开衣服。我被捕的那天是个星期六，我在监狱里一直被关到了下一个星期三早上。在这段时间里，我没有吃饭，没有喝水，除此之外，我这次还加上了绝眠抗议，也就是说，挑战人类极限，拒绝一切睡眠和休息。一连两个晚上，我不是坐在就是躺在水泥地上，坚决拒绝再三提出的体检建议。我对那个人说："你不是医生，你是政府的刑讯官，你只是想让你自己相信我还没有准备好去死。"这名医生是我上次入狱后来的新人，他脸涨得通红，看上去非常不快。"我想你确实是这么想的。"他喃喃道。

星期二上午，监狱长来看我，毫无疑问，那时我的脸色相当难看。至少我从陪同他的女看守惊恐的表情中看出了这一点。我只是简单地表明，我准备离开监狱，而且无论死活，我都打算马上离开。我告诉他，从那一刻起，我甚至都不想在水泥地上休息了，而要在牢房里走动，直到我被释放或者累死为止。整整一天，我都抱定这个决心，在狭窄的牢房里踱来踱去，好几次都绊倒了，直到晚上医生才进来告诉我，接到命令第二天早上释放我。随后，我解开裙子，躺了下来，精疲力竭，几乎一瞬间就如死一般沉沉睡去。第二天早上，一辆救护车把我送到金斯威的总部，那里已经为我安排好了一间病房。在不到十天的时间里被关押两次，这极大地消耗了我的体力，而霍洛威牢房的寒冷让我神经痛得要命。过了许多天，我的健康才恢复到往日的一分。

这两次逮捕的结果正如政府预料的那样，导致了新一轮激进运动的大爆发。我在普利茅斯被捕的消息一传开，德文波特里士满步道的木材厂就发生了一场大火，在一座游乐场和一条风景优美的铁路旁，占地一英亩半、价值数千英镑的木材被烧毁了。这是这一带发生过的最严重的火灾，没有人找得出火灾的原因，但在一处栏杆上绑着一期《妇女参政论者》，在另一处则绑着两张卡片，其中一张上写着给政府的信："你们怎么敢逮捕潘克赫斯特夫人，却放任爱德华·卡森爵士和博纳·劳先生逍遥法外？"另一张上写着："我们对潘克赫斯特夫人遭受的严刑拷打和对她可鄙的逮捕的回击。"

除了这场从午夜猛烈燃烧到黎明的大火之外，布里斯托一栋无人居住的大房子也被大火烧毁了，苏格兰一栋同样荒废的精致住宅也被烧得不成样子，利物浦郊区的圣安妮教堂被部分烧毁，伦敦、爱丁堡、德比等城市的许多邮筒也被烧毁了。在王国各地的教堂里，我们的女性在做礼拜时插入了为那些因良知而受苦的囚犯的虔诚祈祷，这引发了人们的恐慌。读者无疑听说过这些干扰的举动，而他们听说的版本通常是吵吵嚷嚷的女人打断了神圣的宗教仪式，在上帝的居所中制造骚乱。我认为读者应该非常清楚，当激进分子（通常是虔诚的女性）打断教堂礼拜时会发生什么。我在多佛被捕后，在霍洛威的那个星期天，一些参加威斯敏斯特教堂下午礼拜的女性齐声祷告："上帝保佑埃米琳·潘克赫斯特，请用您的爱和力量帮我们守护她，饶恕那些因良知而受苦的人吧。求您垂听我们的祷告。"她们还没做完祷告，教堂司事就向她们扑来，粗暴地把她们赶出了教堂。一名碰巧靠近其中一名女性的跪地男子，忘记了他基督徒的祷告，在司事来之前用拳头打了那名女性的脸。

类似的场景在英格兰和苏格兰各地的大小教堂都发生过，在许多情况下，这些女性都受到了司事和信众最野蛮的对待。在另一些情况下，这些女性不仅没有受到骚扰，还获准在深切而同情的沉默中完成她们的祷告。有些教士甚至勇敢地在为狱中女性祷告时加上一句虔诚的"阿门"，教士自愿为我们祈祷的情况也时有发生。然而，作为一个整体的教会无疑没有履行为妇女伸张正义、抗议强迫喂食酷刑的责任。在刚刚过去的一年中，我们向教会当局派出了许多代表团，主教们一个接一个地接受了这样的探访。有些主教，包括保守的坎特伯雷大主教，拒绝接受我们所期望的面谈，而当这种情况发生时，代表团的回应就是坐在主教住所的台阶上，直到他们屈服为止——他们每次都会让步。

由于霍洛威监狱在伦敦主教的教区内，妇女社会政治联盟也造访了他，并要求他目睹强迫喂食的过程，从而认识到这种做法的恐怖之处。他确实探望了两名遭受酷刑的女性，但他没有看到她们被强迫喂食，而当他出来时，他向公众讲述的他与她们的面谈实际只是政府对这一事实的说法。妇女社会政治联盟自然愤愤不平，而所有政府的支持者都称赞主教是酷刑政策的拥护者。只有那些遭受过强迫喂食所带来的痛苦、折磨以及道德上的羞辱之人，才能认识到伦敦主教受政府操控来粉饰太平的罪恶有多深。主教安慰自己时所说的或许是真的，强迫喂食的受害者是因为在这个过程中挣扎才遭受更大的痛苦的。但是，正如玛丽·理查森在《妇女参政论者》中写道的，指望受害者不挣扎，就等于告诉她，如果她不跳起来，眼睛里没进煤渣，她就不会那么痛苦。理查森小姐说："这原理是一样的。一个人挣扎是因为疼痛难忍，眼睛、耳朵、脸部的神经受到如此折磨，不可能不拼命抵抗。一个人挣扎，还有另一个原因——道德上的原因——因为强迫喂食不仅是一种痛苦的肉体攻击，也是一种违背道德的攻击，在这种情况下保持被动会给人一种罪恶感，仿佛自己也成了同谋。人会在全部天性上感到厌恶，因此反抗是不可避免的。"

我认为这里也有必要解释一下我们在 1914 年开始实施的直接向国王汇报我们事业的政策。读者或许听说过妇女参政论者对乔治国王和玛丽王后的"侮辱"，他们应该听听对这些"侮辱"发生始末的一手描述。她们曾数次单独向国王递交请愿书，有一次是在国王前往威斯敏斯特参加议会开幕式的路上，还有一次是在他访问布里斯托的时候。在后一次请愿中，试图递交请愿书的女性遭到了国王一名侍从的袭击，侍从用剑背打了她。

我们最终决定采取直接向国王请愿的政策，因为我们已经被迫放弃了向他的大臣们成功请愿的所有希望。在自由党政府一次次欺骗和背叛后，我们宣布，我们不会再对他们抱有哪怕是一丝的信心。我们要把对正义的要求带到君主的宝座前。1913 年 12 月下旬，当我回到英国后第二次入狱时，在科文特花园举行了一场盛大的演出，上演的歌剧是拉依蒙德·罗瑟的《圣女贞德》。国王、王后以及整个宫廷都出席了演出，这将是一场令人瞩目的非同寻常的活动。我们的女性利用这个机会发动了本年度最成功的示威之一。在皇家包厢正对着的一个包厢里，坐着三位衣着华丽的女士。一进场，她们就设法在未引起任何注意的情况下锁上并堵住了门，第一幕结束时，管弦乐队一退场，女士们就站了起来，其中一人拿着扩音器对国王讲话。演讲者提醒人们注意舞台上令人印象深刻的场景，并告诉国王，今天的女性正在为人类自由而战，就像几个世纪前的圣女贞德一样，她们也像这位奥尔良女佣一样，以国王的名义，以教会的名义，在政府完全知情并负责的情况下，正在遭受折磨、走向死亡。此时此刻，这些自由之师的领袖正被国王的权力机构关在监狱里，遭受严刑拷打。

大量观众陷入了激动和震惊的恐慌之中，在一片叫喊和哀求的混乱之中，包厢的门最终被撞开了，女士们被赶了出去。她们一离开包厢，原本安静地坐在上层观众席中的四十多名女性立刻站了起来，把有关选举权的资料像雨点一样猛烈地抛撒到下方观众的头上。

整整过了三刻钟，激动的情绪才逐渐平息下来，歌手们才得以继续表演歌剧。

这次直接向王室喊话的行为所引发的轰动激励我们再次尝试唤醒国王的良知，1月初，议会一重新召集，我们就宣布我将亲自率领代表团前往白金汉宫。这项计划受到了我们成员的热烈欢迎，许多女性自愿加入了代表团，这个代表团旨在抗议三件事：对女性选举权的持续剥夺；对反对这种不公之人的强迫喂食和"猫捉老鼠"式的折磨；以及政府在胁迫和折磨激进女性的同时，却让反对爱尔兰地方自治的男性享有完全的自由，而这些男人公开宣称，他们将要执行的政策不仅要攻击财产，还要摧毁人的生命，这种行为让人不齿。

我给国王写了一封信，向他转达了"妇女社会政治联盟恭敬而忠诚的请求，希望陛下能接见一个妇女代表团"。信中继续写道："代表团希望亲自向国王陛下提出她们议会投票权的要求，这是保护女性免遭严重的产业和社会不公的唯一措施，是英国公民身份的象征和保障，也意味着承认妇女作为我们伟大帝国成员的平等尊严和价值。

"代表团还将进一步向陛下控诉陛下的大臣们采取的过时、野蛮的刑讯手段，他们试图通过这些手段镇压女性对公民权利被剥夺的反抗——这种反抗的精神和目的与过去任何一次英国人引以为豪的争取自由的斗争一样，崇高而光荣。

"对于我们提出的陛下亲自接见我们的忠实请求，那些没头没脑的人——那些无视宪法原则的人告诉我们，我们应该与陛下的大臣们交谈。

"我们否定了这项建议。首先，这不仅有损我们女性的尊严，而且，让我们会见那些被我们指控为背叛妇女事业、折磨为这项事业而战者的人，也是荒谬而徒劳的。

"其次，我们不会指望，也不会承认那些在我们看来在这个问题上没有任何法律或宪法地位之人的权威，因为在他们被选入议会或被任命为王室大臣时都没有征求过我们的意见。"

然后，我援引了爱尔兰天主教代表团的案例，作为支持我们要求国王亲自听取我们意见的先例，1793 年，乔治三世亲自接见了这个代表团。

我又说：

"作为女性，我们得到陛下倾听和帮助的权利比男性所拥有的任何权利都要有力得多，因为这建立在我们缺乏其他一切宪法手段来补救我们不满的基础上。我们无权投票选举议员，因此对我们来说没有下议院。我们在上议院也没有发言权。但我们有一位国王，我们向他提出我们的吁求。

"从宪法上讲，作为没有投票权的女性，我们生活在君主权力不受限制的时代。在那个旧时代，受压迫的男人曾求助于权力、正义和改革之源——国王，那个时代对男性来说已经过去，而女性正在经历。

"我们现在正是以同样的方式声称自己有权来到王座前，亲自向国王提出补救政治不满的要求，我们不能也不会再容忍这种不满。

"因为女性没有投票权，所以今天我们队伍中有汗流浃背的工人、被迫卖淫的女性、被欺侮的儿童、无辜的母亲和她们受到可怕疾病折磨的婴儿。正是为了这些不幸的女性和她们的事业，我们请求陛下接见我们，我们相信陛下会接见我们的。"

过了几天，我们才收到这封信的回信。在此期间，发生了一些令人异常激动和痛苦的事情，引起了公众的关注。

第八章

在我结束美国巡回演讲回到英国之前的几个月里，阿尔斯特的局势已经日益严峻。爱德华·卡森爵士和他的追随者曾宣称，如果在都柏林创立地方自治政府，无论是否有法律支撑，他们都会在阿尔斯特成立一个与之抗衡的独立政府。众所周知，武器弹药正被运往爱尔兰，而男男女女也在为此操练，或者说为内战做准备。妇女社会政治联盟找到爱德华·卡森爵士，问他提出的阿尔斯特政府是否会给予妇女平等的投票权。我们坦率地宣布，如果阿尔斯特只有男人才有投票权，我们将以对待以威斯敏斯特为中心的英国政府的方式对待"卡森国王"和他的同僚。爱德华·卡森爵士起初向我们承诺，如果反叛的阿尔斯特政府成立，将会给予阿尔斯特妇女选举权。这项承诺后来被推翻了，在 1914 年初冬的几个月里，阿尔斯特出现了激进行动。这在苏格兰已经蔓延了一段时间，现在这个国度被监禁的妇女参政论者也像在英格兰一样遭到强迫喂食。对此的回应当然是更加激进。惠特柯克古老的苏格兰教堂这一宗教改革前的遗迹，被大火烧毁。几座无人居住的乡村房屋也被付之一炬。

大约就在这个时候，也就是 1914 年 2 月，我在伦敦以外的地方举行了一系列会议，第一次是在格拉斯哥的圣安德鲁斯大厅，那里能容纳数千人。为了能在开会当晚有空，我在警察不知道的情况下乘坐一辆汽车离开了伦敦。尽管警方千方百计想要逮捕我，但我还是成功地到达了格拉斯哥，登上了圣安德鲁斯的讲台，在那里，我发现自己面对着一大群听众，他们显然都很同情我。

由于怀疑警察会冲上讲台，所以我已经制订了抵抗计划，还有大批保镖在场。我这次演讲是我发表过的最短的演讲之一。我说：

"我遵守了我的诺言，尽管国王陛下的政府不允许，我今晚还是来到了这里。在座听众中只有极少数人，这个国家只有极少数人，知道这个国家花了多少钱来让女性噤声。然而，女性的聪明才智正在战胜英国政府的权力和金钱。我们今晚召开这次会议是件好事，因为今天是大不列颠及爱尔兰联合王国上值得纪念的一天。今天，下议院见证了激进主义——男人的激进主义的胜利，今晚我希望在这次会议上向在场的各位表明，如果说阿尔斯特的激进主义和女性的激进主义有什么区别的话，那就是后者完全是对女性有利的。在这场妇女运动中，我们最大的任务是证明我们和男人一样是人，我们斗争的每一个阶段都在向男人们，尤其是向政客们灌输这一非常不讨好的教训。我提议今晚在这次政治会议上拟定一份文本。文本通常是布道坛上发布的，但也许你们会谅解我今晚发布一篇。我的文本是：'男女平等，政治上平等，法律上平等，产业上平等，社会上平等。'今晚，我想尽量简明扼要地向你们说明，如果为稀松平常的平等而战是正当的，那么女性就有充分的理由，不，她们比整个人类历史上的任何男人都更有理由进行革命和反抗。这是一个会引发巨大争议的论点，但我要证明它。你们掌握了政治不公正的证据——"

我刚说完"不公正"这个词，一名负责人就发出了警告的呼喊，接着传来一阵沉重的脚步声，一大群警察冲进大厅，向讲台冲去，边跑边拔出警棍。在苏格兰场侦探的带领下，他们从四面八方涌来，但当最前面的警察试图冲上讲台时，他们遭到了花盆、桌子、椅子和其他投掷物的猛烈攻击。他们抓住了讲台的栏杆，想把它拆下来，却发现在装饰物下面隐藏着铁丝网。这让他们停顿了片刻。

与此同时，更多的入侵者从其他方向赶来。保镖和听众们挥舞着棍棒、警棍、杆子、木板或任何他们能抓住的东西，奋力抵挡着攻击，而警察们则挥舞着警棍左冲右突，他们要粗暴得多。脸上流着血的男人和女人随处可见，有人在喊医生。争斗过程中响起了几声左轮手枪的枪声，那个开枪的女人——我应该解释一下，她的枪里装的都是空弹壳——吓住了一大批警察。

我被保镖团团围住，他们急忙把我从讲台推搡到楼梯处。然而，警察追上了我们，不顾保镖的抵抗，他们抓住了我，把我拖下了大厅后面狭窄的楼梯。有一辆出租车在那里等着。我被粗暴地推了进去，摔到座位下，座位上挤满了警察。

会议陷入了巨大的混乱，在场的格拉斯哥人对警察的行为表达了愤怒，警察奉政府的指示行事，却使这座城市蒙羞。站在讲台上的德拉蒙德将军①控制住了局面，发表了一篇振奋人心的演讲，她在演讲中劝诫听众让政府感受到她们愤怒的力量。

我整整一夜都被关在格拉斯哥警察局的牢房里，第二天早上，饥渴难耐的我又被带到了霍洛威，在那里度过了难忘的五天。这是政府第七次企图判处我三年苦役刑，罪名是密谋炸毁劳合-乔治先生的

---

① 此处及后面出现的"德拉蒙德将军"指德拉蒙德夫人。

乡间别墅。在我收到判决后的十一个半月里，我只在监狱里待了三十天。3 月 14 日，我再次获释，但我仍经受着严重的痛苦，这不仅是因为绝食绝水抗议，还因为我在格拉斯哥被野蛮逮捕时受了伤。

对这次逮捕的回应迅速而有力。在布里斯托，这个男人们曾为选举权而战、发生过大规模骚乱和破坏的地方，一个大木材厂被烧毁。在苏格兰，一座大宅被烧毁。还有较为温和的抗议——突袭内政大臣的住宅，在这一过程中，有十八扇窗户被打破。

迄今为止所有的抗议活动中，规模最大、最令人震惊的是这次对国家美术馆的《镜前的维纳斯》①的破坏。进行这次抗议的年轻女子玛丽·理查森具有非常出色的艺术鉴赏力，除了最强烈的责任感，没有什么能让她采取这样的行动。理查森小姐在接受审判时向法庭作了感人至深的发言，她说道，她的行为是有预谋的，在采取行动之前，她进行了非常认真的思考。她又补充道："我曾经研习过艺术，我想我抗议的时候，我和任何在画廊里的人一样关心艺术。但比起艺术，我更关心正义，我坚信，当一个国家对正义视而不见，宁愿让为正义而战的女性受到虐待、摧残和折磨时，像我这样的行为应该是可以理解的；我不是说可以被原谅，而是说应该被理解。

"我要指出，政府对潘克赫斯特夫人犯下的暴行是最后通牒式的。这是谋杀，慢性谋杀，有预谋的谋杀。我就是这样看的……

"你们怎么可以嘲笑和蔑视女性，把她们关进监狱，对政府却只字不提谋杀的事，我无法理解……

① 《镜前的维纳斯》，西班牙画家迭戈·德席尔瓦-委拉斯开兹的油画作品，描绘了希腊神话中的小爱神丘比特扶着一面镜子、爱神维纳斯侧卧观看镜中的自己的场景。

"事实是，这个国家不是死亡就是沉睡了。在我看来，有确凿的证据表明这个国家已经死亡，因为女性已经敲遍了行政官员、大主教甚至国王本人的门，但都徒劳无功。政府对我们关上了所有的门。请记住——国家的死亡状态和个人一样，都会导致一种结果，那就是腐烂解体。我可以毫不犹豫地说，如果这个国家的男人们不在这紧要关头伸出援手拯救潘克赫斯特夫人，那么再过几年，他们再怎么伸出援手拯救这个帝国都徒劳无益了。"

在判处理查森小姐六个月监禁时，治安法官懊丧地说，如果她打碎的是一扇窗户，而不是一件艺术珍品，他可能判处她最高十八个月的刑期，我认为这证实了英国法律中又一吊诡之处。

几个星期后，另一幅名画——萨金特①的《亨利·詹姆斯像》——遭到一位妇女参政论者的破坏，她和理查森小姐一样，经历了一场审判和被判入狱的闹剧，但她没有服刑。到这个时候，几乎所有的画廊、其他公共美术馆以及博物馆都已不再对公众开放。妇女参政论者已经在很大程度上成功使英国对游客失去了吸引力，从而使工商界无利可图。正如我们所料，抵触自由党政府的苗头开始显现。在媒体，在下议院，在各种地方，每天都有人在问政府在妇女参政活动中应负的责任。人们开始把责任归到它所属的地方，也就是政府，而不是我们自己这里。

尤其值得注意的是，公众开始对比叛乱女性所受的对待和阿尔斯特叛乱男性所受的对待。整整一年来，政府一直在抨击妇女的言论自由权，拒绝让妇女社会政治联盟在海德公园举行公众集会。他

---

① 萨金特，即美国画家约翰·辛格·撒金特，受到印象派影响，善于创作人物肖像，是英国小说家亨利·詹姆斯的好友。

们给出的借口是，我们倡导并捍卫激进政策。但是政府允许阿尔斯特激进分子在海德公园宣扬他们的战斗政策，我们决定，不管政府是否允许，我们都要在阿尔斯特男人开会的那天在海德公园举行一次选举权集会。我们宣布德拉蒙德将军是这次会议的首席发言人，到了那天，激进的阿尔斯特男人和激进的女人聚集在海德公园。激进的男人获准为流血事件辩护，而德拉蒙德将军还没说几句话就被逮捕了。

此时，我们在阿尔斯特的组织者多萝西·埃文斯小姐的案件又一次证明，政府用宽大处理的法律处置激进的男性，却用暴虐的法律处置激进的女性。她和另一位妇女参政论者莫德·缪尔小姐在贝尔法斯特被捕，罪名是持有大量爆炸物。众所周知，贝尔法斯特有些房屋里藏有成吨的火药和弹药供反抗地方自治的叛乱分子使用，但警察都没有进入搜查过。当局把这方面的精力都留着对付激进女性的大本营了。这两名选举权囚犯在法庭上被传讯时，自然拒绝接受审判，除非政府也起诉叛乱的男性。在整个诉讼过程中，两名囚犯一直在打岔，以至审判都不能正常进行。开庭后，埃文斯小姐站起来大声抗议说："除非我们身旁的被告席上出现阿尔斯特激进运动知名领袖，否则我完全不会承认你们有审判权。"缪尔小姐也加入了埃文斯小姐的抗议行列，两人都被拖出了法庭。休庭一小时后，审判继续进行，但女性们又开始说话，案件在难以形容的喧闹和骚动中匆匆结案。两名女性被送到监狱取保候审，经过四天的绝食绝水后被无条件释放。

这个案件导致了激进运动的剧烈爆发，几天内三场大火就烧毁了贝尔法斯特的各座大宅。英国各地几乎每天都有火灾发生，非常重要的一例就是费里克斯托的巴斯酒店被毁,损失达 3.5 万英镑。对此事负有责任的两名女性后来被捕,由于对她们的审判被推迟,她们虽然未被定罪,却已被强迫喂食折磨了几个月。这件事发生在 4 月,就在我们派代表团觐见国王的前几个星期。

尽管国王已通过他的大臣表示拒绝接待我们,但我还是指定 5 月 21 日为派出代表团的日期。对此,我又直接写信给国王,表示我们完全否认大臣们的宪法权利,因为他们不是妇女选出来的,不能对妇女负责,不能挡在我们和国王中间,也不能阻止我们觐见国王陛下。我进一步宣布,我们将在所说的日期到白金汉宫门口,要求觐见。

这封信寄出后,政府通过其警察部门千方百计地让我的生活变得既不舒服,又不安全。他们不允许我公开露面,但在几次大型集会上,我还是在避难的房屋阳台上发表了讲话。这些都是公开发表的,每次警察都混在人群中,费了很大的劲要逮捕我。通过策略的运用和保镖英勇的保护,我每次都能顺利发表演讲,然后从房屋中逃出来。在所有场合中,警察都与我们激烈对峙,而女性则表现出了非凡的勇气和反抗精神。

当然,政府把这次向国王派出代表团视为可以逮捕我的机会,在约定的那天,当我率领女性的大代表团来到白金汉宫门前时,一支由数千名警察组成的队伍被派来对付我们。警察的行为清楚地表明,他们是奉命重复前一章中描述过的"黑色星期五"的策略。事实上,"黑色星期五"的暴力、野蛮和侮辱在这一天,在英国国王的门前都表现得淋漓尽致。我本人没有遭受像其他人那么大的痛苦,因为我走向王宫时没有被警察注意到,他们正在更远的地方寻找我。当我到

"在国王的门前被捕"，1914 年 5 月

达门口时，一名巡官认出了我，他立刻抓住了我，把我送到了霍洛威。

在代表团出发之前，我向她们简单讲了几句，警告她们可能会发生的事情，我的最后一句话是："无论发生什么，都不要回头。"尽管她们遭受了各种暴力，但都没有回头，继续前进，下定决心，只要她们还自由，就不放弃进入王宫的尝试。许多人被逮捕，其中又有许多被送进了监狱。虽然对大多数人来说这是第一次入狱，但这些勇敢的女性还是采取了绝食抗议，在没有食物和水的情况下度过了七八天才被释放，可想而知，她们会有多么虚弱不适。

第九章

在白金汉宫那件可耻的事发生后的几星期里，政府孤注一掷地企图镇压妇女社会政治联盟，清除所有领导人，摧毁我们的报纸《妇女参政论者》。他们向德拉蒙德夫人、达克尔·福克斯夫人和格蕾丝·罗小姐发出了传票；他们突袭了我们在林肯酒店的总部；他们还两次突袭了其他临时使用的总部，更不用说对私人住宅的突袭了，因为接替被捕者的新领导人正在那里为组织工作。但是，随着一次又一次的突袭，政府能够对我们的事务造成的干扰越来越小，因为我们每次都能更好地抵御他们。政府查禁《妇女参政论者》的一切尝试都失败了，它继续每周定期发行。尽管这份报纸如常发行，但我们不得不使出近乎超人的精力才把它分销出去。政府给所有大的报刊批发经销商发了一封信，目的是恐吓和胁迫他们，让他们拒绝经销这份报纸，拒绝将其出售给报刊零售经销商。无论如何，这封信在许多情况下产生了预期的效果，但我们处理了这种紧急情况，立即采取措施，建立了一个独立于报业之外、由女性自己运作的分销系统。我们还设立了一个"妇女参政论者防御基金"，以支付出版和分销报纸的额外费用。

政府又两次企图强迫我服三年的苦役刑，其中一次逮捕我是在我被救护车载着去开会的时候。与此同时，还发生了大规模的逮捕和绝食，但我们的女性仍继续她们的激进主义工作，资金也源源不断地流入我们的抗议和防御基金。在 7 月的一次重要会议上，这个基金增加了近 1.6 万英镑。

但是，现在开始出现了确定无疑的迹象，表明我们长期艰苦的斗争即将结束。政府煽动街头暴民反对我们的最后手段收效甚微，我们可以从公众的情绪中看到，我们盼望已久的反对政府的反应实际上已经开始了。

这场激进运动的每一天都因充满各种事件和变化而变得如此不同寻常，以至于很难选择在什么时间点来结束这段叙述。不过，我认为，通过对下议院最近一次辩论的叙述，读者可以最好地了解政府在镇压女性争取自由的斗争中的彻底溃败。

6 月 11 日，当下议院讨论概算委员会的一项议题时，罗伯特·塞西尔勋爵提议在内政部的投票中削减 100 英镑，从而引发了对激进主义的讨论。罗伯特勋爵说，他有些吃惊地看到，政府对他们对付凶悍的妇女参政论者所采取的措施并没有什么不满，他还有些尖刻地补充说，政府对此事的看法比英国其他任何人都要乐观。罗伯特勋爵接着说，除非下议院意识到追随者对其领导人的忠诚（这些领导人几乎要对所发生的一切负全责），否则他们就无法令人满意地处理此案。大臣们对这番话报以热烈的掌声，但当他接着说要不是政府一再犯下严重错误，这些领导人根本不可能诱使她们的追随者走上犯罪的道路时，掌声戛然而止。在这些错误中，罗伯特列举了"黑色星期五"对女性不像话的对待、强迫喂食政策以及康斯坦斯·李顿夫人和"简·沃顿"受到不同对待的丑闻。反对派对此欢呼雀跃，而当罗伯特勋爵谴责这场激进运动浪费了大量的精力、牵涉到"让人佩服的人才"时,他们又一次喝彩叫好。尽管罗伯特·塞西尔勋爵认为妇女参政论者议员因激进而不再支持妇女选举权运动既不公正,也是徒劳的,但他本人却赞成将妇女参政论者驱逐出境。对此,人们大喊"到哪儿去?"和"阿尔斯特!"

麦肯纳先生的回应是,首先提请人们注意这样一个事实:在这场激进运动中,出现了一种"我们历史上绝对没有先例"的现象。大批女性正在犯下罪行,从打破窗户开始,再到纵火,她们不是抱着普通的犯罪动机,而是为了宣传一项政治事业,迫使公众同意她们的要求。麦肯纳先生接着说:

"犯下此类罪行的女性非常少,但同情她们的人却非常多。警方在侦察这种形式的犯罪并用法律制裁罪犯方面遇到的一个困难就是,罪犯在富裕和受人尊敬的阶层中找到了如此多的同情者,以至于普通的执法工作变得不太可能了。请让我向议会提供一些数据,说明自 1906 年激进运动开始以来因犯罪而入狱的女性人数。那一年被判入狱的总人数为 31 人,所有被指控的人都是女性。1909 年,这一数字上升到 156 人;1911 年上升到 188 人(182 名女性和 6 名男性);1912 年上升到 290 人(288 名女性和 2 名男性)。1913 年,这一数字下降到 183 人,今年到目前为止又下降到 108 人。这些数字包括了根据《猫鼠法案》被判入狱和再次被捕的所有人员。从中能得到什么明显的教训呢?直到 1912 年,以监禁作为惩罚手段的犯罪数量都一直在稳步上升,但自去年年初以来,也就是说,自新法案生效以来,个人犯罪的数量已大大减少。另一方面,我们也看到罪行的严重程度大大加深了。"

这种自《猫鼠法案》通过以来入狱人数减少的说法当然是不准确的，或者充其量只是误导。事实上，入狱的人数之所以减少，是因为以前激进分子自愿为他们的行为坐牢，而现在他们则尽可能地逃离监狱。被警方再次逮捕的"老鼠"数量相对来说更少了。

麦肯纳先生接着说，他充分意识到人们对激进妇女参政论者的愤恨日益增长，他还说："她们唯一的希望是，无论对错，公众大做文章的愤恨情绪会反作用到政府头上。"

"确实会的。"一个声音插了进来。

麦肯纳先生回答道："我尊敬的朋友说'确实会的'。我认为他说错了。"但他没有给出这样想的理由。麦肯纳在谈到他所谓的"最近针对国王的严重无礼行为"时说："诚然，所有臣民都有权向国王陛下请愿，只要请愿的措辞恭敬即可，但臣民通常无权为请愿或其他目的私人觐见国王陛下。内政大臣的职责是向国王呈递所有此类请愿书，并进一步建议国王陛下应该采取什么行动。因此，有妇女参政论者断言国王根据内政大臣的建议拒绝接见代表团违反宪法规定，这是荒谬的。"

麦肯纳先生又说，此外，鉴于觐见的请求是由一个被判了苦役刑的人——我本人——递交的，内政大臣显然有责任建议国王不要批准。他说，他之所以提到这件事，只是因为它可以解释激进分子宣传自己事业的方法。他承认，他们采用这种方法多少展现出了一点聪明才智。"没有什么行动比他们最近对国王所做的荒唐事更有宣传效果了。"

在谈到应对和解决激进主义的方法问题时，麦肯纳先生说，他收到了来自社会各界关于这个问题的大量来信。他说："人们提出了四种方法。第一种是让她们去死。(说得好!)从我收到的信件数量来看,我应该说,这是目前最受欢迎的办法(笑)。第二种是驱逐她们。(说得好!)第三种是把她们当作疯子。(说得好!)第四种是给她们选举权。(说得好,笑。)我想这是一个详尽的清单。我注意到,每一种建议都在下议院里得到了一点掌声。我希望能给出理由,说明为什么目前我认为我们不应采纳其中任何一条建议。"

第一种建议通常(并不总是)基于这样一种假设:如果女性知道她们的另一种选择是死亡,那么她们就会接受食物。麦肯纳先生向下议院宣读了"一位从一开始就十分了解妇女参政论者的伟大医学专家的意见"。"因此,我们必须面对一个事实,那就是她们会死。"麦肯纳先生继续说道。

"我还要说的是,根据我与妇女参政论者打交道的实际经历,在许多情况下,她们拒绝食物和水的行为已经超出了她们能够自救的程度,而且她们显然已经尽其所能地展示她们赴死的意愿……还有人持有另一种假设。他们认为,在监狱里死一两个人之后,激进主义就会消停。根据我的判断,没有比这更严重的错觉了。我欣然承认,这就是我所坚持的议题,我觉得我会在这个问题上与那些把让囚犯死亡作为政策的人斗争到底。我认为,这不仅不会终结激进主义,还会成为激进行动发生的最大诱因。每有一名女性牺牲,就会有数十名女性挺身而出,因为她们认为这会为她们赢得杀身成仁的荣誉。"

"你怎么知道的?"一名反对派议员喊道。

"我怎么知道的?"这位内政大臣反问道。"我和这些女性打交道的次数可能比这位可敬的议员多得多。持这种观点的人完全没有认识到这些女性的本性。我并不是在赞美她们。她们是歇斯底里的狂热分子，但是，与她们的歇斯底里的狂热相伴相生的，是一种勇气，这成了她们狂热的一部分，虽然这是毫无意义的，这位可敬的议员认为，她们不会冒着死亡危险乃至真的献出生命、为了她们认为地球上最伟大的事业挺身而出，在我看来，他犯了一个严重的错误……她们会赴死，而且我确信，无论今天外界舆论多么强烈地支持让她们去死，当监狱里死了二十、三十、四十甚至更多人的时候，你会看到公众舆论的强烈反应，而这位现在如此油腔滑调地说着'让她们去死'的可敬先生会是第一个谴责政府的人，他又会把政府采取的态度说成是不人道的。"

麦肯纳先生继续说道："那项政策，如果没有《议会法》，是无法通过的。出于我已经给出的理由，我并没有要求议会免除监狱官员的责任，他们现在有责任尽最大努力让那些交由他们看管的人活着。但是，假定监狱官员的这一法律责任被免除了，那么请各位可敬的议员想象一下，在监狱牢房里，一位狱医，一位富有同情心的人，他知道可以帮助一名女性，可以让她活下去，却眼睁睁地看着她慢慢地被饥饿和干渴折磨致死。难道他们认为会有医生继续这样做吗？难道他们认为在这样的条件下还能留住医务人员吗？我不相信。

"医生会和我看到一个女人躺在那里时想的一样，'这个女人犯了什么罪？'可能是妨碍警务，再加上因狂热而产生的顽固不化，导致她拒绝吃饭喝水。妨碍警务，她就得死！我分辨不出这是谁说的，也没有哪个内政大臣会说这个女人该死、那个女人不应该死这种话。一旦我们下定决心要执行这样一项政策，即如果她们不吃东西，就让她们死，我们就必须继续这样下去，我们就得让一个又一个女人因固执而死去，她们的罪行可能只是妨碍警务、打破窗户，甚至烧毁空房子。

我认为，但凡考虑一下，英国人民都不会接受这样的政策，而且我必须为自己说一句，我永远不会参与实施这项政策。"（喝彩声响起。）

麦肯纳先生当场否决了罗伯特·塞西尔勋爵最看好的驱逐出境这个解决办法，理由是这只不过是把困难转移到大不列颠以外的其他国家去了。如果把建议的那个遥远的岛屿当作监狱，这些女性到了那里就会像在英国的监狱里一样绝食。如果不把这个岛当作监狱，妇女参政论者那些富有的朋友就会乘着游艇来解救她们。

将激进分子当作疯子对待的建议也被视为完全行不通的。麦肯纳先生承认，他曾试图把她们认定为疯子，但因为医学界不同意这样做而作罢，他说他不能不顾医生的建议而根据《议会法》对她们作出认定。"那就只剩下，"麦肯纳先生说，"最后一个建议，那就是我们应该给她们选举权。"

"就用这一条！"威廉·雷德蒙德先生大喊道，但这位内政大臣回答道：

"无论这项提议的利弊如何，这显然不是我们可以在概算委员会讨论的问题。作为内政大臣，我不对有关选举权的法律现状负责，我也没有任何机会表达或隐瞒我自己对这一点的看法；但我当然认为，而且我相信委员会也会同意我的看法，那就是不能真的把它当作解决目前无法无天状况的办法。"

最后，麦肯纳先生的发言终于进入了有实质性意义的部分，他对下议院说，政府还有最后一个办法，那就是对资助妇女社会政治联盟的人提起法律诉讼。他说，这个组织的资金毫无疑问没在英国法律的管辖范围内。而政府希望阻止此后的捐款。他总结道："我们现在并不是没有希望，我们掌握了证据，能够对捐献者提起诉讼。"（大声喝彩。）"在民事诉讼中，如果我们胜诉，捐献者个人将承担所有已造成的损失。"（喝彩。）"这都要看证据……我还指示，应考虑是否无法对捐献者提起刑事诉讼和民事诉讼的问题。"（喝彩）"我们通过不时地突击搜查这个组织的办公室和我们所能找到的这类财产，才获得了这项证据……一年前，我们突袭了这个组织的办公室，但我们没有获得这类证据。如果我们成功让捐献者个人对所造成的全部损失承担责任，我毫不怀疑保险公司会迅速效仿已经树立的榜样，反过来提起诉讼，收回它们所承担的费用。如果做到了这一点，我毫不怀疑，激进主义的日子就到头了。

"激进分子只能靠有钱女人的捐款过活，"（喝彩）"她们自己享受着靠别人的劳动换来的一切财富，"（喝彩）"然后用她们的财富来损害社会利益，付钱给她们不幸的受害者，让她们在犯罪过程中经受绝食绝水这一切恐怖的事情。不管我们对那些为了每周 2 英镑 30 先令而在全国各地烧杀掠夺的可怜女人抱着什么样的感情，我们对那些用自己的钱财诱使别人犯下这些罪行、让自己的姐妹们受罚而自己却过着奢侈生活的女人又该抱着什么样的感情呢？"（喝彩）"如果我们能成功打击她们，我们将不遗余力。如果这次行动成功地彻底摧毁妇女社会政治联盟的收入来源，我想我们就会看到潘克赫斯特夫人和她的朋友们的穷途末路了。"（喝彩）

在随后的一般性辩论中，政府不得不听取议员们严厉批评其过去和现在对待激进女性的政策。基尔·哈迪先生说了下面的话：

"我们今天可能不会讨论选举权问题，但内政大臣肯定有可能在不违反议会规则的情况下，对于政府在这个最紧迫的问题上的意图对未来怀有一丝希望。在这一点上，我想说，我不是那种因为一些人主张使用我们不赞成的武器就阻止正确事情的人。这种论调已经不止一次响起,如果说外面有一部分公众强烈反对这种行为是真实的,而且确实是真的,那么只要女性没有获得投票权,大多数人就会以非常冷静和漠不关心的眼光来看待正在发生的事情,也同样是真的。"

哈迪先生最后遗憾地表示,下议院不是在讨论妇女选举权,而是在讨论惩罚激进女性的方法。

鲁伯特·格温先生说:"没有人比内政大臣席中的各位的处境更可笑了。没有侦探陪同,他们不能在会议上发言,也不能去火车站,甚至都不能坐出租车。即使他们愿意这样,我们公众可不愿意,因为我们必须为此买单。无论内政大臣使用的是私人身份还是公职身份,无论他们走到哪里,都要派一名侦探跟着他们,这样的花费是不值得的。"

"此外,"格温先生又说,"如果这位内政大臣说得没错,即这些女性为了宣传她们对事业的全心投入而欣然赴死、自寻死路,那么他真的认为她们会介意自己的资金被冻结吗?"

妇女参政论者的另一位支持者韦奇伍德先生说:"我们正在处理的问题确实非常严重。在我看来,当你们发现大量的公众舆论和一大批人能够这么不顾一切的时候,一个值得尊敬的下议院只需要做一件事,那就是非常仔细和清楚地考虑那些抱怨者的抱怨是否合理。我们没有理由惊慌失措。我们的责任是考虑这些人这样行事是对是错。投票权对我没什么价值,但我确实认为,在我们认真考虑这个下议院到现在为止都没有通过的妇女投票权问题时,我们应该记住,当你看到人能够作出如此巨大的自我牺牲时,下议院的职责不是把铁蹄踩在她们身上,而是看看她们的事业在多大程度上是正义的,并公正行事。"

当下议院中有可能进行这样的辩论时，每一位不偏不倚的读者都会清楚地认识到，激进主义从未使争取选举权的事业倒退，相反，它至少将这项事业向前推进了半个世纪。当我想起几年前这同一届下议院是如何轻蔑地对待妇女选举权，他们是如何允许人们对乞求政治自由的女性说出那些最具侮辱性的话，他们是如何允许人们下流地大笑着用粗俗的玩笑"大声讨论"选举权议案，我不禁惊叹我们的斗争如此迅速地带来了变化。麦肯纳先生的演讲本身就表明政府彻底投降了。

内政大臣曾承诺，如果可能的话，妇女参政论者对私有财产所造成损害的法律责任应该由资助我们的人来承担，当然，这项承诺他们从未打算遵守。实际上，这是一项无比荒谬的承诺，我想几乎没有什么议员会被它蒙骗。为我们捐款的人只要愿意，可以始终保持匿名，如果他们有可能因为我们的行为而遭受攻击，他们自然会用这一特权作为挡箭牌。

我们坚信，我们的战斗实际上已经结束。至少就目前而言，我们的装备是可靠的，因为在国外战争的威胁直接降临到我国的时候，我们就宣布彻底休战了。这场欧洲大战将带来的后果——给那些无力阻止战争发生的女性带来的可怕影响，必然给无辜的孩子们带来的恐怖遭遇——没有人能够估量。但有一点是相当肯定的，那就是，战争必然导致的内阁变动会使未来妇女不必再采取激进行动。未来的政府都不会重复阿斯奎斯政府的错误和暴行。没有任何政府愿意承担不可能的任务，即压制甚至拖延女性争取她们应得的政治自由、社会和工业自由的进程。

1918 年 2 月,议会通过《全民代表法案》,30 岁以上的妇女获得投票权。
1928 年,对女性年龄和财产的限制取消,英国妇女与男性享有同等的投票权。

译后记

译完这本浸透着血泪的自传之后,我心中涌起的感情久久难以平静。埃米琳·潘克赫斯特,这个名字于我来说曾经只是一个简单的历史符号,而在几个月的翻译过程中,她仿佛已成为一个激情澎湃的前辈源源不断地为我注入力量。虽然通常人们会称她为"潘克赫斯特夫人",但我决定在下文中用她自己的名字"埃米琳"来称呼她。

实际上,在埃米琳成立妇女社会政治联盟并发动一系列争取投票权的运动之前,英国女性已经逐渐意识到传统性别观念的问题所在。在维多利亚时代的英国,社会上的主流性别观念认为家庭才是女性活动的领域,而政治、经济等公共领域的事情应由男人主宰。尽管埃米琳出生于一个自由开放的家庭,童年时也曾受到"女孩受教育的首要目标是让家庭变得有吸引力"这种观念的困扰。

18世纪末,女作家玛丽·沃斯通克拉夫特便在《为女权辩护》一书中对"女性天生劣于男性"的观点提出了疑问。19世纪中期,英国女性已经开始了通过文明、合法的方式有组织地表达抗议,这些斗争当然也取得了一定的效果,到19世纪末,英国妇女已经获得了一定的财产权利和有限接受教育的权利,然而,能够合法纳税的女性却始终无法像男性一样行使投票的权利。本书就为我们还原了妇女参政论者为争取女性投票权而作出的一系列努力。

抛开那个时代的历史背景，很多人会认为砸玻璃、烧邮筒、破坏艺术品这些暴力行为简直不可理喻，但读过埃米琳的叙述后，你就能体会到妇女参政论者是在多么绝望的情境下采取这些行动的。她们也曾试图通过集会、请愿、托付男性在议会中提交选举权议案等合法渠道争取权利，收获的却只是一次次的失望。她们后来采取的所谓极端行动实际上只是在效仿她们的男性同胞在争取权利时使用过的暴力手段，试图将女性面临的问题明晃晃地呈现在社会公众面前，制造强大的宣传攻势。她们想要的并不仅仅是同情，而是"呼吁公众要求政府顺应民意，给予妇女选举权"。

从文学角度来看，这本自传确实还有很多地方略显稚嫩，而我们更加看重的是这些朴素真诚的文字的历史价值。埃米琳在书中也曾提到，这本书是在 1913 年与女儿在巴黎度过的两个月"最后一段平静安宁的日子"中匆匆写就的，她期盼着有一天，"世界上所有宪治国家中，女性投票权像现在男性投票权一样被普遍接受"，那时会有历史学家更加公允地叙述这段女性抗争的历史。本书最终结束在"一战"威胁降临英国之时，在战争中，女性更进一步打破了娇弱的刻板印象，投入到战场的支持工作中去。

埃米琳的愿望实现了。1918 年，在战争的硝烟还未散尽之时，年满 30 岁的英国女性获得了投票权。10 年后，在埃米琳去世前一个月，英国通过《国民参政法》，选举权扩展至年满 21 岁的女性，女性获得了与男性同等的选举权。

如今，埃米琳的雕像静静伫立在英国议会大厦西南角的维多利亚塔花园中，提醒着我们妇女参政论者那段激荡人心的历史。在我翻译此书以及与编辑袁老师审校此书的过程中，同为女性的我们曾一次次为埃米琳和她的同伴们那无所畏惧的勇气深深撼动，在先辈脚踏实地的行动面前，一切言语都显得那么苍白无力。我们只希望，通过自己微小的努力，让大家知悉，女性先辈是经过怎样艰苦卓绝、奋不顾身的斗争才争取到了她们应得的权利。今日女性面临的困境与书中那个时代已大不相同，但愿每名女性在作出选择时都能像埃米琳一样一往无前，每名男性都能真诚地倾听女性的声音。

2024 年 1 月于上海

图书在版编目(CIP)数据

争权之路 ：妇女参政论者埃米琳·潘克赫斯特自传 / （英）埃米琳·潘克赫斯特（Emmeline Pankhurst）著 ；孙洁译 .— 上海 ：上海社会科学院出版社，2024

书名原文 ：My Own Story

ISBN 978 - 7 - 5520 - 4345 - 7

Ⅰ.①争… Ⅱ.①埃… ②孙… Ⅲ.①埃米琳·潘克赫斯特—自传 Ⅳ.①K835.617＝51

中国国家版本馆 CIP 数据核字(2024)第 055488 号

争权之路：妇女参政论者埃米琳·潘克赫斯特自传

著　　者：［英］埃米琳·潘克赫斯特(Emmeline Pankhurst)
译　　者：孙　洁
责任编辑：袁钰超
封面设计：黄婧昉
出版发行：上海社会科学院出版社
　　　　　上海顺昌路 622 号　邮编 200025
　　　　　电话总机 021 - 63315947　销售热线 021 - 53063735
　　　　　https://cbs.sass.org.cn　E-mail：sassp@sassp.cn
排　　版：南京展望文化发展有限公司
印　　刷：上海万卷印刷股份有限公司
开　　本：890 毫米×1240 毫米　1/32
印　　张：9
插　　页：2
字　　数：209 千
版　　次：2024 年 5 月第 1 版　　2024 年 5 月第 1 次印刷

ISBN 978 - 7 - 5520 - 4345 - 7/K·722　　　　定价：58.00 元